사람의 본성本性은 무엇인가

전 운 식(田 耘 植)

국학자료원

사람의 본성을 좀 더 일찍부터 정확하게 알았다면 우리의 역사는 보다 더 밝았을 것이다. 또한 사람이 사람을 살상하는 전쟁도 훨씬 감소했을 것이다. 그런데도 왜 격물치지格物致知의 지혜를 발휘하지 않았을까. 하지만 사람의 본성이 성선설性善說과 성악설性惡說로 나뉘어 있었고, 이성적理性的이다, 는 말도 있어왔다. 다만 본성의 본질이 어디에 터 잡아서 그렇게 생겼는가와 왜 그렇게 생겼는가, 왜 그렇게 생길 수밖에 없었는가, 등에 대해선 깊이 고민하지 않은 것 같다.

특히 철학분야는 경험에 터 잡지 아니하고 두뇌만의 관념적인 사유만으로 어려운 담론만을 전개하고 있는 경우가 많아서 사변적思辨的이란 비판을 면키 어려웠다. 이에 필자는 경험을 바탕으로 일기 쉽고 이해하기 쉽게 사람의 본성을 파헤쳐 보기 위해 이글을 쓰는 것이며, 열길 물속은 알아도 한길 마음속은 모른다는 말을 극복해보려고 써보았다.

사람을 알기 위한 방법으로 필자는 우주과학을 읽으면서 그 방대함에 경악했고, 왜소한 사람을 다시 생각해 봤다. 어느 지구과학을 읽어봐도 지구의 생성 이후, 지각변동 등 수많은 변화가 있었음을 알 수 있었고, 퇴적암은 지구가 변화했던 증거들을 거의 간직하고 있었다. 또한 수십억 년 전의 비밀도 알게 해주고 있어서 더욱 놀라웠다. 더욱이 퇴적암이 몇 십 메타 두께로 쌓인 것도 놀랍거니와 면도날로 두부를 벤 듯 잘린 것도 놀라웠다.

모든 층층엔 당시의 생물들이 화석이 된 채 그대로 남아 있었고, 아래층엔 지구 초기의 철분들이 녹슬지 않은 채 그대로 유지된 데 놀랐다. 이로써 당시엔 산소가 없어서 오늘날의 포유동물들은 아예 존재할 수가 없었음을 알게 되었고, 지구의 연령이 46세라면 43세까지도 포유동물은 나타나지 않았음을 알았으며, 약 2억여 년 전에야 비로소 포유동물이 출현했고, 5~6백만 년 전부터 직립直立인간이 나타났음을 알고 더욱 놀랐다.

필자는 중학교 시험도 못 쳐봤으나 반 만권이 훨씬 넘는 독서광이었고, 그 힘으로 사무관까지 한 게 전부다. 퇴직 후, 해방 전후사의 인식 10권과, 금기시하는 피바다, 꽃 파는 처녀, 등과 빨치산 관련의 녹슨 해방구 10권, 기타 빨치산 관련 10여 권, 이영희의 분단을 넘어서, 등 편향된 저서를 비롯해서 김일성, 마오쩌둥, 덩샤오핑, 저우언라이, 조조, 부의 등 수많은 사람의 평전을 다 읽어보면서 두루 생각해보았다. 그와 함께 철학과 우주학, 지구과학, 생물학, 물리학, 등을 두루 읽었다.

하지만 인간의 본성을 깊이 있게 파헤친 철학책은 발견할 수 없었다. 그것은 인간의 극한상황을 체험하지 못하고 관념적으로만 이해하고 있었기 때문이고, 또한 그런 고난을 겪은 경험이 없기 때문에 본성을 깊이 깨달을 수 없어서 진실을 외면했을 것으로 생각되었다. 필자는 이 점만은 자신하기에 붓을 들었고, 그 고난을 열거해 본다면,

첫째, 가난으로 중학교시험도 못 처본 채, 굶주림과 함께 소년가장 노릇을 하면서 독학조차 포기했던 경험.

둘째, 극한적인 중노동으로 바구니에 밥을 담아서 먹어야 했으며, 20년 간 중노동을 해 본 경험.

셋째, 6개월 이상의 감옥생활과 변호인 없이 증거와 증인을 조작당하고 금력과 권력, 그리고 검사와 지방정보부에 유린당한 경험.

넷째, 소년기에 왕따와 중상모략을 심하게 당해본 경험.

다섯째, 지방 육군보안대로 부터 가혹행위를 당해본 경험 등이다.

필자는 일본인 농장에서 농노農奴같은 생활을 하시던 부친 밑에서 자랐다. 17세 때, 부친을 따라 이사했다. 부친은 논을 판 돈을 양부인 당숙에게 맡겼다가 거의 절반을 떼인 후, 달포의 불면 끝에 미쳐버렸다. 필자는 수치심과 함께 고독으로 고뇌했고, 독학조차 포기해 버렸다.

필자는 7인 가족을 부양하는 17세 소년가장 노릇을 했다. 여름은 내 농사와 품팔이, 농한기엔 땅 뜨기, 석유행상, 연탄직공, 등으로 빚을 갚고 논을 조금 늘려서 생활의 안정을 얻었다. 이에 독학 포기 7년 후 다시 주경야독 3년 만에 보통고시7급행정직를 합격할 수 있었다.

하지만 그 후 누명을 쓰고 퇴거불응, 폭행, 명예훼손죄로 구속되어 1심은 벌금 5,000원을 선고받았고, 항소심은 법정구속 끝에 8월 징역형에 2년 집행유예를 선고 받았다. 이는 준 재벌의 오해에서 비롯된 비극이었고, 돈의 위력이 낳은 비극이었다.

집행유예 기간이 지나서 1967년, 35세에 공무원을 시작했다. 당시 묵호항만부지는 공부상은 물론, 관련기관과 항만청도 국유지가 아님을 인정하고 있었고, 그곳 공화당 국회의원의 매제와 지방 유력자들은 그 틈새를 이용, 매수하고 있었다.

이를 소송 수행자 지정을 받아 소송을 수행했다. 하지만 동해시 묵호항만청에서는 겨우 3년을 했고, 군산에서 5년간, 악전고투 끝에 국유지, 라는 확인과 함께 말소등기를 이행하라는 승소판결을 받아냈다.

그로써 매립지 41.404평13만 8천 평방미터의 법적문제가 완전히 해결되었고, 당시 시가로 100억 원이 넘었으며, 항만 운영에도 크게 기여했다. 그러면서도 필자는 맡은바 고유 업무를 충실히 해내고 있었다. 그 와중에 목포항만청으로 차출되어, 흑산도 독점항로의 2차의 패소를 3차는 필자가 2회의 변론 끝에 항복소 취하을 받아냈다.

하지만 1978년, 2대 유신 대통령선거 날, 유신헌법을 비판했다는 이유로 긴급조치 9호 위반과 용공발언 혐의로 지방 육군보안대와 경찰에서 조사받았으나 무혐의 처리됐다. 하지만 그 후 숙정작업 때, 물의 야기자로서 책임져야 한다는 구실로 면직됐다.

3년 후, 해운선업연구원 군산소장으로 구제됐고, 1985년엔 "군산항 개발을 위한 소견"의 책자를 발간, 외항개발의 타당성과 신시도항의 부당성을 강조했다.

다만 신시도항은 새만금 제방 축조 후, 조성되는 약 400평km약1억 2천만 평를 공단으로 조성한 후, 그 문호 항으로 건설함이 옳다고 주장했다. 그를 계기로 외항 중심의 개발안은 당시 고건 의원전 국무총리의 적극적인 노력으로 결실을 봤으나 필자의 당초 주장인 세계 제일의 단일 공단조성은 아직도 이루지 못하고 있다.

필자는 13년 동안 참다운 공복으로써 국가와 국민을 위해 충성하고 봉사했으나 20년 미만의 면직이어서 현재 연금이 없어서 딸네 집에 얹혀살고 있으나 불행타고 생각지는 않는다.

　이러한 산전수전山戰水戰의 시련이 사람의 본성을 깨닫는데 크게 도움이 되었고, 사람의 "지배력"과 "지배욕", "성취욕"을 깊이 있게 깨닫게 되어 사람의 본성을 숨김없이 밝혀 볼 수 있게 된 것이다.

2014. 9. 10.

전 운 식
田 耘 植

차 례

제1장
과거의 철학을 개관概觀한다

1. 사람도 우주를 닮아서 팽창하고 번식한다

인간의 참모습을 밝혀내기란 참으로 어렵다. 그것은 우주의 비밀을 캐기보다 더 어려울 수도 있다. 다만 머리글에서 언급한 바와 같이 필자처럼 험악한 역경과 시련을 겪은 사람도 그리 많지 않다. 그때 경험했던 역경과 시련은 오히려 필자로 하여금 사람의 본성本性을 깊이 깨닫게 했고, 고민도 많이 하게 했다. 그런 고통을 겪으면서도 항상 생각한 것은,

"왜 사람들은 지지 않고 이기려고만 하면서, 오기와 심술을 부릴까."

"왜 허위사실을 조작하여 왕따를 만들면서 희희낙락하는가."

"왜 사람들은 잘못을 보고도 혼내주지 않고 오히려 맞장구를 치거나 똑같이 희희낙락하면서, 왜 그에 동조하는가."

"왜 남이 싫어하는 일을 하면서도 즐거워하고 의기양양한가, 그리고 굳이 그리하지 않아도 될 일을 왜 그럴까."

등에 대하여 고뇌를 많이 했다. 그 때문에 평소 즐겨 읽었던 소설류와 일반 인문서, 그리고 교양서 등을 모두 접어두고, 철학과 우주과학, 지구과학, 생물학, 물리학 등을 두루 읽으면서 사람의 본성을 깊이 생각했다. 이로써 먼저 깨달은 것은 사람도 우주를 닮아서 우주가 팽창하듯이 사람도 팽창과 번식을 위해 몸부림치고 있다는 사실을 알게 되었다.

그 과정에서 보다 많이 팽창하고 번식하려다 이웃과 충돌하게 되고 충돌하면 지지 않고 이기려고만 하는 게 사람이었다. 왜 지지 않고 이기려 하는가. 그것은 질 경우, 입지의 협소로 팽창과 번식이 위축될 수도 있고, 지배력과 지배욕, 그리고 성취욕에 상처를 입을 수 있기 때문이었다.

팽창하고 번식하는 모습은 우주처럼 쭉쭉 팽창질량의 증가만 있다는 주장도 있음하는 게 아니라 지배와 번식을 통한 확장을 하고 있었고, 그런 점만을 본다면 타 동물과 똑같았다. 따라서 사람도 다른 동물과 똑같이 짝 짓기를 하고 있었고, 그를 통해서 번식을 하고 있다는 점에서 똑같았다.

다만 문화라는 옷을 끼어 입고 이성理性으로 이를 잘 다듬고 있어서 일반 동물보다는 모든 게 발달하고 있으며, 그런 힘으로 한 차원 높은 문화생활을 누리고 있었다. 그 때문인지 때로는 선택된 신적神的 존재로 착각하거나 신으로부터 선택된 게 인간이라고 착각하면서, 다른 동물과는 전혀 다르다고 착각하고 있기도 했다.

앞서 말한 것처럼 사람도 생존을 위해 먹고 있고, 번식을 위해 짝짓기를 하는 점은 똑같은 것이다. 다만 일반 동물과 다른 점은 우선 정신적으로 볼 때 지모가 월등히 앞서 있었고, 네 발로 걷는 게 아니라 두 발로 걸으면서 손은 걷는 것에서 완전히 해방시키는 데 성공하고 있다는 점이다.

그에 힘입어서 그 손으로 책, 신문, 잡지 등을 쓰거나 읽고 있고, 타자를 하는 등 온갖 일을 다 해내고 있다. 또한 손으로는 온갖 것을 다 만들어내고 있으며, 심지어 우주를 탐색하는 인공위성도 손과 지모가 만들어 낸 결과물이다. 그리고 손을 이용, 갖가지 모습으로 대화하고 있고, 이를 수화手話라고 말하며 말 못하는 사람들에겐 큰 도움이 되고 있다. 또한 손으로 자판을 더듬어서 점자로 된 책을 읽고 있으며, 이를 위해 큰 도서관에서는 예외 없이 점자책을 준비해 놓고 있다. 그뿐 아니라 손을 번쩍 들어서 만세를 부르는가하면 축하와 승리, 그리고 환희의 뜻을 표하거나 천세와 만세를 불으면서 국가의 무궁한 발전을 빌기도 한다. 하지만 전투 중에 전세가 불리하면 무기를 버리고 두 손을 번쩍 들어서 항복할 뜻을 표현하면서 모든 지배력과 지배욕, 성취욕의 포기와 함께 모든 것을 승자의 뜻에 맡기겠다는 뜻을 표현하기도 한다.

상대방이나 범죄인의 자유를 빼앗으려면 우선 제일 먼저 손을 묶는다. 이는 손이 가장 무서운 지배력 행사의 도구가 될 수 있으므로 어떤 적대행위도 할 수 없도록 하기 위해서다. 따라서 앞서 말한 대로 손을 써서 모든 재화를 생산하도록 하기도 하지만 사람을 살상하는 데도 손을 이용한다. 그를 위해 손으로 칼을 들고 이를 이용하여 상대방을 제압하거나 손으로 총의 방아쇠를 당겨서 쏘아 죽이거나 수류탄을 던져서 죽이기도 한다.

이러한 사실은 현대무기가 아무리 발달했다 해도 손을 이용하지 않으면 어떤 무기도 효과적인 이용이 불가능함을 말하는 것이다. 무기뿐만 아니라 모든 식품과 가구 등과 일용품, 그리고 기계와 출입문과 자물쇠 등도 손이 아니면 열고 닫는 등의 제 기능을 발휘할 수 없도록 되어 있다.

또한 아무리 두뇌가 발달했다 해도 목적하고 기도했던 일들을 최종적으로 이용하고 성사시켜주는 것은 손이 하는 것이며, 기타 발이나 신체부위는 손을 효과적으로 활용될 수 있도록 도와주고 있는 것에 불과하다. 그 때문에 손에 대한 단행본의 책을 읽어보면 손의 발달이 바로 두뇌의 발달까지 크게 기여했다는 놀라운 주장을 하고 있다.

모든 운동경기에서도 마라톤과 릴레이, 축구 등을 빼놓곤 거의 모두 팔이 승패를 좌우하고 있고 온몸을 지켜주기도 한다. 두 손가락으로 V 자를 그려서 승리의 자신감을 표현하거나 승리했음을 자랑하기도 하고 손바닥을 편 채 손을 번쩍 들어서 이마 옆에 대면서 경례를 하거나 받기도 한다.

그 외에도 손을 쭉 펴면서 방향을 가리키거나 주목할 것을 요구하기도 하고, 손을 맞잡고 흔들면서 악수를 하고 있고 그로써 친근감을 나타내기도 한다. 때로는 책상을 치고 고함을 지르면서 물건을 던져서 불쾌감을 나나내거나 기물을 파손하면서 상대방에게 겁을 주기도 한다. 릴레이를 할 때는 손을 발과 엇갈리게 흔드는데 이는 그래야만 빨리 달릴 수 있기 때문이다. 이를 보면 우리 먼 조상들은 네 발로 걸었음을 웅변으로 증명하고 있어서 진화론을 거부할 수 없게 만든다.

우리 인류는 그러한 과정을 거치면서 두뇌와 손이 발달했고, 그 힘으로 오늘의 문명을 이룬 것이므로 손의 중요성은 이루 다 표현할 수가 없다. 하지만 손에 대한 많은 예를 다 들자면 한이 없으므로 이만 줄이기로 한다.

여기서 덧붙일 것은 눈과 귀, 코, 혀 등의 신체부위는 두뇌와 손을 잘 도와주는 기능을 하고 있어서 그 조화에 탄성이 나올 뿐이며, 이게 바로 일반 동물과 사람과의 차이점이다.

필자가 밝혀보려는 사람의 본성인 지배력과 지배욕, 그리고 성취욕 등은 이상하게도 두뇌와 손처럼 진화시키지도 못했으며, 발달시키지도 못했다. 다만 조금 순화醇化된 상태에 머물러 있고, 또한 세련은 되었으되 완벽하게 세련되지는 못하고 있다. 이로 보아 향후에도 크게 개선되지는 못할 것으로 보이고 있기는 하지만 필자는 이의 개선책을 모색해 보려고 글을 쓰는 것이다. 우리는 그런 점을 깊이 고려해야 하고, 또한 사람을 이해함에 있어서도 이러한 관점에서 이해할 때 올바른 정답이 나온다고 확신하면서 사람의 본성을 차분하게 살펴보고자 한다.

2. 인류문화와 사람의 본성을 개관槪觀한다

사람은 다른 동물과는 달라서 지능이 뛰어났고, 그에 따라 말도 하고 글도 읽고 쓰면서 자기의 마음과 뜻을 전달할 줄 아는 고등동물이다. 그로서 높은 문화를 창조하면서 때로는 협동하고 때로는 다투면서 가장 순조롭게 번식해 온 동물임에는 틀림이 없다. 그 때문에 사람만은 하늘이 특별히 만들어 낸 별종으로 생각하는 사람도 있고, 이에 대한 신화도 많다. 그런 신화들을 뒷받침하듯 일반 동물은 꿈도 못 꾸는 각종기계와 하늘을 나는 물체까지도 만들어 낸지 오래됐고, 인공위성까지도 만들어서 우주의 피조물이 거꾸로 우주의 비밀을 캐내고 있다.

그 같은 비상한 재주가 드디어 첨단 과학기기 등을 만들어내서 우리 몸의 비밀을 알아내는가 하면, 이제는 지구와 우주의 수십억 년 전 비밀까지도 알아내고 있는 동물이기도 하다. 이런 능력은 텔레비전을 만들어 냈고, 컴퓨터에 이어 인공위성과 스마트폰까지 만들어 냈으며, 향후에는 모든 것을 종합하여 해낼 수 있는 만능적인 기계도 나올 것이라고 한다.

작금은 그 능력이 너무 지나쳐서 우리 인류 전체는 물론, 생물전체까지도 몇 번이고 다 죽일 수 있는 원자탄과 수소탄까지 만든 지 오래됐고, 또한 사람의 머리를 능가할 수 있는 로봇까지 만들 수도 있다는 주장까지 나오고 있다. 그리되면 그 때엔 사람이 손만 대거나 말만 해도 모든 것을 기계가 알아서 착착 척결해주는 첨단적인 세상이 올 것이라고 말한다.

그 같은 발달은 겨우 100년도 안 되어 이루어진 것이므로 향후의 백년은 물론, 그 이후의 지구는 과연 어떤 모습일까를 심히 우려하게 한다. 이는 집에 가만히 앉아서 손만 까딱까딱하고 말만 하면 모두 다 해내는 기계의 만능시대로 접어들고 있고, 지나친 과학의 발달은 오히려 급전직하로 퇴보할 수도 있는 위험으로 치닫고 있음을 깊이 되새겨야 할 시점에 도달한 것이다.

왜냐하면 원자탄, 수소탄의 존재와 핵 보유국가의 증가는 지구를 몇 번이고 파멸시킬 수도 있게 된 것은 벌써 70년 전 일이고, 그 후에도 경쟁적으로 군비를 확장시키면서 모든 게 컴퓨터화하고 있으므로 그런 예단까지 하게 되는 것이다. 이러한 과학기기의 놀라운 발달에도 불구하고 여전히 일부 남성들은 색정 하나를 이겨내지 못하여 매일같이 성폭행과 성희롱을 일으키고 있다. 또한, 자기만의 지배욕과 성취욕의 충족을 위해 온갖 범죄와 함께 동료를 왕따 시키거나 구타를 일삼아서 자살케 하는 비극은 계속되고 있다. 이로보아 여러 철학자들이 말하는 완벽한 이성은 아직은 갖추지 못한 동물이며, 지능의 발달에 비해 도덕성은 이를 따라가지 못하고 있다. 따라서 평소에는 꿈도 못 꾸던 새로운 형태의 범죄가 매일과 같이 발생하고 있고, 그 대표적인 예가 스마트폰과 휴대전화, 그리고 컴퓨터 등을 이용한 각종 신종 범죄의 증가다.

하지만 먹는 것과 입는 것, 남녀가 짝지어 사랑하다가 자녀를 낳는 것, 지기 싫어하고 이겨서 상대를 지배하여 보다 좋은 위치에서 생활을 즐기려는 것, 그를 위해 살인과 강도, 절도, 사기, 공갈, 횡령, 협박, 수뢰 등 온갖 범죄는 그대로 계속되고 있음을 보면, 설사 인지가 아무리 발달하고 과학이 아무리 발달한다 해도 인간의 본성만은 순화는 할 수 있으되 변하지는 않을 것 같다. 그로 보아 과학의 발달만으로는 인간의 본성을 변화시키지 못할 것이란 생각이 드는 것이다. 또한 꼭 이겨서 지배하려는 본성 때문에 끊임없이 싸우고 다투면서 국가 간엔 전쟁까지 일으켜서 무수한 생명까지도 살상하는 것 등은 하나도 변하지 않고 있다.

이러한 행위는 앞으로도 본성의 특성상 변할 수 없을 것으로 보이므로 본성의 완벽한 진화와 향상된 모습은 언제나 볼 수 있을는지 매우 곤혹스럽다. 이에 대해 국어사전 등을 살펴보면 동물 중에서 가장 진화된 게 사람이고, 말과 글까지 쓰면서 사상과 이성으로 나라까지 세워서 스스로 다스려나가는 게 사람이라고 풀이하고 있다.

하지만, 천문학자였던 칼 세이건Carl Edward Sagan 1934~1996은 그 저서인 "코스모스"에서 사람을 천문학적 관점에서 보면, "우주에 떠돌아다니는 하나의 티끌 같은 존재다"라고 풀이하면서, 그 티끌 같은 존재가 지금은 거꾸로 그 우주를 탐색하여 그 신비로운 비밀을 캐가고 있다고 말했다.

또한 그는 지구는 태양을 중심으로 돌고 있으나 태양계도 은하수 우주에 속해 있으면서 그 축을 중심으로 돌고 있고, 이 은하수 우주에는 태양계 같은 우주가 무려 1,000억 개가 더 있으며, 우리 태양계는 그 은하계 우주의 한 모서리를 차지하는 별에 불과다고 말했다. 그는 한술 더 떠서 전 우주에는 은하계와 같은 우주가 또 1,000억 개가 더 있고, 은하계 우주도 전 우주의 축을 중심으로 돌고 있다고 말하고, 안드로메다 우주는 매초 200km 속도로 우리 은하계 우주 쪽으로 접근하고 있어서, 370만년 후에는 우리 은하계 우주와 충돌할 것이라고 말했다.

이러한 사실들은 약 560km 상공에 떠 있는 인공위성의 허블 망원경에서 관측한 결과에 의해서 밝혀진 사실이다. 따라서 2018년 말, 발사예정인 "제임스 웹 우주망원경"이 그 기능을 발휘하여 우주를 관측하게 될 때엔 얼마나 더 많은 새로운 우주가 관측될는지 모른다.

이 망원경은 허블망원경에 비해 7.3배의 관측기능을 기대할 수 있고, 또한 지구로부터 150만km나 떨어져 있어서 허블망원경의 560km보다 약 3천배의 먼 곳이기 때문이다. 또한 그 위치는 지구의 인력이 "영"인 곳에 설치하는 것이어서 달의 위치인 38만km보다도 네 배나 먼 곳에 위치하면서, 지구의 그늘 속에 설치되므로 태양빛을 가리게 되어서 관측능력이 훨씬 증강된다 하므로 우주의 비밀을 더욱 많이 밝혀내는 우수한 망원경이 될 수 있기 때문이다.

그 같은 과학의 발달은 우주과학뿐만 아니라 모든 게 다 발달되고 있다. 그 예를 든다면 적재톤수 5만 톤 선박이 겨우 통과했던 파나마 갑문운하가 늦어도 내년에는 거의 50만 톤급 선박도 통과할 수 있는 운하로 탈바꿈을 하게 되어 있고, 전자공업의 발달은 더욱 눈부셔서 이런 템포로 계속 발달해 간다면 향후 백 년 후와 그 이후의 세계는 과연 어떠한 세상이 될지 도저히 상상할 수조차 없게 하고 있어서 어떤 표현을 해야 좋을지 모르게 하고 있다.

그런 사실을 기초로 앞날을 예상해본다면 필자도 모르게 어안이 벙벙해지면서 새삼스러이 우리 인간의 능력에 오히려 공포감을 느끼고 있다. 그런데도 불구하고 칼 세이건이 말한바와 같이 우주학적으로는 사람이 겨우 우주의 티끌 같은 느낌을 주고 있는 것이다. 그 때문에 사람의 능력에 대해 혀를 내두르기도 하지만, 반면에 공포감을 갖게 하기도 하고, 한편으로는 거의 무한대한 우주를 상상하면서, 그 왜소함과 두려움이 온몸을 짓누르게도 한다. 이 같은 과학의 발달에 경악을 하면서도 작금의 우주과학과 지구과학, 그리고 물리학과 생물학 등을 읽으면서 회상되는 것은 고대와 중세는 물론 15.6세기까지의 우리 인류가 새로운 과학 때문에 겪었던 고난의 역사를 떠올려 보는 것이다.

우선 지동설만 해도 그렇다.

지동설을 말하면 생각나는 첫 우주 학자는 코페르니쿠스Nicolaus Copernicus 1473~1543였으나, 그는 지동설을 가설假說로 주장했을 뿐, 진설眞說로 주장한 사실이 없다. 그것은 기독교계에서 태양이 지구를 돌고 있다는 천동설을 철석같이 믿으면서 모든 것을 지구 중심으로 생각하는 때였으므로 가설이 아닌 진설로 주장했을 경우의 후환이 두려웠기 때문이었다.

그는 지동설을 자신 있게 주장하지 못하고 오래 머뭇거리다가 죽음을 앞두고서야 겨우 가설이라는 이름으로 발표했다. 그 때문에 지동설을 말할 때는 의례히 종교재판에 회부되어 생명을 위협받았던 갈릴레오 갈릴레이Galileo Galilei 1564~1642를 더 많이 이야기하게 된다. 그도 천문학자로서 지동설을 확신하면서도 죽지 않기 위해서 최후의 진술만은 지구가 태양을 도는 게 아니라 태양이 지구를 돈다는 천동설에 동의함으로써 화를 면했다.

그렇다면 모든 과학자가 다 그랬을까. 결코 그렇지는 않았다. 만약 모든 과학자들이 다 그랬다면 오늘날까지도 지동설보다는 천동설이 정설로 되어 있을 것이다. 그는 누구였을까. 바로 남부 독일의 젊은 과학자, 조르다노 브루노Giordano Bruno 1548~1600였다. 그는 지동설에 대하여 확신을 가지고 있었으므로 죽음을 각오하고 지동설을 전파한 전도사였다. 그는 그 주장을 끝까지 지킨 죄로 입안과 얼굴을 쇠꼬챙이로 꿰인 채 1주간을 끌려 다니면서 온갖 조롱과 수모를 다 겪은 끝에 참혹한 화형火刑을 당했다. 우리는 이 같은 비극을 수 없이 겪은 끝에 오늘의 과학이 우뚝 섰음을 기억해야 한다.

하지만 기독교가 본래부터 자기들의 주장과 맞지 않는다는 이유만으로 함부로 사람을 죽이는 종교였는가를 살펴봐야 한다. 예수가 처음 진리를 설파할 때만 해도 유대교의 부패와 율법이 선량한 백성들을 괴롭히고 있었으므로 이를 개혁하고 보완하기 위해 열심히 강론하고 다녔다. 그는 유대교의 기득권자들을 비판하면서 메시아로 자처했고, 더 나아가 잘못된 율법을 크게 보완해야 한다고 부르짖거나 하느님과 동격임을 주장하다가 그들의 눈 밖에 나서 십자가에 못 박혀 사형 당했다.

오늘날은 그를 신격화시켜서 하느님의 독생자로 변모시키고 있으나 원래의 예수는 너무나 훌륭한 선각자였고, 개혁가였다. 그가 얼마나 도덕적이고 거의 완벽했던 성인이었는가는 산상수훈山上垂訓을 읽어보면 곧 알 수 있다. 그 산상수훈엔, 영안에 가난한 자, 생각이 겸손한 자, 온유한 자, 화평하게 한 자, 긍휼히 여기는 자, 마음이 청결한 자, 의에 주리고 목마른 자, 심령이 가난한 자 등은 천국이 저희 것이다, 라는 진리를 제시하여 약하고 가난하며 소외받는 사람들을 위로해 주고 있어서 그의 놀라운 예지叡智에 탄복할 뿐이다. 특히 의를 위하여 핍박받는 자는 천국이 저희 것이라는 말은 필자에겐 더더욱 큰 감명을 주었다.

그는 인류의 스승으로써 성인으로 추앙받을 만했으나 너무 신비화하고 과학적으로 증명할 수 없는 주장들을 했기 때문에 과학적 사고를 하는 사람들로부터 비판받고 있다. 하지만 그를 따르던 제자들과 그 후계자들은 권력으로부터 많은 핍박과 설움을 겪으면서도 약자와 가난한 자들을 위해 투쟁해 왔다. 그 후 국교로 지정되고 교권이 확립

된 후부터는 완전히 권력으로 변신하면서 교권敎權이란 권력이 탄생한 것이며, 이때를 역사가들은 중세기의 암흑기라고 부른다.

왜 기독교가 번창하고 교권까지 생겼는데도 지상천국이라고 부르지 않고 암흑기라고 했을까. 바로 이게 인간의 본성 때문임을 알아야 한다.

이를 보면 사람이나 단체 또는 종교와 심지어 국가까지도 어렵고 가난하며, 약할 때는 열심히 정의를 부르짖고 양심을 부르짖으면서 바른 소리를 잘 하는 것을 볼 수 있다.

하지만 일단 지배력을 확보하여 권력을 장악하여 지배적인 위치에 서게 되면 지배욕의 충족에 급급하면서 내가 언제 정의를 부르짖었느냐는 듯이 오만방자해지고 또한 지배력까지 함부로 발동하는 권위주의에 빠져버리는 것이다. 그러면서 백성들에게 봉사하는 게 아니라 군림과 착취, 치부에 몰두하게 된다. 이러한 인간의 본성을 가장 적절하게 표현한 우리 속담이 있다. "사람은 똥 싸러 갈 때와 올 때가 다르다"가 바로 그것이다.

이 속담에서 보는 바와 같이 상황에 따라 변하는 게 사람들의 맘이므로 한 정권이 오래 집권하면 부패하고 타락하면서 자기들만의 정권으로 타락하게 된다는 것을 잘 알려주고 있는 말이기도 하다.

우리는 그러한 예를 소련의 공산주의 혁명에서 가장 극명하게 경험했다. 당시 혁명주체들은 러시아의 황족들과 특권화한 귀족들, 그리고 지주들과 자본가, 관료들의 부패를 타파함으로써 착취를 없앰과 함께 만민의 법적 평등과 경제적 평등을 이루기 위해 혁명을 일으켰다고 주장했다.

하지만 세월이 흐른 후에는 그들이 더 부패했고 더 관료화했으며, 더 특권화하면서 더 착취를 일삼았다. 왜 그랬을까 그것은 미국의 역사와 대비하면 가장 극명한 정답이 나온다. 한마디로 아무리 훌륭한 철학과 사상으로 무장한 개인이나 집단이 일으킨 혁명이라도 항상 비판받으면서 견제 받지 않으면 반드시 타락하고 부패하면서 특권화한다는 것을 알려주는 것이다.

그 때문에 어떠한 집단이나 나라도 잘못하면 언제든지 백성들이 몰아낼 수 있는 선거권을 보장받아야 한다는 게 진리임을 함축하고 있다. 그러므로 어떤 정권이라도 항상 비판받고 감시받는 체제를 유지해야 하며, 따라서 백성들이 최소한 4~5년 만에 한번 씩 자유로운 투표로서 심판할 수 있는 기회를 주어야 한다는 진리를 알려주고 있는 것이다.

미국은 각주의 독립과 삼권의 분립, 나아가 언론, 출판, 집회, 결사의 자유가 완전히 보장되어 있고, 또한 야당의 왕성한 활동과 견제, 그리고 부단한 감시와 아울러 정권교체의 가능성을 항상 열어두고 있기 때문에 집권자로 하여금 항상 조심하게 만드는 체제여서 250년이 가까운 체제임에도, 건재하고 있는 것이다. 그와 반대로 소련은 자아비판제도와 교육을 통한 인간개조를 위해 그토록 노력했음에도, 일당독재체제를 선택함으로써 미국과 정 반대의 결과를 낳았다. 이는 미국과 다른 제도를 선택한 결과가 곧 부패와 독선, 그리고 특권화를 불러와서 70여 년 만에 스스로 자멸한 것이다.

이것은 무엇을 말하는가. 그것은 사람의 본성이 원래 지배력만 있으면 언제든지 지배욕의 충족을 위해 혁명을 일으키면서도 마치 지상천국을 만들 수 있는 것처럼 설쳐대고 있음을 말하는 것이다. 그 때문에 막상 혁명이 성공한 후에는 세월이 흐르면서 쇠가 녹슬 듯이 처음은 서서히, 후에는 가속도적으로 부패하고 특권화하는 게 사람의 본성이 갖고 있는취약점임을 알아야 한다. 우리는 사람의 본성을 이러한 기본적인 관점에서 넓고 깊이 있게 이해해야 한다. 이러한 사람의 본성에 대하여 과거의 철학자들은 어떻게 말하고 있었는가를 간단하게 살펴볼까 한다.

3. 소크라테스가 말하는 사람의 본성

먼저 철학계의 원조로 알려진 소크라테스Scrates 기원전 470~399를 살펴본다. 그는 공자처럼 스스로는 전혀 글을 남기지 않았다. "너 자신을 알라"이미 델포이신전에 새겨 있던 말이라 함라는 말과 함께 악법도 법이니 지켜야 한다, 라는 말을 남겼다 하여 그는 더욱 유명하다. 그는 죽음을 앞에 두고 뭇 제자들의 권유에 따라 능히 탈옥이 가능했음에도 영원한 잠인 죽음을 선택하였고, 죽으면 영혼이 행복한 섬나라로 갈 수 있다고 하면서 거절했다.

그는 거기서 존경하는 영웅들과 시인들을 만날 수 있을 것이며, 그들은 진리탐구를 했다는 구실만으로 나를 죽이지는 않을 것이라는 말로써 자기를 죽이려는 자들을 우회적으로 비판하고 있다. 그는 그리스인들이 모시는 신에 대하여 불경하면서 해와 달이 신이 아니고 바

위와 흙으로 되어있다, 라고 주장한 게 신을 모독한 것이 되었다. 또한 청소년들을 가장 도덕적인 길로 가르치고 있었으나 법률에 복종하는 길로 이끌지 않았으니 타락시킨 것이라는 비난과 함께 피소되어 법정에 서게 된 것이다.

재판관인 아나토스가 제발 철학하는 것만은 그만두라, 그러면 무죄로 해 주겠다고 말했는데도, 나는 여러분에게 복종하지 않고 오직 신에게 복종하겠다면서 거절했다. 그는 아테네가 숭배하는 신들에게 불경했고, 청소년들을 타락시켰다 하여 피소되었으나, 실은 해는 바위로 되어있고, 달은 흙으로 되어 있다는 말밖에 한 게 없었다.

그는 청소년들에게 올바른 길을 가르쳤을 뿐, 타락시킨 일도 없었다. 그런데도, 오해를 받아서 피소되어 법정에 선 것이다. 그는 철학자답게, 철학자는 자유를 포기하느니 차라리 죽음을 달라는 게 내 이성의 명령이다, 라고 말하면서, 사람은 모름지기 조용히 죽는 것이며, 의젓하게 죽어야 한다, 라는 말로서 죽음에 대한 단호한 자세를 보였다.

이러한 주장들은 오늘날의 과학세계에 비추어 보면 맞지 않는 언행들이기는 하나 당시의 가치관은 매우 달랐다. 그는 너무나 완벽했고, 또한 변설이 출중하여 그의 말은 마치 독사와 같은 무서운 힘을 지니고 있다는 비난도 받았다. 따라서 그에게 한방 물리면 다시 헤어나지 못한다는 악평을 듣기도 했다. 그는 지혜와 용기, 그리고 절제를 한 몸에 지닌 정의의 화신이었다. 사람이 참된 명예와 진리 그리고 고매한 영혼에 아무런 신경도 쓰지 않는다면 그거야 말로 부끄러운 것 아닌가, 라는 말도 했다.

사람은 훌륭하고 아름답게, 그리고 올바르게 사는 게 보다 중요하다고 역설했다. 그는 끝내 타협을 거부하면서 자유가 아니면 주검을 달라면서, 제자들의 권유를 뿌리치고 깨끗이 독배를 마심으로써 죽음을 선택했다하여 칭송받는 철학자가 되었다. 하지만 그는 인간의 높은 도덕성만 강조했을 뿐, 사람의 본성에 대해서만은 단 한마디도 말한 사실이 없다.

이에 대한 필자의 생각은 그가 진화된 지배욕의 단계를 넘어서 성숙된 지배욕의 경지에 이른 철학자였다는 점이다. 그 때문에 그는 누구하고 다투거나 안 지려는 비속한 본성을 완전히 떨쳐버린 원숙한 지배욕의 소유자였다. 그는 꼭 싸워서 이기려는 기질을 완전히 버렸고, 그로써 그는 유치한 지배력과 지배욕, 성취욕을 버린 완벽한 철학자가 되었다. 따라서 그는 정신적 존경을 받음으로써 원숙한 지배욕의 영원한 귀감이 될 수 있었다. 그는 자유가 아니면 주검을 달라면서 자유의 귀중함을 일깨운 철학자이기도 하고, 주검으로써 정신적 자유를 누리고자 한 철학자이기도 했다.

4. 플라톤과 아리스토텔레스가 말하는 사람의 본성

소크라테스의 제자였던 플라톤Platon 기원전 427~347은 아카데미를 세워 제자들을 가르쳤고, 또한 자신의 정치적 이상을 실현시킬 목적으로 전제군주들을 찾아다닌 일이 있으므로 공자와 가장 닮았다는 평을 듣기도 했다. 그는 철학을 아는 철인哲人의 정치를 주장함으로써 후

일에 니체의 초인 정치사상에 영향을 주었다.

그는 통상의 인간과 철인이 따로 존재하고 있다고 주장하여 두 개의 신분을 설정하고 있다. 그는 현실은 가짜다, 라고 말하면서 이데아의 가상세계가 진정한 세계라고 주장하기도 했다. 또한 철인들의 영속성을 위해 철인들의 자녀들을 부모와 격리시켜 따로 철인교육을 시켜야 한다면서, 모든 것을 공동으로 해야 한다는 주장을 펴다가 그 논리가 지나쳐서 부인들의 공유제까지 주장함으로써 크게 말썽을 일으키기도 했다. 그는 교육도 철인 교육에 맞춰서 해야 한다고 주장하면서 이로써 이상 국가를 실현시킬 수 있을 것이라는 놀라운 주장을 하기도 했으나 사람의 본성에 대한 언급은 단 한마디도 없었다.

아리스토텔레스Aristoteles 기원전 384~322는 인간을 가리켜 정치적 동물이라고 하면서 보다 고차원적인 주장을 많이 하고 있다. 그는 거의 모든 분야의 학문에 관심을 가지고 글을 남겼으므로 만물박사로 지칭되기도 한다. 그는 정치학은 물론, 우주학과 논리학, 심지어 웅변술까지도 언급했으나 역시 시대의 한계와 과학지식의 부족으로 태양이 지구를 돈다는 이른바 천동설에 머무르고 있었다. 그는 신을 인정한 철학자이기도 하다. 그는 논리학에서 삼단논법을 통하여 사물을 이해하고 결론을 지으면서 연역적인 사고방식을 알려준 선각자였다. 예를 들면,

○ 모든 포유동물은 새끼를 키울 때 젖을 먹여서 키운다.

○ 사람도 자녀들을 키울 때 젖을 먹여서 키운다.

○ 그러므로 사람도 포유동물이다, 등이다.

그는 행복의 조건으로서 친구를 들었고, 극단을 걷지 않으면서 선을 행하는 중용을 중시했으며, 선을 전제한 행동만을 강력히 요구하면서 습관이 무엇보다도 중요하다고 강조했다. 그를 위해서 아이 때부터 올바른 습관을 갖도록 잘 키워야 한다고 주장했다. 그런 주장들은 자녀교육에 중요한 지침이 될 수 있는 것이어서 매우 주목된다. 그는 철학자답게 많은 주장을 하고 있었으나 그 역시 사람의 본성의 본질에 대해서만은 일언반구도 밝힌바 없다.

5. 마키아벨리와 데카르트가 말하는 사람의 본성

그 후, 로마에는 니콜로 마키아벨리Niccolo Machiavelli 1469~1527가 나타나서 인간은 배은망덕과 변덕, 거짓말쟁이, 사기꾼이며, 간악함과 위험을 끼치면서도 탐욕스러운 면이 있음을 주장했으므로 인간의 본성을 날카롭게 파헤친 사람으로 볼 수도 있다. 또한 그는 말하기를 효과적으로 통치하는 데는 백성들을 사랑하기보다 두려움을 주어서 통치해야 한다고 역설함으로써 도덕을 존중하는 철학자들로부터 호된 비판을 받기도 했다.

이 점에서 덕치德治를 가장 기본적인 통치이념으로 삼으면서 인의仁義와 예禮, 신信의 사상으로 이상적인 사회를 꿈꾸었던 공자의 사상과는 완전히 배치되는 주장을 했다. 그는 통치행위의 당위성보다 현실성을 더 강조하면서 군주가 인간의 그러한 그릇된 양태를 똑바로 보지 못하면 십중팔구 그 통치는 실패한다고 강조했다. 이를 보면 그는 인간에게 숨어 있는 극히 일부분만은 똑바로 본 강점이 있기는 하나 너무 나쁜 면만을 본 잘못이 있다. 그리고 일부의 진실을 잘 밝히긴 했으나 인간이 왜 그렇게 생겼는가와 무엇 때문에 그렇게 생겼을까, 인간들이 무엇을 위해 그렇게 하는가, 등의 인간의 본성에 대해선 한마디의 말도 없다.

"나는 생각한다, 그러므로 나는 존재한다"라는 말로써 유명한 데카르트Rene Descartes 1596~1650는 근대철학의 개척자로 알려져 있다. 그는 마키아벨리보다 조금 앞서서 태어난 철학자로서 중세의 암흑기를 벗어나게 한 철학자로서도 유명하다. 그는 사람이 신을 의지할 게 아니라 자연을 정복하여 인간다운 삶을 누려야 한다고 주장하여 사람을 신으로부터 해방시킴으로써 과학문명의 길을 활짝 열었다하여 높이 평가받고 있다.

그는 중세의 스콜라철학이 경험 없이 순수한 사유로 일관한 사변성思辨性을 비판했고, 이 세계는 정신과 물질로 이루어졌다고 주장하면서, "나는 나고 세계는 물질에 불과하다"고 주장했다. 또한 사람은 공통적인 이데아이상향를 가지고 있으므로 서로 협력하여 신의 도움 없이도 살아갈 수 있음을 강조함으로써, 기독교 교권으로부터 인간의 자유를 되찾는데 큰 자취를 남겼다.

하지만 자기는 자기가 생각하기 때문에 자기가 존재한다, 는 주장은 독단적인 주장에 불과하다. 왜냐하면 자기가 생각하지 않아도 죽지 않고 살아 있는 한 병자이든 정신병자이든 자기는 엄연히 존재하는 것이다. 그 때문에 그의 철학은 원천적으로 틀린 주장으로 본다. 다만 그 주장이 자기 인격의 존엄성을 극적인 표현으로 미화하여 잘 표현하고 있다는 점에서 세인의 칭송을 받고 있을 뿐이다. 그러므로 그가 없는 현재에도 우주와 지구, 그 외 모든 것은 물론, 지하에 묻힌 것, 못 보는 세균도 엄연히 존재하는 것이므로 독단임을 면하지 못하며, 그 역시 사람의 본성은 밝히지 않은 철학자다.

6. 토마스 홉스와 존 로크가 말하는 사람의 본성

그 후 영국의 토머스 홉스Thomas Hobbes 1588~1679는 "만인 대 만인의 투쟁을 하는 늑대"라고 주장한 철학자로 유명하다. 그는 사람의 본성을 자연적 이욕과 자연적 이성으로 이루어졌다고 주장한 점은 진일보한 주장이었으나 더 깊이 나가지 못했다. 그는, 인간의 삶은 외롭고 궁핍하며, 비참하고 잔인하면서 그 짧은 생애는 만인 대 만인의 투쟁 상태였으나 이를 국가에 위임하는 사회계약으로 투쟁을 멈추어서 모두가 행복을 보장받게 되었다, 고 주장했다.

사람은 각자의 이기적인 본능이 최고의 가치의 척도라고 주장한 점은 잘 짚었다고 볼 수 있다. 인류의 최고의 가치는 종족보존의 욕구라고 주장한 점도 도덕설로 일관한 타 철학자에 비해 진일보한 탁견을 내놓긴 했으나 인간의 본성을 완벽하게 설파하지는 못했다.

토마스 홉스의 제자로 알려진 존 로크J. Locke 1632~1704는 철저한 경험주의 철학자로서 모든 인류가 누구나 다 동의하는 본래적인 원칙은 없다, 고 말하고 단호한 경험론을 폈다. 또한 경험이 없으면 인식도 불가하다고 주장하고 이성이나 오성悟性 지성의 선험성先驗性을 부인했다.

이러한 사실은 후일에 칸트가 주장한 이성의 한계 론과 경험의 영역 밖에서 일어나는 일에 대해서는 알 수 없다는 주장과도 일맥상통하는 점이다. 하지만 그는 행위의 동기보다 결과를 훨씬 더 중시함으로써 칸트와는 전혀 다른 견해를 나타내고 있다. 그는 또한 스승인 토마스 홉스와는 달리 무신론을 주장하지 않았다. 그는 토마스 홉스의 사회계약설을 한층 발전시켜서 입헌 정체론을 제창함으로써 영국의 헌정발전에 크게 기여했다.

7. 스피노자와 몬테스키외가 말하는 사람의 본성

"나는 세계가 내일 멸망한다 해도 오늘 한 그루의 사과나무를 심겠다"라는 유명한 말로써 우리들의 심금을 울렸던 스피노자Benedictus Spinoza 1632~1677가 있다.

그는 주장하기를, 자유인은 오로지 이성에 따라서만 사는 사람이므로 결코 죽음 등의 두려움에 대하여 생각하지 않고 지배받지도 않는다. 지혜는 죽음에 대한 성찰이 아니라 삶에 대한 성찰이어야 한다. 신이란 곧 자연이고 자연은 곧 신이다. 만물은 신 안에 있고, 어떤 것도 신 없이는 존재할 수 없다고 본다. 등의 일원론을 제시했다.

또한 신앙의 자유와 학문의 자유를 위해 명예와 지위를 포기할 수 있다고 주장하여 높은 기개를 나타내기도 했다. 위 주장중, 신이 곧 자연이고 자연이 곧 신이란 말로써 굳이 신이 따로 없음을 주장한 것은 탁견 중에 탁견이라 할 수 있지만 그도 인간의 본성에 대해선 별말이 없었다.

그 이후 몽테스키외Charles Montesquieu 1689~1755 등이 권력의 속성을 잘 파헤치면서 동양의 전제주의는 서구의 낯선 타인이 아니라 바로 그것이 본질이라고 주장했다. 또한 독재정치의 원리는 공포이고, 군주주의의 원리는 존경이며, 공화정의 민주주의는 덕이라고 주장하면서, 전제정부에 맞서서 입법부, 사법부, 행정부의 권력분립론을 강력히 주장했다.

그는 민주정치의 도덕성을 긍정하면서 견제와 균형의 중요성을 갈파하여 삼권분립을 이루는데 결정적인 공헌을 함으로써 인권을 신장시키고 권력의 남용을 예방케 한 점은 높이 평가할 수 있으나 그 역시 사람의 본성에 대해선 깊은 말을 한 바 없다.

8. 니체와 프로이드, 러셀이 말하는 사람의 본성

많은 철학자 중에 인간의 속성을 비교적 가장 잘 갈파한 철학자는 프리드리히 윌헤름 니체Fridrich Wilhelm Nietzsche 1844~1900다. 그는 지그문트 프로이트Sigmund Freud 1856~1939도 말한 바와 같이 자기 스스로를 날카롭게 통찰한 철학자이기도 하고, 인간의 속성을 날카롭게 파헤친 철학자였다고 알려져 있는데, 필자도 그렇게 보고 있다. 그는 사람이 권력의 의지를 가지고 있고, 그 권력의지가 우리를 이끄는 동력이라고 갈파했다.

하지만 모든 사람이 다 그런 권력의지를 가지고 있는 게 아니라 극히 일부인 1% 내외의 사람들만이 강력한 권력 의지를 가지고 있고, 나머지 50% 내외의 사람들은 나름대로 지배욕과 성취욕을 계층적으로 차별성 있게 가지고 있는데도, 모든 사람들이 똑같이 권력 의지를 가지고 있는 것처럼 강조한 것은 큰 잘못이다.

특히 권력의지란 국가가 형성된 이후에 지배욕이 권력의지로 승화한 것인데도 그는 이를 간과했다. 따라서 국가권력이 형성되기 이전엔 원시적이고도 단순한 완력인 지배력과 지배욕, 성취욕만이 있었을 뿐이며, 국가가 성립한 후에야 비로소 지배욕이 권력의지로 순화된 것이므로 지배욕이 원래의 본성이었다. 그러므로 사람의 권력의지가 원시인 때부터 있었던 것은 아니었으므로 권력의지를 올바로 보지 못했다.

그는 민주주의적 윤리를 약자가 하소연하는 노예도덕으로 악평하면서 이를 극복하는 게 초인이라고 주장하고, 군주도덕을 찬미하고 있다. 그는 앞서 밝힌 대로 초인이 따로 존재할 수 없었음에도, 초인정치를 부르짖으면서 권력의지는 초인들만이 행사할 수 있다는 주장을 하고 있다.

그 때문에 그 사상은 일부 독재자들에게 악용되어 자기들의 독재정치가 정당하다는 이론에 도움이 되었다. 권력의지를 지나치게 미화하면서 강조했고, 그 논리로 초인超人정치를 강조한 것은 독재를 합리화할 수 있는 주장이 될 수도 있어서 대단히 위험한 철학이었다.

그는 "신은 죽었다"라는 파격적인 외침과 함께 신이 존재하지 않는 상태에서는 초인과 같은 강자의 지배가 필요하다는 주장을 해서 독재를 옹호했다. 그런 사상은 현대의 민주주의 사상과는 전혀 맞지 않는 것이며, 독선적이고도 냉소적인 인종 차별주의자들을 만족시켜주는 철학이 되어 버렸다. 후일에 이르러 히틀러의 독재를 합리화시키는데 니체의 철학이 원용되었다 하여 맹비난을 받은 것도 그 때문이었다.

그 외에 비교적 현대적 철학자인 버트런드 러셀Bertrand Russell 1872~1970이 있다. 그는 사람의 특성을 이렇게 평했다. 사람은 누구나 다 공동묘지를 두려워하고 또한 시체다루는 곳을 두려워하나 어렸을 때부터 그 옆에 살면서 무서운 곳이 아님을 반복하여 가르쳐 주면 그 아이는 그런 곳을 전혀 무서운 줄 모르고 평생을 살 수 있음을 볼 때, 어릴 때의 교육이 얼마나 중요한가를 알게 해주고 있고, 이러한 사실은 누구나 똑같은 것이다, 라고 말했다.

그는 사람들이 다 옳다고 하는 경우에도 사실은 잘못 인식하고 잘못 생각하는 경우가 허다하며, 따라서 많은 사람들이 옳다고 생각하는 것만으로 다 옳은 것은 아니다, 라고 갈파하여, 지식의 착오가능성과 대중들의 인식이 때로는 진실이 아닐 수도 있음을 경고했다.

이러한 주장들은 공자의 주장인 참 군자의 평가를 받을 때만이 참 군자다, 라는 취지의 주장과 일맥상통하는 면이 있다. 그는 출정을 앞둔 병사들의 횡포를 보고 인간은 파괴하는 것을 좋아하고 때로는 전쟁하고 게임하는 것을 좋아하는 모습을 보면서 인성의 비이성적임을 지적하기도 했다.

이로써 그는 많은 진리를 우리에게 일깨워주고 있고, 특히 선험적 지식과 생활의 체험을 통한 산 지식으로 기존의 고정관념을 깰 수 있음을 일깨워 주고 있어서 교육의 혁신에 크게 공헌하였다. 하지만 그역시 인간의 본성에 대해선 전혀 말이 없는 것이다.

그 외 사르트르, 하이데카, 카뮈, 제임스, 융 등, 수많은 철학이 등장하고 있으나 인간의 본성의 본질이 무엇인가와 왜 그렇게 생겼는가에 대해선 어느 철학자도 똑같이 말이 없는 것이다. 그러므로 필자가 주장하는 지배력, 지배욕, 성취욕, 그리고 이를 원시적인 형태와 진화된 형태, 성숙成熟된 형태로 각 세분하면서 인간의 본성을 근원적으로 깊이 파헤치고 있는 시각과는 크게 다르다. 이에 대한 자세한 내용은 지배력과 지배욕, 성취욕을 다룰 때 보다 자세하게 밝힐 것이다. 한마디로 권력의지나 지배력, 그리고 지배욕과 성취욕은 모두 인간의 욕망이라는 점에서는 똑같은 것이다.

그들 철학자들의 주장은 사람의 본성이 번식과 밀접한 관계가 있다는 사실에 대해선 전혀 언급한바가 없음을 확인했으므로 이만 생략한다.

그 후 심리학자였던 프로이트의 주장이 나와서 본능Id과 자아自我 Ego 그리고 초자아超自我 Super Ego로 분류하면서, 무의식의 세계를 깊이 있게 밝혀냄으로써 한 때 세상을 크게 놀라게 했으나 사람의 본능이 왜 그렇게 생겼는가의 본질 문제엔 말이 없는 것이다. 그는 어머니의 나체를 보고 성욕을 느낀 게 오이디푸스 콤플렉스를 주장하게 된 동기라고 주장하고 있다.

그는 맏아들로서 어머니의 탐스런 육체에 성욕을 느낄 수도 있었을 것이다. 하지만 모자간의 연령차가 많거나 중노동으로 몸이 야윈 어머니, 그리고 타고난 몸매가 안 좋은 어머니가 훨씬 많은 게 현실이므로 당초부터 소재를 잘못 선택해서 이론화한 것이다.

어떤 철학자는 인간을 사회적 동물이라고도 했으며, 경제적 동물이라고 말하기도 했다. 특히 아담 스미스는 인간의 이기심이 바로 모든 것을 발전시킨다면서 인간이 경제적 동물이라는 탁견도 내놨으나 인간의 본성의 본질에 대해서는 한마디도 말한 바 없다.

9. 칸트와 헤겔이 말하는 사람의 본성

헤겔이나 쇼펜하우어 그리고 니체나 프로이트, 샤르트르들보다 한 세대 앞선 철학자로서는 이마누엘 칸트Immnuel Kant, 1724~1804가 있다. 그는 인간을 매우 높이 평가하면서 더욱 준엄한 도덕적인 행동만을 요구했고, 그에 대한 평가는 동기가 핵심적인 요소라고 말하고 있다. 그러면서 도덕의 최고의 원칙은 정언正言명령에, 사람을 죽이지 말라과 가언假言명령에, 그 돈을 가져간다면 절도행위이니 가져가지 말라, 그리고 가언판단에, 만약 그 돈을 절취해 갔다면 1년 이상의 징역에 처하여야 한다의 기준에 의해서만 옳고 그름을 판단해야 한다고 주장했다.

그는 자유의 정의定意를, 자연 질서로부터 벗어나는 자유를 진정한 자유라고 주장하고 있어서, 통념상의 자유가 아닌 매우 도덕적인 자유를 강조하고 있다. 이는 현재 일반적으로 이해하고 있는 자유와는 사뭇 거리가 먼 완전한 도덕적 행위만을 참다운 자유로 평가하고 있는 것이다.

또한 도덕적 책임에는 자연적 의무와 자발적 의무, 그리고 연대적 의무가 있다고 하면서, 자연적 의무는 보편적 의무이므로 합의가 필요치 않으나 자발적 의무는 특수하므로 합의가 필요하고, 연대적 의무는 합의가 필요치 않은 의무라고 주장했다.

그는 사람은 타고난 지성知性 오성悟性으로 객관적 사실에 깊은 관심을 갖고 깊이 관찰하면 바르게 인식할 수 있으나 그렇지 않으면 실패할 수 있다고 하면서 사람의 정신이 없다면 세상에는 아무것도 존재하지 않는다는 극단적인 관념론을 폈다.

하지만 필자의 생각은 다르다. 왜냐면 우리 인류가 없다 해도 우주와 지구 그리고 모든 생물은 건재할 것이므로 그의 주장은 너무 사변성이 강한 억설이다. 그가 우리의 정신과 마음의 중요성을 너무 강조한 결과, 사람이 인식할 수 있기에 만물이 존재한다는 극단적인 관념론으로 일관하고 있는 것이다. 그러면서도 인간은 이성적理性的 판단으로 올바르게 행동하고 실천할 수 있는 고등동물이라고 극찬하기도 했다.

그는 인간의 본성을 감성感性, 지성知性 오성悟性, 이성理性으로 세분하면서도 오히려 인간의 본성에 대한 근본적인 본질에 대해선 철저히 외면하고 있다. 또한 이성으로는 신의 존재를 증명할 수 없다고 주장함으로써 신을 부정했다하여 신학자들로부터 비판을 받기도 했다.

칸트의 순수이성비판이나 실천이성비판 등을 읽어보면 매우 난해해서 이해하기가 힘들다. 이는 번역의 잘못도 있겠지만 칸트 자신이 너무 어렵게 쓴 면도 있는 것이다. 그렇기 때문에 필자는 될 수 있으면

쉬운 말을 쓰고 있다. 그러한 현상은 쇼펜하우어의 의지와 표상으로써의 세계 등의 철학서들도 똑같이 갖고 있는공통적인 결점이다.

그 외에도 헤겔Georg Wilhelm Friedrich 1770~1831 같은 철학자는 변증법적 세계관을 제시하면서 역사는 정正 반反 합合의 원리에 의하여 변증법적으로 발전한다고 주장하여 한 때 큰 호응을 일으키기도 했다. 그는 "이성적인 것은 현실적이요, 현실적인 것은 이성적이다"라는 유명한 말도 했다. 하지만 필자의 생각은 그와 정 반대로 "이성적인 것은 비현실적이요, 현실적인 것은 비이성적이다"라고 주장하고 싶다.

왜냐하면 현하 국제간의 각종 분규와 군비확장 및 전쟁은 극히 비이성적인 행위에 불과하지만 오히려 현실적이기 때문이다. 따라서 헤겔의 논리는 근본적으로 틀린 것이며, 그 때문에 이성을 너무 미화하면서 왜곡하고 있다는 평을 면하기 어렵다. 그는 절대정신의 존재를 주장하면서 절대정신은 세계의 실체와 같고 세계는 절대정신이 만들어 낸 결과물이라고 주장한다. 그는 그 예로서 역사적인 사건의 주인공이었던 사람들의 행동에서 세계정신의 실현을 보았다고 주장하면서 나폴레옹의 예를 들었다.

그는 절대정신의 자기구현과 이성이 이 세계를 지배한다고 주장했다. 하지만 불행하게도 이성이 이 세계를 지배하고 있었다면 두 번의 세계대전은 없었을 것이며, 공산혁명도 아예 발생하지 않았을 뿐더러 북한과 같은 체제도 생기지 않았을 것이다. 또한 일본사람들의 야마도 다마이시大和魂의 절대정신은 20세기의 비극을 낳았고, 나아가 한국침략과 태평양 전쟁을 낳게 한 점에 비추어보면 절대정신이야말로 독선과 비극만을 낳게 하는 매우 위험스러운 주장이라고 필자는 생각한다.

그는 인류의 문화가 변증법적으로 발전한다고 하면서 도토리의 예를 들었다. 도토리가 정이고 그가 변하여 상수리나무가 된 게 반이며, 많은 열매가 바로 합이라고 주장했다. 필자의 생각은 이것 또한 생물이 번식하는 한 모습일 뿐이므로, 말의 유희에 불과하다고 생각한다.

역사는 반드시 변증법적인 정반합의 원리로 발전한다고 했음에도, 왜 그리스의 민주주의가 더 발전하지 못했고, 로마의 초기 민주정이 왜 군주제로 퇴보했는가와 그 후의 중세 암흑기의 도래는 정·반·합의 이론과는 완전히 배치되지 않았는가, 라는 점에서 독단적인 담론에 불과했음을 알 수 있다.

그 주장을 공산주의자들이 원용하여 원시 공산주의가 정正이고, 자본주의가 반反이며, 다시 원시 공산주의보다는 한 단계 높은 합合의 단계로서 사회주의가 이에 해당한다고 하면서 사회주의의 도래는 역사적 필연이라고 주장했다. 그로써 해방 후의 혼란스런 민심을 휘여 잡는데 성공하는 듯 했으나 오늘날 돌이켜보면 전혀 반대현상이다. 오늘의 현실을 보면 그 이론이 얼마나 허술한 철학이고 궤변에 가까운 이론이었던가를 알게 되었으므로 그에 대한 냉대는 당연했다.

헤겔 자신은 정·반·합의 이론과 역사적 사실을 결부할 때 꼭 자기의 이론에 맞는 역사적 사실만 골라서 설명하고 있다. 그리고 헤겔 자신은 위에 말한 공산주의 발전단계를 언급한 사실이 없으나 공산주의자들이 견강부회牽强附會식으로 끌어다 붙인 이론이었다. 따라서 정·반·합의 이론으로 무장하고 있는 변증법은 동양은 고사하고 서양사에서 조차도 맞지 않는 이론임이 이미 드러났다.

그는 세계는 절대정신이 만들어낸 결과물이라면서 나폴레옹 같은 절대적인 사람들의 행동에서 세계정신이 실현된다고 했으며 이성이 이 세계를 지배한다고도 했다. 하지만 다른 각도에 보면 그는 유럽을 유린한 침략자에 불과했는데도, 그는 그를 세계적인 정신의 실현이라고 극찬한 것이다.

동양에서도 요순시대와 하夏, 은殷, 주周의 분국제도와 춘추 전국시대. 그리고 진秦의 군현제도, 다시 한 나라의 봉국封國제도, 당나라 후기의 절도사제도 등의 변천사를 제대로 설명할 수 없는 이론이었으므로 현재는 거의 망각의 그늘로 사라지고 있다.

그 때문에 지금은 쇼펜하우어만치도 주목을 받지 못하는 철학으로 전락하고 있으므로 더 언급할 가치가 없다. 더구나 인간의 본성 등에는 전혀 언급한바가 없어서 논의의 대상이 되지 못한다. 그 외에 흄 등 많은 철학자들이 있으나 어느 철학자도 인간의 본성에 대하여 깊이 언급한 사람은 없으므로 이만 생략한다.

10. 마이클 샌델이 본 독일인과 일본인

현대 사상가인 마이클 샌델Michael J. Sandel, 1953~은 그의 저서인 "정의란 무엇인가"에서 정의가 때로는 상대적임을 밝히면서 정곡正鵠을 울리는 말을 많이 하고 있다. 아쉬운 것은 필자가 여기서 그 내용들을 일일이 다 소개하거나 표현할 수 없고, 또한 다 옮길 수도 없다는 사실이다. 다만 기억에 남는 것만을 옮길까 한다.

그는 말하기를, 사람은 존중받아야 하는 이성적 존재라고 전제하면서 정언명령과 가언판단, 그리고 공리주의를 모두 거부하고 있다. 또한 인간은 수단이 아닌 목적이므로, 자유의 초자연적 특성과 높은 도덕률의 실천을 강조하면서, 자율적인 인간의 행위만이 참다운 인간의 행위라고 주장했다. 또한 그 행위의 동기를 중시해야 하며 원칙고수의 자세만이 도덕적 가치가 있다고도 했다.

그는 현실문제도 깊이 언급하면서 독일은 거의 모든 독일인과 정치가들도 유대인 학살의 범죄성을 인정했고, 또한 많은 정치가들이 독일의 국회는 물론, 이스라엘 국회까지도 찾아가서 극구 사죄하면서, 이스라엘과 그 생존자들에게 수백억 달러를 배상한 사실을 언급한 후, 그게 바로 정의의 참모습이고, 또한 단연한 결과라고 평가하고 있다. 이러한 독일인의 자세는 지금도 일관되고 있어서 일본인들과 크게 대비된다고 말했다.

또한 그는 일본인과 일본정치가들은 정신대 소집의 강제성을 극구 부인하면서 책임을 회피하고 있거나 아니면 현재의 자기들은 정신대를 강제로 끌고 간 사실 여부를 잘 모르므로 그에 대한 책임을 질 수 없다는 논리를 펴면서 명쾌한 이론으로 비판하고 있다. 그런데 그들 일본인들은 거기에 그치지 아니하고 오히려 한 발 더 나아가 과거의 침략행위를 미화하거나 부인하려는 방향으로 기울면서 현 평화헌법을 개정하여 다시 옛날로 회귀하려는 자세를 보이고 있고, 군비확충에도 적극적이다. 이 같은 현상은 독일과는 정 반대의 길을 걷고 있는 것인데 왜 그럴까.

이에 대하여 필자의 생각은, 개인이나 단체 또는 기업이나 나라 간에 지배력만 넉넉하다면 언제든지 그 지배력을 발동시켜서 지배함으로써 지배욕을 충족시키려는 게 사람의 본성이므로 그렇게 움직이고 있다고 보는 것이다.

그러므로 주변 국가들은 이를 미리 알아차려서 대응하지 않으면 안된다. 특히 일본인의 국민성을 돌이켜 볼 때, 더 그렇다. 그들은 원래 호전적이었고, 2차 대전도 섬인 오키나와沖繩만 점령당했을 뿐, 본토는 촌토도 짓밟히지 아니한 채 항복했다. 그런 결과는 일본인들의 뇌리 속에 광대한 중국 영토의 점령지가 환상으로 그대로 남아 있는 것이다. 따라서 일본의 패전은 오로지 천황의 결단에 의해 항복한 것이므로 전 동남아와 중국의 심장부를 모두 차지했던 그 당시의 화려했던 환상을 버릴 수가 없어서 그리하는 것이다.

사람이란 그 누구도 한 번의 호된 경험으로는 본래 가졌던 꿈을 쉽사리 버리지 못하는 게 본성이다. 거기에 경제력 등이 세계 3위여서 그 힘이 넘치고 있어서 그런 환상이 생기는 것이다. 따라서 일본이 제정신을 차리려면 독일처럼 철저하게 초토화되는 두 번의 패전을 맛본 후에야 비로소 독일과 같은 올바른 자세로 돌아가게 될 것이란 생각을 지을 수가 없다.

그러한 일본이 어찌 위안부 문제를 순순하게 받아들이겠는가. 아마도 극히 일부의 양심적인 일본인만이 그 책임을 인정하고 있을 것이다. 이에 대하여 샌델도 그 천만부당성을 주장하면서, 전 정부의 범죄에 대한 책임을 회피하려는 것은 정의의 본질에 명백하게 어긋난다고 주장하고 있다.

이러한 사실들을 종합해 판단해본다면 인간이 어떻게 행하는 게 정의인가에 대해서는 매우 날카롭고도 명쾌한 논리를 펴고 있으나 다만 그도 인간의 본질적인 본성에 대해서만은 어떤 말도 하지 않았다.

11. 유교에서 본 사람의 본성

유교에서의 인간에 대한 일반적인 평가를 한마디로 평가한다면 "인간은 만물의 영장靈長이며, 천상천하에서 가장 존귀한 게 인간"이라고 극찬하면서 매우 긍정적인 평가를 하고 있다. 그러면서 인간만이 일반 동물과는 달리 유교의 사회적 도덕률의 핵심사상인 "삼강오륜三綱五倫"을 실천할 수 있고, 요순堯舜의 치세와 주공周公의 정치와 도덕도 회복할 수 있는 것이라고 주장하고 있는 게 특이하다.

개인적 도덕률로는 격물格物치지致知 성의誠意성심善心 수신修身제가齊家 치국治國평천하平天下를 가장 으뜸가는 도덕률로 제시하고 있기도 하다. 따라서 유교에서는 이 삼강오륜과 수신제가치국평천하의 높은 도덕률은 사람만이 실천할 수 있다고 하면서, 그게 바로 만물의 영장임을 알려주는 증표가 된다고 주장했다. 또한 사람이 금수와 다른 점은 바로 삼강오륜 때문이라고 말하고 그래서 반드시 실천해야 한다고 주장해 왔다.

유교의 주장대로라면 삼강오륜을 행하지 않는 민족이나 사람들은 설사 외형상으로는 똑같은 사람일지라도 실제는 금수禽獸와 같은 존재에 불과한 것이다. 따라서 삼강오륜을 똑바로 실천하는 사람만이 참된 인간이므로 이게 바로 서양인 등의 오랑캐와 우리나라 사람과의 근본적인 차이점이라고 주장하는 것이다.

이러한 사상은 삼강오륜을 모르고 살아온 서양인 등을 배척하는 잣대가 되었고, 일본인들도 서양인을 따라 양화됐으니 똑같은 야만인이라고 하면서, 일본을 배척하는 핵심적인 사상으로 원용됐다. 그 때문에 조선조 말에는 유림을 중심으로 위정척사 사상衛正斥邪 思想으로 발전되어, 이를 이유로 문호개방을 반대하면서, 나아가 일본인과 서양인들과의 교류를 반대하는 대의명분으로 이용되기도 했다.

이게 영남을 중심으로 만인소萬人疏로 발전하여 조정에 제출됨으로써 개화와 개방을 주장하고 있던 당시의 고종을 심히 난처하게 했다. 원래 조선의 대표적 학문인 성리학에서는, 하늘의 이치와 사람의 심성이 원래 일치하는 것으로 보는, 천인합일天人合一사상을 주장하면서, 이기설理氣說을 크게 발전시키고 있었으나 그것은 실증이 어려운 공리공담空理空談的이었으므로 백성들의 삶에는 전혀 도움이 안 됐고, 또한 인간의 본성에 대한 근본적인 본질문제에도 전혀 말이 없었다.

12. 도교에서 말하는 사람의 본성

도교의 창시자로 알려진 노자老子 사상은 철저한 무위이화無爲而化 사상으로 무장되어 있다. 따라서 인위적으로 애써서 군심君心을 바로잡아 왕도정치王道政治를 펴보려 했던 공자의 사상과는 정 반대의 위치에 있는 것이다. 그 때문에 그는 공자의 노력을 부질없는 짓이라고 했다. 이를 역사의 흐름에 비추어보면 공자의 왕도정치는 물론, 그 사상을 이어받은 도학정치도 모두 실패한 사실에 비추어 보면, 노자의 생각이 보다 더 달관한 면이 있기도 하다. 하지만 보다 사람답게 살 수 있는 태평성대의 세상을 만들어 보기 위해 애쓰면서 노력하는 것 자체를 냉소하는 노자의 태도에 대하여 긍정적으로만 볼 수는 없는 것이다. 왜냐하면 인류의 역사가 노자의 사상대로 무위이화無爲而化, 즉 아무 노력도 하지 않고 있어도 절로 세상이 진보하고 발전할 수 있는 세상이었다면 피 흘리는 혁명은 없었어야 했으나 역사의 기록은 그와 정반대였음을 알려주고 있기 때문이다.

노자의 사상은 현실도피적인 사상에 불과했으며 일신의 안위만을 도모하는 보신술을 가르치고 있었다고 봄이 옳다. 특히 그 사상은 그 후 중국의 사상에 영향을 주어서 부질없는 신선神仙사상을 낳게 했음을 인류 문화 발전에 크게 반역한 결과가 되는 것이다.

특히 노자사상을 이었다는 장자사상莊者思想에 이르면 더욱 철저한 현실 도피주의자가 되어 세상사를 모두 부정적으로 밖에 보지 않고 있다. 그는 국왕의 부름을 받고도 겨우 한다는 소리가,

"내가 어찌 골치 아픈 천하사를 도맡아서 마음고생을 하겠는가, 그 것은 나를 소처럼 잘 먹이고 잘 키워서 마지막엔 제 명대로 살지 못하고 제사지내는 곳에 끌려가서 죽임을 당하여 제사상에 오르는 희생犧牲이 되어달라는 말인데 나는 결코 그런 말에 귀를 기울일 수 없다."

라고 말한 것은 일신의 보신과 철저한 이기주의적 표현에 불과한 것이다.

장자는 인간의 삶을 하나의 꿈으로 보았고, 그 때문에 무엇을 하려

는 노력을 부질없는 것으로 보았으며, 삶 자체를 꿈이라고 보았다. 그 때문에 그는 "나비의 꿈"을 빗대어 자기를 이렇게 표현하고 있다.

"내가 어느 날 꿈을 꾸었는데 그 때 꿈에서는 멋있는 나비가 되어 훨훨 잘 날아다니면서 즐겁게 놀았다. 그런데 깨고 나니 이게 꿈인지 생시인지, 그리고 지금이 진짜인지 가짜인지 알 수가 없었다. 따라서 꿈속에 나비가 자기였는지, 아니면 현재의 내가 장자인지가 잘 분별이 안 된다."

라는 말을 남기고 있는 것이다. 그는 불타의 주장처럼 일상의 환상에서 깨어나라고 하면서 금욕하여 진실을 깨우치라고 외치지도 않았다. 그는 예수처럼 산상수훈의 고결한 교훈을 남김으로써 사람들의 좁은 소견을 깨우쳐 주려고 애쓴 일도 없다. 그는 철저한 신비주의자였으며, 회의주의자였다.

그는 그때그때의 지배세력과 권세에서 멀어진 사람들, 그리고 신분상으로 지배적 위치에 못서는 사람들에겐 큰 위로를 줄 수 있는 평계깜을 제공했을 뿐이며, 사람의 본성에 대해선 일언반구도 말하지 않았다.

그런 점에서 사람이 살았을 때, 모든 사람을 위해 무엇인가를 이루어 만세에 아름다운 이름을 길이 남겨야 한다는 인사유명 호사유피人死留名, 虎死留皮의 유교적 사상과는 전혀 맞지 않았다.

또한 석가모니처럼 모든 탐욕을 버림으로써 해탈과 열반의 경지에 이르도록 모든 인연을 끊고 고행과 명상의 길을 걸어서 진리의 길을 터득하고 극락세계로 가라고 외친 불교사상과도 전혀 맞지 않았던 것이다.

13. 성인들과 철학자들은 인간의 도덕성만을 강조했다

이러한 사실들을 종합해본다면, 성인들과 철학자들은 한결같이 인간의 본성에 대해서는 아예 언급을 하지 않거나 했다 하더라도 애매모호하게 하고 있다. 하지만 본성을 정확하게 밝히지 않으면서도 높은 이상을 제시하거나 도덕률에 의한 행동만은 강력히 요구하면서, 인간이 행하여야 할 당위성만은 강력히 강조해온 것이다. 이러한 주장들은 일부의 진리만을 밝히고 있을 뿐이어서 인간에 대한 완벽한 정답은 되지 못한다.

왜냐하면 사람이 진정으로 이성적 동물이고 만물의 영장이어서 높은 도덕률에 의한 행동만을 할 수 있었다면, 사람이 사람을 살상하는 전쟁과 살인, 그리고 심한 경쟁 등은 하지 말았어야 했고, 특히 전쟁에 의한 대량살상행위만은 절대로 하지 않았어야 했다. 그런데도 유일하게 동물 중에서 유독 사람만이 가장 잔인하게 자기와 똑같은 사람들을 수없이 죽여 버리는 전쟁을 수없이 되풀이 해왔고, 현재도 되풀이하고 있는 것이다. 따라서 그런 전쟁을 부추기거나 찬양하다시피 해온 사실만을 놓고 본다면, 사람이 이성적 동물이거나 하늘과 사람은 하나라는 천인합일天人合一적인 인간은 물론, 만물의 영장이라는 주장을 액면그대로 받아들일 수는 없다.

이러한 주장들은 사람이 행하여야 할 하나의 이상理想을 삶의 지표로 제시한 것에 불과하다고 봐야 한다. 따라서 그런 주장들은 인간을 보다 더 높이 평가해줌으로써, 보다 나은 사람이 될 수 있게 할 수 있지 않을까, 하는 기대심리가 바닥에 깔려있다고 봐야 한다. 그러므로 그런 주장들은 이성을 토대로 한 이상적인 세상을 만들어 보고자 하는 인류가, 그를 위해서 스스로 울부짖으면서 몸부림쳐왔던 한 모습이라고 봄이 옳지 않을까 한다.

제2장

전쟁과 노예제도는 지배욕을 위한
지배력의 남용이다

1. 전쟁과 사람의 본성本性

　사람을 살육하는 것에 불과한 전쟁을 일으킨 후, 적을 격멸했다는 승전보라도 날아오면, 온 나라가 축제 분위기에 들뜨면서 환호성으로 꽉 차서 흥분의 도가니로 변하는 것을 볼 수 있었다. 이를 보면, 인간은 지는 것보다 이기는 것을 몹시 좋아하는 동물이며, 이성적이기보다는 감성적이구나, 라는 생각이 든다.

　이런 사실만을 놓고 본다면 인간이 이성적 동물이라거나 만물의 영장이라는 말은 인간 중에서도 지배력이 남달리 강한 자 사이에서만 자기 합리화를 위한 궤변으로 상용常用될 수 있는 말이 아닌가 한다. 따라서 생각하는 입장과 방향, 그리고 보는 각도와 우주관적 관점에서 크게 살펴본다면 오히려 다른 동물보다도 더 어리석은 면이 있는 게 사람이 아닌가 하는 생각도 든다.

　필자는 이러한 경험을 태평양 전쟁의 초기에 직접 경험한 바 있다. 그때가 1942년 봄이었다. 당시는 일본군들이 승승장구할 때였다. 그 당시 일본군은, 그 전해의 12월 8일에 하와이의 진주만을 기습 공격하여 성공한 여세를 몰아서 말레이시아와 싱가포르, 그리고 필리핀과 인도네시아의 전 지역과 버마 등 동남아 일대를 휩쓸었을 때의 일이다. 당시의 일본 국민들은 만나기만 하면 서로 축하하면서 격려하고 있었다. 중요 관공서는 물론 일선 지서에서까지도 동남아 지도를 그려놓고 일본군이 진주하여 새로운 점령지가 생기면 붉게 색칠하면서 희희낙락했다. 심지어 어느 지역을 어느 날에 점령하는가를 서로 내기를 하면서 즐거워했고, 이로써 전쟁은 사실상 승리한 것이라고 자축하면서 들떠 있었다.

　그때 일본인들이 연전연승에 흥분하는 모습은 과히 광기를 느낄 정도였다. 1942년 봄엔 말레이시아에서 노획한 고무원료를 이용, 수많은 고무공을 만들어서 학교마다 수백 개씩 나누어주어서 온 운동장이 고무공으로 뒤덮이게 함으로써 온 나라가 승전했다는 기쁨으로 가득 차서 그야말로 흥분의 도가니에 빠져드는 것을 직접 목격한 바 있다.

　하지만 독일은 조금 달랐다. 1939년 9월 1일, 독일이 돌연히 폴란드를 기습공격하자 곧바로 영국과 프랑스도 독일에 선전포고하여 드디어 세계 2차 대전이 발발했다. 그때, 이를 지켜본 독일 국민들은 1차 대전 때의 악몽을 되새기면서, 패전의 전철을 또다시 밟게 되는 게 아닌가 하고 상당히 불안해했다. 만약 그때의 전철을 또다시 밟는 것이라면 큰일이 아닌가, 라는 공포감에 싸여있었고, 조금 어리둥절해 하고 있었다.

그 후, 히틀러가 전격작전으로 스칸디나비아의 3개국을 석권하고, 곧 이어 1940년 6월에는 본격적으로 프랑스 침공을 개시한지 불과 6주 만에 파리를 점령하면서 항복까지 받아내자 분위기는 확 바뀌기 시작하면서 일본과 비슷하게 변해 갔다. 전쟁 초기에 그토록 조심스러웠던 독일 국민들도 또다시 열광과 환희의 도가니로 빠져들었고 크게 흥분하고 있었다.

이러한 분위기는 히틀러를 절대 지지하는 분위기로 변화시키기도 했다. 이를 보면, 인간은 분명히 무조건 이기면 좋아 날뛰는 감성의 동물이라는 표현이 더 적절한 것이다. 따라서 아무리 잘못된 침략전쟁이라도 이기면 좋아하고 지는 것을 싫어한다.

이를 보면 인간은 지배력만 넉넉하여 상대방을 제압해서 지배할 수만 있다면 지배욕과 성취욕을 충족시키기 위해 언제든지 남을 짓밟으려는 본성을 가진 게 인간임을 알 수 있고, 그 때문에 이기면 기뻐 날뛰는 것이다. 따라서 전쟁의 참화가 어떠하든 이길 수만 있다면, 언제든지 전쟁을 일으킬 수 있는 고등동물임을 알 수 있다.

예상한 대로 이때의 독일 국민들은, 흥분의 도가니에 빠졌을 뿐만 아니라 온 나라가 환호성으로 들끓었다. 여기에 한 술 더 떠서 아리안 인종의 우월성과 겔만 민족의 우수성만을 믿고 자만과 오만, 독선과 미신에까지 깊이 빠져서 유태인들을 대량 학살했으며, 특히 아우슈비츠 수용소의 대량학살은 가장 처절한 대량학살사건이었다.

그 같은 극악무도한 죄악을 저지르면서도 전혀 죄의식이 없이 흥분의 도가니에 빠져 있었다는 전쟁사의 기록을 보면 인간이란 때로는 최소한의 타인배려他人配慮라는 역지사지易地思之를 전혀 할 줄 모르는 몰상식한 작태를 보일 수도 있는 동물임을 드러내고 있었다. 이를 보면 이성적 동물은 아니지 않는가, 라는 생각과 함께 무모한 침략전쟁이라도 비판하고 반대하는 게 아니라 악의 침략전쟁이라도 승전하면 크게 흥분하면서 환호성을 내지르는 것임을 알 수 있다.

2차 대전 후의 가장 오랜 기간의 전쟁을 찾는다면 베트남 전쟁일 것이다. 이 전쟁의 후기에는 미국에서 반전운동이 일어났다. 이를 얼핏 보면 마치 미국민들이 천사 같아서 그렇게 한 것으로 생각할 수도 있으나 결코 그것은 아니었다. 그것은 막대한 군사비와 물량공세에도 불구하고, 오히려 패전만 거듭하고 있었으므로 전쟁행위를 비난하면서 일어난 현상에 불과했다. 그 때도 만약 승전하고 있었다면 미국민들도 오히려 전쟁을 지지하면서 환호성을 질렀을 것으로 필자는 보고 있다. 인간의 본성을 어떻게 보아야 할 것인가. 그 침략으로 인해 무고한 백성들이 수백만 명씩 죽어 갔는데도 오히려 환호성을 지르고 흥분의 도가니로 빠지다니, 그리고도 이성적 동물이고 높은 도덕률의 행동을 실천할 수 있다고 주장할 수 있을까.

그러고도 만물의 영장이라고 큰 소리만 칠 수 있을까. 이를 보면 인류의 본성이 무엇인가를 다시 생각하게 되는 것이다. 다만 그 승전이 적의 선제공격으로 수세에 몰렸던 쪽에서 역전승을 거두어 승전했을 때는 정의가 실현되었다는 기쁨 때문에 환호성을 지르면서 흥분의 도가니로 변할 수도 있고, 이런 때의 환호성은 올바른 환호성이라고도 말할 수 있을 것이다.

그럼에도, 침략행위를 하는 쪽에서 굴복시켰다는 이유만으로 기뻐 날뛰는 것을 보면, 인간은 원래 남을 이겨서 지배하려는 욕구와 지지 않고 반드시 이겨보려는 욕구, 그를 통해서 무엇인가를 성취해 보려는 지배욕과 성취욕이 남달리 강한 동물임을 알 수 있다.

그와 함께 침략자와 대적하여 싸우는 측도 안지고 꼭 이겨서 거꾸로 지배하거나 적어도 지배받지 않으려는 의지가 강하기 때문에 맞서 싸우는 것이라고 봄이 옳다. 이는 앞서 밝힌 것처럼 지배받지 않으려고 맞싸우는 반 침략행위도 거꾸로 보면 안지고 이기려는 욕구가 바탕에 깔려있어서 싸우게 되는 것이다. 그러므로 이 욕구도 이겨서 상대를 지배함으로써 무엇인가를 성취하려는 욕구와 그 본질에 있어서는 똑같은 것이라고 봐야 한다.

이를 보면 지배력을 통해서 타인이나 타국을 이겨서 지배함으로써 무엇인가를 이룩해보려는 지배욕과 성취욕은 인간의 명백한 본성임을 알 수 있다. 따라서 지지 않으려는 의지와 지배받지 않으려는 의지가 강하면 강할수록 응전행위로 변하게 되며, 그 바탕 위에서 이기려는 것이므로 이때도 승전했다고 하면 흥분의 도가니에 빠져드는 것이다.

2. 세계 1차 대전 때의 호전성好戰性과 환호성歡呼聲

세계 1차 대전이 발발했을 때의 일이다. 그 당시 삼국 동맹의 하나였던 독일의 수도 베를린에서는 독일이 오스트리아를 도와서 프랑스와 러시아에 선전포고를 하자 수도의 광장에는 수십만의 군중들이 모여들어서 선전포고를 환호하고 축하하면서, 싸워서 꼭 이길 것을 다짐하는 대행진이 있었다는 전쟁사의 기록을 볼 수 있다.

그러고도 인간을 이성적 동물이라고 말할 수 있을까. 이러한 양상은 정도의 차이는 있으나 프랑스의 수도인 파리와 러시아의 수도에서도 똑같이 있었다. 더구나 그 당시에 그간 노동자를 위해서 싸워 왔던 사회주의자들, 즉 세계의 모든 노동자들은 한 데 뭉쳐서 자본가와 끝까지 싸워서 착취를 없애야 한다고 소리 높이 외치면서 노동자들의 국제적 단결까지도 외쳐왔던 사회주의자들과, 이와 궤를 같이 했던 제2국제인터내셔널운동에 가담했던 사람까지도 자국의 전쟁을 적극 지지하고 나섰다.

그들은 평소에 노동자들은 국경을 초월하여 단결해야 하고, 이로써 자본가와 투쟁해야 한다고 주장해왔으나 그 말은 온데간데없이 사라졌고, 오로지 독일 국민들은 모두가 하나로 굳게 단결할 것을 호소하고 있었다. 또한 그들은 자기 조국의 승전을 열렬히 기원하면서 전쟁 행위를 적극 지지해줄 것을 강조하고 나선 것이다.

이를 보면, 인간이 결코 만물의 연장이거나 이성적 동물이라는 주장이 맞지 않는다는 사실을 알 수 있다. 다만 2차 대전 발발시의 초기 분위기는 앞서 약술한 대로 그렇지 않았다. 이는 1차 대전 때의 전쟁의 참화를 몸소 체험한 게 불과 20여 년밖에 안 된 탓에 전쟁의 참혹상이 회상되어 좀 어리둥절해 하고 불안해하면서, 음산한 기운까지 감도는 분위기가 됨으로써 착 가라앉은 분위기를 보였다고 전쟁사는 전하고 있다.

이는 곧 로마 제정 시의 역사가였던 타키투스가 지적한 "아무리 나쁜 평화라도 전쟁보다는 낫다"라는 명구를 되새기게 한다. 그런데도 전쟁을 좋아하는 현상을 보면, 필자의 생각은 사람이란 누구나 다 기회만 있고 상대방을 제압할 수 있는 지배력만 넉넉히 갖추고 있다면 언제든지 전쟁을 일으켜서 상대 국가와 그 국민을 지배해 보려는 강한 지배욕과 성취욕을 가지고 있고, 그 때문에 지지 않고 꼭 이기려는 본성을 가지고 있음을 알 수 있는 것이다.

이런 본성을 좀 더 깊이 따져본다면, 일차적으로 생존하려는 의지가 바탕에 깔려 있어서 생기는 현상임을 알 수 있고, 그런 본성이 생기는 보다 근원적인 원인은 종족 번식을 위한 본성이 그 밑바탕에 깔려 있다는 사실이다.

이러한 생존 욕과 번식욕은 식욕과 성욕이 뒷받침하여 돕고 있는 것이므로 이런 본성은 너무나 깊고도 굳고 넓은 것이어서, 교육을 통해 억제하거나 말로 설득하여 없앨 수는 없는 것이다. 또한, 정치권력을 통해 말살시킬 수도 없는, 생물의 본능에 속하는 것이어서 이를 인위적으로 조작하거나 억제하는 데는 한계가 있는 것이다.

3. 지구촌은 군비확장의 경쟁장

과거 우리 인류의 역사를 돌이켜 보면, 하루 한 날 편안한 날이 없이 지구의 어딘가는 피비린내 나는 전쟁으로 밤낮을 지새워 왔고, 현재도 지새우고 있음을 볼 수 있다. 그런데도 더욱 안타까운 것은, 현대의 전쟁은 굳이 핵무기의 전쟁이 아니더라도, 신무기의 가공할만한 발달로 인명피해가 엄청나게 클 것이 예상되는데도 군비확장에 광분하고 있다. 그 때문에 다시 3차 대전이 일어난다면 그야말로 그 피해가 천문학적으로 증폭될 수 있어서, 어느 때보다도 인류의 생존문제 자체가 거론되고 있는 것이다.

작금의 국제간의 분쟁을 보면, 말로는 항상 평화를 부르짖으면서도, 항상 서로 으르렁거리면서 군비를 확장시키고 있는데, 이러한 비극적 현상은 동물 중에서 유일하게 사람만이 겪고 있다.

지금 이 지구 상에는, 이와 같은 신무기와 신 화력을 이용한 물리적인 전쟁이 아니더라도 많은 다툼과 경쟁이 계속되고 있다. 다만 이러한 다툼과 경쟁이 평화적으로 다투어지고 있을 뿐이며, 그 싸우는 방법은 그야말로 천태만상으로 수행되고 있는 것이다. 예를 들면 자국의 이익을 위한 외교 전쟁, 자국이 더 잘 살기 위한 경제 전쟁 또는 무역 전쟁 등 갖가지 방법의 다툼과 분쟁이 계속되고 있다. 다만 이들 분쟁은 무기 없이 싸우고 있으므로 인명의 살상만 없을 뿐이다.

그러한 다툼과 경쟁들은 경제적 이익이 주종을 이루고 있다. 이를 위해서는 소송 등을 통한 특허침해의 다툼 등 공개된 싸움만 하는 게 아니라, 고급기술의 밀반출 등, 음밀한 싸움도 너무나 많다. 이 같이 겉은 조용하면서도 속으로는 매우 극렬하게 싸움이 계속되는 게 경제전쟁이기도 하다.

또한 이런 전쟁들이 개인 간에 벌어질 때는 원시적인 주먹다짐으로부터 시작하여, 깡패들의 집단적인 싸움 등 여러 가지 다양한 방법이 동원되고 있다. 그 대표적인 예로, 해방 직후 몇 년 동안 있었던 김두한 등의 우익청년들이 좌익청년들과 집단적으로 벌였던 투쟁이 있다. 그때 그들은 싸우는 과정에서 많은 좌익 청년들을 붙잡아서 적법한 사법절차와 재판도 없이 한강물에 빠뜨려 죽였던 초법적인 이야기는 너무나 유명하다.

그 때문에 그들은, 그 당시 공산주의자들로부터 역사의 흐름에 명백하게 반역하는 행위라는 이유로 반동분자라는 호된 비판을 받기도 했다. 하지만 오늘날 그들의 행위를 돌이켜 보면, 소련과 동독 등 공산권 국가들이 완전히 몰락하여 자취를 감춘 사실에 비추어볼 때, 당시에 반동분자라고 낙인 찍혔던 우익청년들이 오히려 역사의 흐름에 순응하는 자가 되었다.

그와 반대로, 우익청년들을 반동분자라고 비난했던 좌익청년들은 자기들도 미처 깨닫지 못하는 사이에 어느덧 역사의 흐름에 반동했던 진짜 반동분자가 되어 버렸다. 그 때문에 오늘날은 김두한의 행위가 불법 살인행위였다는 과오에도 불구하고, 도리어 긍정적인 평가를 받고 있기도 하다.

그러나 재판 절차 등 사법절차 없이 임의로 사람들을 끌어다가 죽인 행위였으므로 명백한 불법행위였다. 이러한 행위도 깊이 따지고 보면, 공산주의를 없애고 자유주의자들이 이겨서 그 지배욕을 충족시키기 위한 지배력간의 싸움이었다. 다만 피상적으로만 살펴보면 당시의 청년들은 공산주의의 환상에 젖어있어서 공산주의를 절대적 선善으로 오해하면서 우리나라를 공산주의 국가로 건국함을 역사적 사명으로 인식하고 있었던 자들을 자유주의자들이 무찌른 것이다.

그 같은 헛된 사명감은 당시 공산주의자들로 하여금 일체의 타협을 거부케 하면서 투쟁만을 강조하는 고식적인 방법을 선택하게 하였고, 그 결과는 역사를 역행케 하는 불행을 자초하게 했다고 할 수 있다. 하지만 이를 한 꺼풀만 벗겨보면 이것도 결국은 좌우 두 지배력 간의 지배력과 지배욕, 성취욕의 충족을 위한 싸움으로 봐야 한다.

4. 지배력만 있으면 사람을 잡아서 노예로 매매했다

지배력과 지배욕의 행사방법을 살펴보면 앞서 밝힌 깡패와 같은 행위도 있었지만 전쟁을 통한 행사도 많았고, 그런 전쟁방법을 통해서 패전국의 백성들을 끌어다가 노예로 삼는 경우도 많았다. 그런 전쟁만이 아니라 단순히 철포를 이용하여 멀쩡한 사람을 체포하여 노예로 삼는 경우도 많았다. 그들은 철포를 이용하여 선량한 사람의 생명을 위협하는 방법으로 체포한 후, 끌고 가서 노예로 삼았다.

이러한 사실을 역지사지易地思之하여 판단해보거나 인간의 보편적 가치를 생각해 본다면 그야말로 천인공노할 만행이었으며, 정상적인 이성적 판단으로서는 도저히 용납할 수 없는 범죄행위였다.

이를 보면 지배력이 강하다는 것만으로 온갖 횡포를 다 할 수 있었으므로 지배욕의 본질을 밝히노라면 즐거움보다 슬픔이야기가 훨씬 많게 된다. 국가가 형성되기 이전의 지배력과 지배욕의 실현상태를 살펴보면 그 행사방법이 작금의 깡패수준을 크게 벗어나지 못하고 있었다. 하지만 국가권력이 등장한 후에는 개인의 지배력이 국가의 군사력으로 발전되고, 이어서 지배욕이 권력욕으로 승화되면서, 훨씬 가혹해졌고 조직화되었으며, 더욱 악랄해졌다.

그것은 권력을 장악한 군주가 군사를 동원하여 이웃 부족이나 이웃 나라를 정복한 후, 그 나라의 패잔병과 힘없는 백성들을 강제로 이끌어다가 이들을 무공을 세운 자들에게 나누어 주면서 노예로 삼아서 부려 먹도록 한 데서도 그를 알 수 있다.

그때 이를 분배받은 정복자들은 그 노예를 혹사하여 자기들이 필요로 하는 재화를 생산케 하고 자기는 편안하게 놀면서도 생활만은 윤택하게 하면서 가장 악랄한 방법으로 지배욕을 충족시키고 있었다.

또한 그들은 스스로는 연회 등을 베풀면서 식도락을 즐겼고, 한편으로는 무수한 미녀들을 징발하여 색욕을 즐기고 있었다. 이러한 사실들을 생각해보면 어떻게 해서 인간을 이성적 동물이라고 했는지 전혀 이해가 안 된다.

사람은 똑같은 사람임에도 사람으로 대하지 아니하고 노예로 부린다는 것은 사람을 소나 말과 똑같이 취급하는 행위였으므로 사람으로선 상상 할 수 없는 비인도적 행위였다. 이러한 작태는 지배력과 지배욕을 가장 나쁘게 행사하는 대표적인 모습의 하나다.

그러한 행위는 가장 야만적이고 비이성적인 만행에 불과했음에도, 오히려 노예의 다과多寡를 기준으로 지배자에 대한 사회적 지위를 평가하고 있었다. 그런 야만적 행위를 자행했던 사람들을 보면서 어찌 그런 사람들을 이성적 동물이라고 말할 수 있겠는가, 라는 생각이 드는 것이다.

그 때문에 고려 때의 최충헌 집권 시엔 이를 견디다 못한 노복, 만적

萬積이, "왕후장상이 영유종호王侯將相 寧有種乎"리요, 라고 주장하면서, 최충헌을 죽인 후, 권력을 장악하려고 반란을 일으키기도 했다. 사실은 그 말이 진秦 나라 말에 진승陳勝과 오광吳廣이 반란을 일으키면서, 왕과 후작 그리고 장수와 재상이 어찌 따로 씨가 있겠는가, 우리도 진나라를 멸한 후, 왕후장상이 되어보자고 주장하면서, 반란을 일으킬 때 써 먹은 말이었으나 고려 때 무신들의 집권 시에 피 맺힌 노예들이 궐기하면서 다시 써 먹은 문장이었다.

노예의 발생과정을 보면 꼭 적국을 정복하여 취득한 노예만이 있는 게 아니다. 때로는 어느 신하나 장수, 또는 백성들이 역모라도 꾸미다가 발각될 경우, 3족을 멸하면서 그 때 아무것도 모르는 처자들을 노비로 삼도록 함으로써 노예가 되기도 했다.

그러한 행위를 현 시점에서 돌이켜 보면 얼마나 잔인하고 가혹하면서도 야만스러우며, 비인도적 처사였는가를 알 수 있다. 그들이 그토록 극악무도하고 잔인하게 탄압한 것은 자기들의 지배력과 지배욕에 혹시라도 후환이 생기지 않을까 하는 마음으로 씨를 말리기 위해 그토록 잔혹하게 처리하고 있었다. 그렇다면 노예를 만들 때는 그런 경우만 있었을까를 돌아볼 때, 결코 그런 때만 있었던 것은 아니다.

노예를 만드는 과정은 천태만상이었으나 미국의 노예 이야기는 그 중 가장 슬픈 이야기 중에 하나다. 그것은 17세기와 18세기에 걸쳤던 너무나 유명했던 이야기여서 거론하기조차 쑥스러운 이야기다. 그들은 총 약 2,000만 명의 흑인들을 철포로 위협하여 체포한 후 구금 했고, 또한 도망가지 못하게 하기 위해 쇠사슬로 묶은 채, 특별히 개조된 선박에 태워서 운송했으며, 이 선박을 노예선이라고 불렀다.

그들은 알몸으로 묶인 채 끌려갔었고, 맨바닥에 겹겹이 쌓이다시피 끌려갔으므로 건강치 못한 자들은 수없이 죽어갈 수밖에 없었다. 그 때문에 수송 도중, 평균 약 15%의 사망자가 발생했다는 기록을 보면 새삼스레 사람의 잔인성을 깨닫게 되는 것이다.

상상해보시라. 체포 당시의 울부짖는 흑인들의 참상과 그 광경을! 그리고 이를 쳐다보면서 발을 동동 구르고 있는 남은 가족들의 모습들, 입장을 바꿔놓고 생각해 보라는 역지사지易地思之와 보편적인 합리성을 조금이라고 생각해보았다면 전혀 있을 수 없는 야만적 만행이었다.

이런 방법으로 흑인들을 잡아다가 노예로 팔고 샀는데 그 노예무역으로 부를 쌓으면서도, 철포를 이용한 그 지배력과 지배욕을 뽐낸 게 그 당시의 서유럽 일대의 나라들이었다. 그런 방법으로 체포되어 끌려 온 그들을 소나 돼지처럼 시장에서 매매했고, 그 때 미국 남부에서 면화를 재배하는 자들은 부족한 노동력을 보충하기 위해 노예들을 사 갔다. 그때 그런 방법으로 팔려가서 부림을 당한 게 바로 미국 남부지방의 노예들이었고, 오늘날의 미국 흑인들은 그 후손들이다. 이러한 야만적이고 몰상식적인 사실을 안다면 사람들을 결코 이성적 동물이라고 하기엔 너무 후한 점수가 된다.

이는 곧 사람에겐 타인을 지배할 수 있는 지배력만 갖고 있다면 법은 선반에 얹어두고 우선 지배력을 행사하여 상대방을 제압하여 지배함으로써 지배욕을 충족시키고 있었음을 알 수 있다. 이러한 지배력과 지배욕은 선진된 무기를 갖춘 인간들이 다 갖고 있었음은 누술한 대로다.

이를 보면 기회가 닿고 틈만 있다면, 지배력을 행사하여 상대방을 굴복시켜서 지배욕과 성취욕을 충족시키려 하나 우선 지배력이 없고, 또한 법과 도덕, 그 후에 오는 법의 심판과 보복 등이 두려워서 못하고 있을 뿐이다.

하지만 거의 모든 사람이 다 가지고 있는 지배력과 지배욕도 나라나 개인이나 간에 현실적으로 지배할 수 있는 힘이 없어서 지배욕을 충족키지 못하고 있는 경우가 너무나 많다. 이런 현상은 군주시대에는 더 두드러졌었다. 그때는 지배력과 지배욕, 성취욕을 억누르고, 강자에게 비위를 맞춰서 생명을 보전하면서 자기 종족의 번식만을 위해 최선을 다했다.

그러면서 최고 지배권자인 군왕의 지배력을 빌려서 자기보다 하위인 사람들을 지배함으로써 자기의 지배욕과 성취욕을 최대한 충족시키고 있었다. 이러한 대표적인 예로는 조선조 세조 때의 총신寵臣인 한명회와 진나라의 호해 왕 때의 조고가 대표적인 예가 아닌가 한다.

그렇다면 무엇이 지배력의 핵심이 될 수 있었을까. 누술한 바와 같이 원시 수렵시대엔 완력과 건강이었으나 차차 진화하여 군왕이나 독재시대의 지배력은 뭐니 뭐니 해도 군사력과 경찰력이었다. 그런데 그토록 무서운 군사력과 경찰력도 군왕이나 독재자가 백성들로부터 극심한 불신을 받고 있으면 이를 기회로 폭동이나 내란, 또는 쿠데타를 일으켜서 그런 군왕이나 독재자를 몰아내기 마련이므로 군사력도 완벽한 지배력은 못 된다.

그러므로 궁극적으로는 백성들의 마음을 휘어잡고 있어야 했다. 또한 현 정권에서 백성들의 마음이 완전히 떠났다는 이유만으로 일으킨 쿠데타도 궁극적으로는 백성들의 진정한 지지를 받고 있어야 성공할 수 있었다. 그러므로 지배력의 원초적인 힘은 백성들의 소극적인 지지라도 받고 있어야 했으며, 그 후의 사후 관리도 잘해야 성공할 수 있었다.

그러한 예는 박정희의 쿠데타가 성공했고, 전두환의 쿠데타가 성공하는 듯했으나 결과적으로 완전히 실패한 오늘의 현실을 보면 가장 좋은 예가 될 것이다. 그런데도 그들은 군사력의 지지만 받고 있으면 영구집권도 가능할 것으로 착각하고 독재하다가 끝내는 망명하거나 살해당하고 말았다.

그 때문에 어떤 독재자들은, 백성들의 지지를 유지시키기 위한 방법으로 세뇌교육을 강화해서 백성들의 인식을 마비시킴으로써 효과적으로 지배력을 유지시키면서 지배욕과 성취욕을 충족시키고 있는 경우가 더 많았다.

5. 지배욕이 강한 1%가 역사를 바꾼다

사람의 각종 욕구에 있어서 참고해야 할 것은, 모든 사람이 똑같이 지배력과 지배욕, 성취욕이 강하지는 않다는 사실이다. 대체로 사람의 1% 내외 정도가 아주 강한 지배력과 지배욕, 성취욕을 가지고 있고, 50% 내외는 계층적으로 차이가 있기는 하나 비교적 온건한 지배욕과 성취욕을 가지고 있다. 나머지 30% 내외도 지배욕과 성취욕을 가지고 있긴 하지만 지배력의 뒷받침이 허약해서 지배욕과 성취욕의 충족이 매우 어려우므로 강자에게 적당히 협조하면서, 지배욕은 접어두고 원시적인 성취욕인 번식의 충족수준에서 만족하고 있을 뿐이다.

그들은 상위의 지배력과 지배욕을 가진 자에게 적절하게 협조하면서 최소한의 지배욕과 성취욕번식을 충족시키고 있었다. 그 외에 나머지 10% 내외는 너무나 지배력과 지배욕이 없어서 지극히 양순하다. 따라서 지배력과 지배욕을 거의 접어둔 채, 원시적 성취욕번식욕의 충족과 문화적 취미생활에 만족하면서 지배력과 지배욕의 과잉보유자를 오히려 냉소하는 경우도 있다.

그들은 거의 지배력의 부족으로 지배욕까지 억제하면서, 조용하게 종족 번식을 도모하고 있고, 그로써 정신적으로 만족하게 생각한다. 그 때문에 그런 사람 중에 오히려 이타적인 사람이 더 많다. 그러므로 그들의 자세는 어릴 때부터 할퀴고 힐뜯으면서 빼앗는 것을 능사로 하면서 지배욕의 충족에만 열을 올리는 자와는 반대의 위치에 있으므로 지배력의 과잉보유와 그 행사를 즐기는 자들과는 정반대의 위치에 있는 것이다.

필자가 지배력과 지배욕이 강한 자의 눈치를 보면서 조화와 협조를 기본으로 하면서 지배욕을 접어두고 성취욕번식욕의 충족에 만족하는 사람들의 비중을 30% 내외로 보는 것은 권력이 아무리 나쁜 짓을 하면서 독재하는 정권이라도 투표를 해보면 최소한 30% 내외의 지지표는 나오기 때문에 그리 추정하는 것이다. 그들은 극히 보수적이고 현실 추종적이므로 지배력과 지배욕이 강한 자들의 독재에 맞서서 투쟁하는 자세에 대해서도 오히려 비판적이므로 시끄럽고 다소 혼란스러운 것을 몹시 싫어하고 변화와 개혁 등도 싫어한다. 하지만 여기서 가장 문제되는 계층은 아주 강한 지배력과 지배욕, 성취욕을 가지고 있는 1% 내외의 세력이다.

이들 중 정의감이 남다르고 국가관이 뚜렷해서 그 힘으로 국가발전에 크게 기여하는 인사도 있다. 하지만 단순히 지배욕만 강해서 권력에 아부를 능사로 하는 자들도 있다. 반면에 힘만 넘쳐서 지배력과 지배욕만 강할 뿐, 이성과 지성의 뒷받침이 부족하고 마음만이 급한 자는 깡패가 되기도 한다. 그들은 합리적인 사고와 독서와는 담을 쌓은 채, 우선 완력이라는 원시적 지배력으로 상대방을 제압하는 방법을 통해서 지배욕을 충족시키고 있다.

이에 필자는 생각하기를, 이들 1% 중 정의감이 강한 사람들이 사적 욕구를 억누르고 이타적이고도 봉사적인 자세로 지배력과 지배욕을 행사해 주면서 변질하지만 않는다면 가장 이상적인 민주사회가 영속될 수 있다고 생각하는 사람이다. 하지만 지금까지의 경험은 권력의 의자에 앉으면 변질해버리는 것을 너무나 많이 보아왔다.

다만 민주국가에서는 백성들의 투표로 권력이 형성되므로 단순히 지배력과 지배욕이 강하다는 것만으로는 정권을 장악할 수 없도록 제도적으로 선거권을 철저히 보장하고 있으므로 그게 민주주의의 우수성을 가장 뚜렷하게 상징해 주는 징표가 되고 있다. 그러므로 아무리 강력한 지배력과 지배욕을 갖추고 있다 할지라도 백성들이 떠받들지 않으면 권좌에 오를 수 없게 되어 있다. 이러한 사실들을 백성들이 깊이 깨달아서 올바로 선거권을 행사만 해준다면 백성들의 생명과 재산, 그리고 인권과 존엄성은 영원히 침해받지 않을 것이다. 따라서 그러한 제도적 뒷받침이야말로 민주국가의 최대의 장점이기도 하다.

여기서 우리는 지배력과 지배욕, 성취욕을 유지시키면서 튼튼하게 보완해주고 있는 식욕과 건강, 그리고 번식의 수단이 되고 있는 색욕이 현실에서는 어떤 모습으로 백성들을 괴롭혀왔는가와 백성들은 이를 어떻게 극복해 왔는가, 그리고 어떻게 위장되고 변장되어 행사되고 있었는가, 등을 살펴보기로 한다.

그리고 그러한 욕구들은 우선 인간이 생존하면서 건강해야 하므로 거기에는 먹는 식사문제가 가장 중요한 것이어서 식사와 관련하여 우리 백성들이 겪었던 갖가지 비극을 밝힘으로써 삶과 식사의 중요성을 일깨워 볼까 하는 것이다. 특히 일정말의 식량 부족으로 겪었던 우리 백성들의 참담했던 모습들을 밝혀서 우리 민족으로 하여금 일제 때의 굶주렸던 참상을 알게 함으로써 일본에 대한 영원한 경각심을 갖도록 하는 마음으로 깊이깊이 밝혀보려는 것이다.

제3장
식욕의 슬픈 이야기들

1. 생명력과 식욕의 참 모습들

식욕은 말할 나위 없이 우리의 지배력과 지배욕, 성취욕과 생명을 유지하는데 가장 필수적인 욕구다. 또한 다른 욕구와 달라서 생명이 시작된 때로부터 마지막 숨을 거둘 때까지 지속된다는 점에서 성욕과도 다르다. 또한 성욕은 남녀 간에 똑같은 게 아니고 많은 차이점을 보이고 있으나 식욕만은 거의 똑같다.

남녀 간의 대표적인 차이점이 있는 성욕의 예를 든다면 남성들은 가질 수 없는 배란과 월경을 여성들은 겪고 있다. 이게 항상 있는 게 아니라 약 29일을 주기로 있다는 것과, 아무리 훌륭하고 건강한 여성들일지라도 이게 있을 때만 임신이 가능하다. 이에 반하여 남성의 성욕은 젊을 때는 매우 강하고 노쇠하면 약해지기는 하나 그래도 여성보다는 오래 지속된다. 그 때문에 남녀 간의 의식意識의 차이는 물론 본성까지도 차이가 생길 뿐 아니라 중대한 영향을 끼치고 있다. 하지만 식욕만은 몸의 건강이 좋지 않을 때만 감소하고 있을 뿐, 항상 왕성하다. 속담에 고기는 먹어 본 사람이 잘 먹고 밥은 굶어 본 사람이 잘 먹는다는 말과 같이 오래 굶주린 사람의 식욕이 오히려 훨씬 더 강하고 밥도 잘 먹는다. 식욕과 관련하여 필자가 직접 체험했거나 목격한 여러 체험담을 밝혀 봄으로써 식욕의 특징을 밝혀 볼까 한다.

필자가 성장한 곳은 전형적인 일본인 농장이었다. 행정구역상으로는 현 군산시 임피면 영창리 신기촌이었고, 한 살 때인 1933년 4월에 일본농장의 반강제에 의해서 새마을로 이사했다. 이때의 마을은 일본인 농장이 주체가 되어 새로 조성한 마을이었으므로 마을 이름도 새로 터 잡은 마을이라 하여 신기촌이라고 명명했다.

하지만 이와 똑같은 이름을 가진 마을은 전국의 도처에서 찾아볼 수 있다. 공통적인 사실은 일본인들의 반강제에 의해 형성시킨 게 비슷했다. 또한 한 군내에 여러 개의 신기촌이 존재했으며, 그 조성된 과정만은 조금씩 다르나 새로 조성된 마을이란 점에선 똑같다.

필자가 살았던 신기촌은 동양척식 농장과 쌍벽을 이뤘던 불리흥업不二興業농장에서 조성해준 마을이었다. 그 목적은 주로 산 아래의 영통마을에서 살고 있던 농민들을 농지에 가장 가깝게 이주시켜서 보다 많은 미곡의 생산력을 높이기 위해 조성시킨 마을이었다. 그 때문에 마을을 옹기종기 모인 형태로 조성시킨 게 아니고 거의 일렬종대로 나란히 조성시키면서 각자가 경작하고 있는 논과 집이 가장 가깝도록 집을 배치시켰다.

그 때문에 겨우 30호의 마을임에도, 그 길이가 근 800m에 뻗치고 있었다. 또한 당시 옥구군현 군산시에 속하는 하천으로서는 가장 큰 탑천의 둑을 끼고 줄지어 있는 게 특이했다. 주민들은 모두 일본인 농장의 소작인만으로 구성되었고, 한결같이 가난했다. 하지만 그런 마을인데도 1943년 봄까지는 밥 빌어먹으려고 찾아오는 거지들이 있었다.

그들은 마당 모퉁이에 들어서면서, "밥 한술 줍쇼" 하고 큰소리로 외쳤다. 그러면 어머니는 우선 어머니 밥그릇에서 한술, 아버지와 나와 동생들 밥그릇에서 조금씩 떠서 그릇에 담고 거기에 김치를 조금 얹어주면서 어서 갖다 주라고 했다. 그러면 필자는 그 밥그릇을 들고 걸인을 찾아갔는데 어느 거지든 모두 수저만은 꼭 들고 있었다. 그 때의 걸인의 모습은 언제 세수했는지 얼굴은 때가 껴서 꺼멓고, 옷도 어디서 구해 입었는지 새까맣게 때가 낀 옷이면서도 너덜너덜 떨어진 옷을 입고 있었다. 하지만 밥 먹는 것만은 벼락불에 콩 튀어먹듯 후닥닥 먹어 치우고 있었다.

놀라운 것은 우리가 먹는 식사방법으로는 능히 네 수저는 될 수 있는 밥이었으나 그는 단 두 수저로 입 가득히 퍼 넣으면서 밥을 넘길 때는 눈을 끔벅거리면서 넘기고 있었다. 이를 보노라면 배고파서 먹고 있을 뿐, 살기 위해서 먹고 있다는 증표는 전혀 보이지 않았는데 그를 보면 밥은 굶어본 사람이 잘 먹는다는 말이 맞는 말이었다.

가장 잊히지 않는 것은 영통마을의 제일 부잣집의 김을 맬 때다. 그날은 근동의 몇 개 마을이 모두 품앗이를 중단하고 그날만은 그 집의 김을 맸다. 아버지는 그 집이 외사촌 집이었음에도, 김을 매러 갈 때는 한 일꾼으로 갔으므로 필자는 수저를 들고 점심을 얻어먹으러 다녔다.

그런데 그 집은 그 마을에서 제일 높은 집이면서도 문턱까지 유별나게 높아서 문턱을 넘으려면 배로 문턱을 올라타고 넘어야 겨우 넘을 수 있었다.

그토록 힘들어서 겨우 들어가 보면 온 마당에는 차일이 쳐 있었고, 멍석도 펴 있었다. 그 위에는 긴 나무 상이 펴있었고, 상 위에는 아래 굽이 좁고 높으면서 멋대가리가 하나도 없는 상사발에 밥과 개고기 국물, 그리고 소금에 절인 갈치 한 토막을 익혀서 나온 게 전부였다.

2. 수저 들고 밥 얻어먹는 것은 동서가 똑같았던 것 같다

고건 전 총리가 쓴 회고록에 의하면 박정희 전 대통령도 수저를 들고 그런 밥을 얻어먹으러 다녔단다. 그는 그때 먹었던 고등어 자반이 어찌나 맛이 있었던지 잊히지 않았다는 말을 들었다면서, 고 전 총리는 그 말을 지금껏 잊을 수가 없다는 말을 하고 있었다. 필자는 그 글을 읽고, 그 당시는 전국 어디서나 밥 얻어먹는 게 비슷했구나 하는 생각이 들었다. 하지만 필자는 그런 맛있는 고등어 자반은 먹어본 적이 없다.

다만 밥 한 끼를 먹기 위해 수저를 들고 거의 2km나 되는 곳을 찾아다닌 것을 보면 먹는다는 게 얼마나 중요한 것인가를 알 수 있을 뿐이다. 그때 밥 먹으러 가라는 부모님의 말씀을 듣고 부끄러워하면서도 어쩔 수 없이 찾아갔을 뿐, 살기 위해서 밥 얻어먹으러 간다는 생각으로 가지는 않았다.

우리 집은 평소, 어머니가 부엌에서 무엇인가를 입맛을 다시고 있으면 동생들은 "엄마 무엇 먹어 나 좀"이라고 말했다. 그러면 어머니는 "이놈의 자식들 에미가 찬물도 마셔볼 수가 없어, 에미 눈깔도 다 빼 먹을라" 하고 호통 치는 환경에서 자랐다. 그리고 밥상이 들어오면 누가 빼앗아 먹는지 정신없이 퍼먹는 게 버릇이 되어 있었다. 이러한 식사방법도 먹고 싶어서 먹는 것이었다. 따라서 모든 식사는 먹고 싶고 배고파서 먹었을 뿐, 살기 위해서 먹는다거나 안 먹으면 죽는다는 생각으로 먹어 본 일은 없다.

필자는 17세 때인 1949년 12월에 촌수로는 7촌 고모부이고 관습상으로 양 고모부가 사장인 연탄과 조개탄을 제조하는 회사에 밥만 얻어먹고 일해 주는 소사로 들어간 일이 있었다. 어느 날 안집에 간 일이 있다. 그때 할머니가 밥그릇을 들고 자기 손자를 따라다니면서 한 술만 더 먹으라고 통사정하면서 쫓아다니는 모습을 보고 깜짝 놀랐다.

그때 그 손자는 제 할머니를 앵앵하며 골려 먹으면서 도망 다니고 있었다. 평소 밥을 버티면서 먹어본 일이 전혀 없는 필자로서는 놀라운 광경임이 분명했다. 이러한 사실을 보면 그 애는 살기 위해서 먹거나 배고파서 먹는 게 아니라 마치 자기 할머니를 위해서 먹어주는 것처럼 앵앵거리면서 할머니를 골려 먹고 있었다.

3. 식사가 때로는 총칼보다 더 무서운 무기가 된다

식사가 때로는 총칼보다 더 무서운 경우가 있다. 그 예로는 정치인들이 흔히 행하는 단식 투쟁을 들 수 있다. 식사는 분명히 자기가 살기위해서 먹는 것이나 이런 경우는 그와 정 반대다. 그런 경우는 살기 위해서 먹는 식사가 때로는 총칼보다도 더 무서운 무기로 돌변하고 있는 것이다.

한마디로 인도의 간디는 단식투쟁하나로 영국을 쥐었다 폈다 했다고 해도 과언이 아니다. 그때 그가 단식하면 세계의 유력한 신문들은 이를 보도하노라고 야단법석을 떨었다. 이런 방법은 우리나라에도 자주 등장하는 방법이었고, 정치인들이나 노동자들이 자주 이용하는 투쟁방법이었다.

그런 예로서 김영삼 전 대통령의 23일간 단식투쟁을 들 수 있다. 그는 그로써 그 당시 서슬 퍼렇던 전두환 정권으로 하여금 두 손을 번쩍들게 하였음을 보면 단식투쟁이 때로는 대포보다도 더 무섭고 탱크보다도 더 무서운 것임을 알 수 있다. 이러한 경우를 보면 먹고 싶어서 먹거나 배고파서 먹는 게 아니고, 또한 살기 위해 먹는 것과도 전혀 관계가 없는 것이다. 이를 보면 식사를 단순히 살기 위해 먹는 것이다, 라는 말도 맞지 않는다.

1954년에 필자는 이웃마을에 있는 어느 농지개량조합 직원의 논에 김을 매러 간 일이 있었는데 그날 점심때다. 보통 농가에선 고봉 밥 외에 더 먹고 싶어 하는 사람을 위해 양푼에 따로 밥을 담아서 마음대로 더 퍼먹을 수 있도록 옆에 놓아주었으나 그 집만은 양푼 밥이 없었다.

필자는 고봉밥인데도 밥이 적어서 어쩔 수 없이 주인 아낙네를 향하여 큰 소리로 "아주머니 여기 밥 좀 더 줘요"라고 외쳤다. 그 때 옆에서 이를 지켜보고 있던 주인이 입을 틀어막고 킥킥거리면서 얼굴을 돌리고 웃어 죽겠다고 웃으면서, "저렇게 처먹어대니 잘 살 수가 있나, 저렇게 먹다간 한 달에 쌀 한가마도 모자라겠다"라고 빈정대면서 낄낄대고 있었다.

그것을 보고 나는 깜짝 놀랐다. 그리고 좀 창피했고 당황했다. 그 후 나는 두 번 다시 그 집의 김은 매러 가지 않았다. 필자는 집에 돌아와서 1년 동안에 내가 먹어치우는 식량을 대충 계산해 봤다. 대략 쌀 240kg가 조금 넘었다. 그와 반대로 그들이 먹는 추정량은 100kg 정도여서 내가 140kg를 더 먹는 셈이었다. 이를 비교해보고 나는 깜짝 놀랐다.

이를 이리저리 따져보았던 바, 내 농사 외에 내가 봄, 여름, 가을에 품팔이로 벌수 있는 노임은 쌀 150kg약 두 가마에 불과함을 알았다. 농사짓기란 몹시 고달프기만 할 뿐, 힘써 하루 종일 일 해야 하는 날은 120일을 크게 넘지 않는다. 그런 특성 때문에 노임이란 결국 내가 그들보다 더 먹는 쌀을 버는데 불과함을 깨달은 것이다.

이를 보면 우리는 노동을 않고 빈둥빈둥 놀고먹는 좌식계급의 이용물밖에 안 된다는 것을 깨닫게 되었다. 필자는 그때부터 매년 봄마다 노임문제로 회의를 할 때마다 품삯을 올려보려고 애썼으나 부자들의 반대로 그 뜻을 이루지 못했다. 결국 필자가 농촌을 떠날 때인 1967년 봄까지도 하루 노임이 쌀 약 3kg약 두 되라는 노임철칙을 깨지 못하고 농촌을 떠났다.

그러한 과거를 돌이켜 보면서 작금의 농촌의 하루 노임이 쌀로 약 30kg약 20되 수준임을 감안할 때, 이를 실물경제로 따져도 열 배 상승에 해당하므로 그야말로 격세지감이 들었다. 이를 보면 지금은 너무나 좋은 세상에서 살고 있음을 알 수 있다. 더구나 필자가 82세 고령임에도, 점심을 무상으로 대접받고 있고, 어느 역이나 관광명소 등 어느 대중화장실을 가 봐도 세수 비누와 화장지 그리고 수돗물을 마음대로 쓸 수 있게 하고 있어서 얼마나 좋은 세상인지 모른다는 생각을 하고 있다.

특히 금년 7월부터는 16만 원의 기초연금을 받고 있으므로 격세지감을 넘어 천지개벽지감天地開闢之感이 드는 것이다. 하지만 필자의 생각은 나라의 살림살이를 뒤돌아볼 때, 12만 원으로 줄이더라도 적자가 없는 건전재정이 되었으면 하는 것이다.

4. 일정 말의 참담한 굶주림에 얽힌 슬픈 이야기들

먹는 것과 관련하여 가장 무서웠던 경험은 1945년의 봄과 여름의 굶주림이었다. 물론 1939년도의 기묘년 대흉년의 다음해 봄에도 굶주림이 극심했다. 하지만 그런 대흉년도 경지정리 이전의 도랑이었던 자리에선 누렇게 익은 벼가 몇 가마 소출할 수 있었고, 같은 논이라도 습기가 많았던 곳에선 반 쭉정이 벼가 5~6가마나마정도 소출되었다.

그리고 다음 해의 보리농사만은 전에 없는 대풍이어서 여름을 나는 데는 큰 어려움이 없었다. 그 외의 굶주림도 당시의 일본인 농장에서 수수를 대여해주거나 조를 대여해 주었으므로 밥을 굶지는 않았다. 그러나 1945년도의 봄과 여름은 그야말로 혹독한 굶주림에 시달려야 했다. 우리 마을은 필자가 태어나기 훨씬 이전부터 일본인 소유의 농지를 소작으로 경작해 왔으므로 그 이전부터 굶주려 왔을 것임은 뻔했다. 하지만 1940년도까지는 공출을 내지 않고 소작료를 내고 있었고, 봄에 절량되면 농장에서 수수 등을 대여해 주었으므로 끼니만은 때울 수가 있었다.

하지만 공출이 시작된 후부터는 그것조차 없어졌다. 그래도 1942년도는 벼농사가 대풍작이어서 비교적 괜찮았으나 1943년도부터는 비료도 부족한데다가 기상까지 안 좋아서 벼 수확량이 크게 감소했으므로 겨울에 이미 식량이 바닥났다.

특히 1944년도에는 비료가 턱 없이 부족하여 어느 해보다도 일찍 쌀이 바닥났다. 그 때문에 해방 되던 해는 3월 하순부터 뚝새풀을 캐다가 쌀 몇 알을 넣고 된장국처럼 끓여 먹거나 콩나물죽과 무죽으로 살았고, 통나무를 씹는 것 같은 콩깻묵 밥이 반 주식이었다. 또한 그해의 봄엔 비료까지 없어서 보리농사도 엉망이었다.

필자는 1945년 6월, 논에 이모작으로 심어 놓은 보리를 베러 간 기억이 생생하다. 그때의 보리농사는 똥거름을 준 곳에서만 약간의 벨 것이 있었을 뿐, 다른 보리 이랑은 전혀 벨 것이 없었다. 그 때문에 보리수확은 겨우 네 말 정도에 그쳤다.

그래서 6월 하순인데도 보리밥을 먹지 못했고 일본인들이 배급해

주는 콩깻묵 밥도 바닥났었다. 어느 날 저녁밥 때였다. 우리는 온전한 콩깻묵 밥을 먹고 있었는데 이웃 농감 댁이 왔다가 그것을 보고 혀를 끌끌 차더니 쌀밥 한 그릇을 갖다 주어서 맛있게 먹은 기억이 생생하다.

7월 초순부터는 그런 밥도 없었다. 그때 필자는 아침밥을 굶은 채 학교를 가는 날이 많았다. 그 때문에 귀가할 때는 평지로 돌아오는 게 아니라 일부러 산길을 택했다. 산에 올라가면 소나무가 있었고, 가지를 꺾어서 그 껍질을 살짝 벗기면 하얀 껍질이 나왔다. 그 껍질에는 즙이 흐르고 있어서 이를 하모니카 불듯이 열심히 훑어먹었다.

길가의 풀 중에는 줄기를 뽑아서 벗겨내면 하얀 몸체가 나오는 풀도 있었는데 이를 질근질근 깨물었다가 거친 것은 뱉고 즙은 먹기도 했다. 오후 늦게 집에 돌아오면 어디서 구했는지 어머니는 밥을 해놓고 나를 기다리고 있었다. 그리고 배고팠지, 하시면서 얼른 밥 먹으라고 했다. 당시는 어머니가 어디서 쌀을 구해 밥을 해 놓았는지 전혀 몰랐으나 1995년에 글을 쓰면서 어렴풋이 깨닫게 되었다.

어머니는 마을의 이사장 댁과 의형제를 맺고 있었다. 그토록 악독한 일본인들이었으나 이사장 댁만은 공출을 덜 내게 해서 그들은 여름에도 쌀밥을 먹을 수 있는 여유가 있었다. 그로 보아 그때 이사장 댁이 아니면 쌀을 줄 사람이 없었다. 그때 모든 가구마다 식량이 바닥났지만 우리 집은 7월 초부터 보리조차도 바닥났고 콩깻묵도 바닥났다. 다만 7월 초에 수확한 감자가 작은 가마니로 한 가마를 캤으므로 며칠간은 그것으로 끼니를 때웠다.

하지만 나는 7월 20일 이후에는 여름 방학 덕분으로 굶으면서 학교 가는 일은 없어졌다. 그런 어려운 고비인데도 이사장 댁과 그를 보좌

하는 주사 댁은 절량되지 않았고, 10호마다 한 사람씩 둔 반장 댁도 우리보단 나은 형편이었다. 그리고 논이 비교적 비옥한 집은 늦게 절량되었고, 우리 집같이 논이 척박한 데다가 타성바지어서 만만한 집은 더더욱 빨리 절량되었다.

5. 삶과 굶주림에 얽힌 이야기와 사람의 본성의 한계

그 해 6월 하순부터 식량이 완전히 바닥나면서 며칠씩 굶주리자 먹고 살기 위해선 앞뒤를 가리지 않는 분위기로 변해 갔다. 사람들은 그때부터 닭과 개를 잡아먹기 시작하여 마을마다 개 짓는 소리와 닭 우는 소리가 없어졌다. 또한 돼지도 다 잡아 먹었다. 어언 8월 초가 되었다. 그때 평생에 다시 볼 수 없는 가장 혹독한 태풍이 불었다. 웬만한 전주와 버드나무 등, 큰 나무는 다 넘어졌고, 교문 앞의 큰 버드나무도 뿌리를 하늘로 처든 채 쓰러졌다.

그때 우리 집 강둑에는 두 그루의 복숭아나무가 있었다. 작은 나무는 일찍 익는 나무여서 이미 다 따 먹었으나 큰 나무는 열매도 크려니와 맛도 좋은 복숭아였는데 늦게 익는 복숭아여서 그대로 달려 있었다. 하지만 그 태풍 등쌀에 몇 개를 남기고는 다 떨어져 버렸다. 먹어 보니 맛이 아직 안 들어서 좀 시긴 했으나 그런대로 먹을 만 했다.

어머니는 좀 크고 더 여문 복숭아를 바구니에 담아 주시면서 이사장 댁에 갖다 주라고 하셨다. 나는 그 바구니를 들고 이사장 집에 가서 어머니가 갖다 드리라고 해서 가져왔다고 말하고 주었다. 이사장 댁은 그 복숭아를 다른 그릇에 쏟은 다음 좀 기다리라고 하시면서 부엌에 들어갔다. 곧 바구니를 건네주는데 묵직했다. 살짝 보니 쌀이었다. 나는 너무나 좋아서 마치 개선장군처럼 정신없이 뛰었고, 큰 소리로 엄마를 불렀다. 부엌에서 나오시는 어머니에게 자랑스럽게 드리면서 광석이 엄마가 주었다고 말했다. 우리는 그 쌀로 죽을 쑤어서 족히 이틀은 산 것 같다.

그리고 항아리에 담아놓은 복숭아도 차차 신맛이 덜하여 그런대로 식량대용품이 되었으나 3일도 못 갔다. 그로부터 다시 막막해졌다. 그때 어느 마을에서 시작되었는지 소를 잡아먹기 시작했다. 당시는 소가 아니면 논을 갈 수 없었고, 또한 소를 잡아먹으려면 허가를 받아야 했으나 막무가내로 소를 잡아먹기 시작했다.

이런 밀도살행위는 법령상 전혀 허용되지 않았는데도, 누구의 반대나 밀고가 없었다. 너나없이 모두가 환장해 있었고, 제 정신이 아니었다. 그런 정신 상태로 소를 잡아먹고 있는 모습을 보면 사람이란 살기 위해선 무엇이던지 할 수 있음을 알게 해준다. 당시의 사람들은 후일은 어떻게 되든 우선 소라도 잡아먹고 보자는 극한적인 자세를 취하고 있었다.

당시 우리 마을은 30호였고, 양수장 직원까지 합하면 32호였다. 하지만 경지면적은 평균 4,000평약 1만 3,300평방미터이 넘어서 두 집의 소가 겨우 논을 갈아 낼 수 있었다. 그런데도 두 마리 소를 다 잡아 먹었으므로 고기만 해도 250kg는 족히 될 것이어서 한 집에 8kg 정도의 고기가 돌아갈 수 있었다.

하지만 어찌 된 영문인지 아버지는 단 한 근의 고기도 가져오지 못하고 쇠가죽만 가져왔다. 어머니는 이를 보고 분통해 하시면서 왜 고기는 안 가져오고 먹지도 못할 쇠가죽만 가져왔느냐고 하시면서 불만스러워 하셨다.

그러면서도 마당의 한 모퉁이에 임시로 큰 솥단지를 걸어놓고 쇠가죽을 곱기 시작하여 하루도 더 고왔다. 그러자 단단하고 얇다란 쇠가죽은 손바닥 두께로 통통하게 불면서 물렁물렁해졌다. 이를 꺼내어 썰어서 간장을 찍어 먹어본바 그 구수한 맛이란 참으로 천하일품이었다.

그때 이웃 남정네들이 찾아왔다. 그때마다 어머니는 썰어서 한 접시씩 주면서 한번 잡숴보라고 했다. 그들은 먹어보고선 "이제 보니 권풍부친이 제일 알짜고기를 가져왔구만" 하면서 너털웃음을 웃고 있었다. 우리는 그 쇠가죽으로 일주일 이상을 견딜 수 있었다. 그때 8·15 해방이 될 때까지 먹다가 해방을 맞이한 것 같다. 결국은 아버지가 만만한 게 오히려 복이 된 셈이다.

6. 설날에 부친이 고문당한 것은 인간의 지배욕이 만든 죄악이었다

아버지는 너무나 순박하셨다. 그 때문에 항상 만만했다. 그 해 설날에는 마을에서 표본으로 뽑혀서 논 가운데로 끌려 나와 무릎을 꿇린 후, 모든 마을 사람들이 지켜보는 가운데 면서기들로 부터 엄청난 고문을 당했다.

설날인데도 오전에는 수업이 있었으므로 고문 현장은 보지 못했다. 그때 아버지의 다리와 허벅지는 꼭 새까만 구렁이가 기어간 것 같았다. 그리고 십여 일 동안 꼼작 못하고 앓는 소리만 하셨다. 나는 그 참상을 보고 얼마나 치를 떨었는지 모른다. 그때 고문한 면서기가 누군지도 모르면서도 크면 반드시 그 면서기 놈들을 죽여 버리겠다고 다짐했다. 지금 생각해보면 어떻게 그런 독한 마음을 먹었는지 의아해진다. 그런 만만한 어른이었기에 쇠가죽만 얻어왔으나 그게 전화위복이 된 것이다.

여기서 중요한 것은 우리가 그런 고문을 어떻게 보아야 할 것인가이다. 필자의 생각은 이런 고문도 인간의 더러운 지배력과 지배욕의 만족을 위해서 일으킨 죄악으로 보고 있다. 사람이 사람을 고문할 때 살려달라고 비는 것을 보고 그들은 한없는 지배욕의 충족을 만끽했을 것이다.

우리 마을은 밭이 없는 전형적인 들 마을이었다. 다만 강 건너편에 준설해서 쌓아 놓은 언덕이 유일한 밭이었다. 하지만 그 밭은 채소를 가꿔 먹는 채전 밭에 불과했다. 그 때문에 벼를 보충하는 대용식물을 경작할 수가 없었고, 논만 많아서 공출양만 많았으므로 어려움이 더했다. 하지만 산을 등진 다른 마을에서도 우리 마을처럼 소를 다 잡아먹었던지 다음해 봄에는 소 대신 사람 9인이 한 조가 되어 한사람은 쟁기를 잡고 8명은 양쪽으로 나눠서 쟁기를 이끄는 논갈이를 하고 있었음을 보면 굶주렸던 사정은 크게 차이가 나지 않았던 것 같다.

이러한 사실은 필자가 1946년 봄에 학교를 갈 때 흔히 볼 수 있는 광경이었다. 그때 모든 마을들이 소가 논을 가는 게 아니라 사람이 갈고 있었다. 이를 추정해 보면 절량상태는 그들 마을도 우리 마을과 크게 다르지 않았음을 알 수 있다. 그같이 소까지 잡아먹고 난 후, 다시 굶주림을 면할 수 있는 동물이나 식물은 전혀 없었다.

그러므로 만약 일본 군부가 주장한 대로 본토결전이 10월 이후에 있었다면 우리는 어떻게 되었을까를 생각해 보면 만감이 착잡해진다. 벼농사의 추수기를 정확하게 말하면 8월 15일부터 벼가 다 익을 때인 10월 중순까지 거의 60일을 기다려야 했다. 그런데도 그 간의 굶주림을 면할 수 있는 대용작물은 전혀 없었다. 그런 환경 속에서 60일이라는 기간을 생각할 때, 그 뒤에 벌어질 참상은 상상을 초월하는 것이다. 처음은 법이고 무엇이고 다 무시하면서 모두가 자기정신이 아닌 환장한 상태로 우선 소를 잡아먹었다. 하지만 끝내 굶주렸다면 사람도 잡아먹는 참극을 벌이지 않았을까, 라는 생각을 금할 수가 없다.

필자가 왜 이토록 극단적인 생각을 하느냐 하면 2차 대전 말에 필리핀의 루손 도에서 일본의 패잔병들이 산중으로 도망간 후, 산 속에서 굶주림을 참지 못하여 병약한 자부터 차례로 동료들을 잡아먹고 살아남았다는 그들의 체험담을 읽은 기억이 있기 때문에 하는 말이다.

이와 비슷한 사실이 우리나라에도 있었다고 알려져 있다. 그것은 1670년부터 1671년까지의 경신대기근庚辛大饑饉 때, 140만 명의 아사자가 있었고, 굶주림을 참다못해 자기 자식까지 잡아먹었다는 사실을 조선조 실록이 전해주고 있어서 그 진실성이 인정되고 있는 것이다.

또한 연암燕岩 박지원朴趾源이 쓴 "호질虎叱"을 읽어보면, "지난해 중국의 관중關中에 큰 기근이 들자 사람이 서로 잡아먹은 수가 수만 명에 이른다. 그 전해엔 산동지방에 큰 홍수가 나자 수만 명의 사람들이 서로 잡아먹었다"라고 쓰고 있다. 하지만 연암의 글은 정사의 글이 아니고, 또한 중국에서 일어난 일을 구전으로 전해 듣고 쓴 것이어서 사람 수 등에서 그대로 다 믿기는 어려우나 극도로 굶주려서 사람이 사람을 잡아먹었다는 사실만은 진실일 것으로 믿고 있다.

이를 보면 해방 당시의 우리 국내 사정도 그 이상으로 더 절박해져 가고 있었으므로 그와 같은 참극이 능히 일어날 수 있는 분위기였다. 그 때문에 만약 일본의 항복이 두 달 후에 이루어졌다면 그러한 참극이 반드시 일어났을 것으로 필자는 보고 있다. 우리는 이러한 사실을 통해서 식생활이 얼마나 중요한 것인가와 인성의 한계를 다시 한 번 되새겨 보는 것이다.

7. 일본이 1945년 5월에 항복했다면 남북분단도 없었다

여기서 필자는 백범의 백범일지를 돌이켜 본다. 필자도 이승만 박사보다는 백범을 훨씬 더 숭배했었고, 그 어른의 피눈물 나는 고생담은 영원히 잊을 수가 없다. 하지만 백범선생의 희망대로 해방이 좀 더 늦추어져서 광복군 수백 명이 국내에 침투하여 전과를 올린 다음 해방이 되었다면 우리 농민들은 어떻게 되었을까.

먼저 성공 했을 경우, 백범선생의 기대대로 임시정부가 그 전과戰果

를 인정받아서 준 전승국의 망명정부로 대접받았을까, 아니면 백범의 꿈에 불과했을까. 필자는 아쉽게도 백범의 기대대로 되지 않았을 것이라고 말하고 싶다. 왜냐하면 그 정도의 전과가 있었다는 것만으로 곧 어떤 국제적인 평가에 큰 변화가 있을 것이라고 보는 것은 국제적 역학관계를 너무나 쉽게 보고 있는 것이다. 따라서 우리의 국제적 발언권은 그만치 커져서 독립을 이루는데 크게 기여하게 됐을 것이란 말씀에도 선 듯 동의할 수가 없다.

오히려 이미 이탈리아는 1943년에 무너졌고, 독일도 1945년 5월 2일 항복한 터에 일본 혼자서 어떻게 미·영·중을 이길 수 있다고 고집을 부렸는지 모른다. 그토록 패전할 것이 뻔한 데도 어찌 그같이 바보스럽게 고집을 부리면서 백성들을 볶아 댔는지 도저히 이해할 수가 없는 것이다.

한마디로 당시의 일본 군부는 말할 것도 없고, 대다수 일본인들은 신과 천황을 광신적으로 믿으면서 완전히 미쳐있었다. 그때 그들이 정상적이었다면 그보다 앞당겨서 5월 말이나 6월 초쯤에 항복했을 것이다. 그 경우에는 미군이 한반도에 단독으로 들어오는 형태로 해방이 되었을 것이다.

그랬다면 소련의 북한 진주도 없었고, 남북분단의 비극과 6·25 전쟁과 같은 참극도 없었을 것 아닌가, 그런 생각은 필자 혼자만의 생각은 아닐 것이다. 만약 그렇게만 되었다면 우리 한반도만은 통일된 자유민주국가체제의 독립 국가를 이룰 수 있었지 않았을까.

늦게나마 해방 덕택에 벼를 배당받아서 진정으로 먹는 게 살기 위해서 먹는다는 관념으로 먹어 본 것은 그 때가 처음이었다. 평소엔 배고파서 밥을 먹었으나 이때만은 우선 살기 위해서는 소를 잡아먹는 게 당연하다고 생각했고, 그게 당시의 농민들의 의식이었다. 그토록 불법적으로 소를 잡아먹고서도 누구도 반성하거나 좀 더 참아 볼걸, 하고 후회하는 사람을 보지 못했다. 그 당시 일본인들의 행정통제는 매우 강력하고 엄격했음에도, 굶주린 백성들 앞에는 아무런 힘을 쓰지 못했다. 그 같은 무법천지와 무정부상태는 그 때가 처음이었고, 마지막이었다.

8. 일정 말의 참상과 백성들의 비극

다시 눈을 돌려서 8·15해방 직전을 뒤돌아본다. 우리는 소를 잡아먹기 이전에도 굶주림을 해결하기 위해 별별 행위를 다 했음을 누누이 밝혔다. 7월 달에는 마당 한 모퉁이에 심었던 하지감자가 잘되어 거의 한 가마가 소출 됐으므로 일주일은 그렁저렁 지낼 수 있었음도 이미 밝혔다. 그리고 그해 여름은 굶주린 탓에 일할 의욕도 잃었다. 그래서 논은 초벌 김만 겨우 맸고, 두 벌 김과 마지막 손질은 꿈도 못 꾼 채, 방치되고 있었다. 그 때문에 논바닥은 울퉁불퉁했고, 벼를 벨 때는 큰 불편을 겪기도 했다.

마당을 일궈서 심어놓은 옥수수와 밭가에 심어놓은 단수수도 굶주림에 조금은 도움이 되었다. 탑천이나 큰 도랑에서 모기장으로 만든 들치기로 송사리와 붕어 등을 잡아서 시래기와 된장을 넣고 끓인 국물이나 봄철에는 뚝새풀에 된장을 풀어 끓인 국물도 마치 마른 나무 토막을 씹는 것 같은 콩깻묵 밥을 넘기는 데는 없어서는 안 될 훌륭한 부식이었다.

그런 중에도 굶주림에 가장 크게 도움이 된 식물이 있었다면 단연코 물마름 열매일 것이다. 물마름이란 일년생 수중 식물이다. 우리 마을은 탑천을 끼고 있었고, 이 탑천은 호남평야의 최북단을 관개하는 대표적인 하천이었다. 폭 72m의 이 탑천은 본래 10여 미터 폭의 실개천에 불과했으나 1930년대의 산미증산계획産米增産計劃의 일환으로 강폭을 크게 넓히면서 바닥을 준설하여 조성시킨 인공하천이다.

공사의 주체는 일본인 농장이었으며, 홍수예방과 농업용수 확보의 겸용을 위한 하천이었다. 이를 위해 깊이를 6m정도로 준설하여 그곳에 저수했다가 묘판설치와 모내기철에는 그 물을 양수하여 농사를 짓도록 했고, 7월 달의 장마 때와 홍수 때는 배수하도록 하여 홍수의 피해를 최소화 했던 하천이었다.

하지만 언제 부터인지 바닥에는 벌이 차기 시작했고, 이어서 물마름이 생기기 시작하여 해방되던 해엔 절정을 이뤘다. 그 물마름 열매를 따 먹는 시기는 7월 중순부터 9월 초까지가 적기였다. 매일과 같이 꽃이 피면서 열매를 맺고 있었는데 초기에는 푸른색을 띠고 있다가 여물면 거멓게 변했고, 세모꼴을 하고 있었다. 모서리에는 날카로운 가시가 있어서 따먹기가 매우 고약했으나 그 맛만은 고급 밤을 능가했다.

30가구가 거의 강둑을 차지하고 있어서 집집마다 물마름 열매를 따 먹는 게 일과가 되다시피 했고, 특히 7월 중순부터는 물마름 열매 따

먹기가 절정을 이루고 있었다. 하지만 열매가 덜 여물어서 푸른색을 띠고 있었고, 그 대신 껍질이 부드러워서 손톱으로도 까먹을 수 있었다. 다 익으면 표피가 검어지면서 가시와 표피가 억세져서 칼로 두 동강이를 낸 후에야 알맹이를 빼먹을 수 있었으나 아직 여물지 않아서 까먹기가 수월했다.

열매를 따 먹는 방법은 가까운 곳부터 시작됐다. 처음은 장대 끝에 무딘 낫을 묶어서 그것으로 물 마름 줄기를 끌어당기면 마치 고구마 줄기처럼 잘 끌려왔다. 하지만 조금 먼 곳은 그게 불가능했으므로 새끼 끝에 무거운 추를 달아서 강 가운데로 힘껏 던진 후, 끌어당기면 아쉬운 대로 끌려왔다. 그러면 이를 건져서 열심히 열매를 따곤 했다.

우리 집은 필자 혼자서 했기에 하루 반 바구니 정도를 땄으나 여러 형제가 있는 집은 한 바구니씩 따기도 했다. 그런 열매도 너무 극성스럽게 따먹었으므로 7월 하순도 다 안 되어 다 따먹어 버렸다. 그때도 우선 배고파서 따 먹었고, 맛이 있어서 따 먹었을 뿐, 살기 위해서 따 먹는다는 생각은 전혀 없었다. 다만 지나놓고 보니까 그 물마름 열매도 훌륭한 대용식량구실을 했구나 하고 깨달았을 뿐이다.

신기한 것은 이 물마름이 1948년 7월의 대홍수 때, 무서운 물살에 벌흙과 함께 깨끗이 씻겨간 것이다. 1948년의 대홍수는 1945년의 태풍과 더불어 내 생 후, 처음 보는 대홍수였고, 또한 다시 못 보는 대홍수였다. 그렇다면 물마름은 마치 우리 신기촌을 위해 생겨났다가 없어진 것처럼 되었으나 그것은 우연의 일치일 뿐 그렇지 않음을 잘 알고 있으나 어쨌든 신기한 일이었다. 8월 15일, 나는 쇠가죽 고기를 먹은 덕분인지 힘이 있었다. 그때 어머니도 기력을 차리서서 탑천 건너편에 있는 준설토를 밭으로 개간한 곳에 가서서 일 하셨다. 아마도 가을채소를 가꾸기 위한 사전 준비 작업이었을 것이다. 나는 어머니의 명으로 그곳에 똥통을 이용하여 똥지게로 똥을 져 나르고 있었다. 그때, 아버지는 무슨 일 때문인지 집에 없어서 필자가 똥을 퍼 나르고 있었다.

9. 8 · 15 해방과 군량미 배급

똥지게를 지고 탑천의 다리를 건너다가 앞집에 살고 있는 반장 댁을 만났다. 그 아주머니는 공연히 신이 난 얼굴로,

"오늘 솜리이리, 현 익산시에 갔다 온 사람이 그러는데 평란되었다고 난리 드래, 그리고 일본사람들이 엎디어서 엉엉 울고 있드래"라고 하면서 떠들고 있었다. 이로써 8 · 15해방이 된 것을 알았다. 그리고 8월 20일경에는 군량비가 가구마다 두 가마씩 배당되는 기쁨을 맛보았다. 이를 두고 소를 빼앗겼던 뒷집 할배는 "내 평생에 7월 달음력에 흰 쌀밥 먹어보기는 생전 처음이어"라고 큰 소리로 떠들면서 좋아하고 있었다.

우리 집은 그보다 앞선 8월 16일에 당숙 댁을 찾아 갔던 아버지가 종조모를 수레에 태워서 모셔오면서 쌀 두말과 감자 한 마대를 가져와서 굶주림에 큰 도움이 되었다. 그것은 군산비행장에 있는 일본 군인들이 미군과 끝까지 일전을 불사한다고 난동을 부렸으므로 그게 전쟁이 난다는 소문으로 퍼져서 비행장 주변의 주민들은 피난하느라고 난리가 난 때문이었다.

이에 그 당숙도 자기 어머니를 우선 우리 집에 긴급히 피난시켰고, 우리 집은 그 반사이익을 본 것이다. 그 당숙은 당시 100여 대촌의 이사장을 하고 있었고, 또한 양곡 현지관리인까지 하고 있어서 쌀이 넉넉한 집이었다.

이런 일련의 굶주림의 경험은 인간의 생명이 얼마나 존귀한가와 생명이 얼마나 끈질긴 것인가를 알게 해주는 중요한 경험이었다. 또한 사람이 굶주리면 어떤 극한사항도 마다하지 않는 동물임을 깨닫게 해주는 것이었다. 그래서 속담에 사흘 굶으면 남의 집 담 안 넘을 자 없고, 금강산 구경도 식후경食後景이라 하지 않았는가. 또한 수염이 석자라도 먹어야 양반이라 했고, 또한 항산恒産이 있어야 항심恒心도 있다, 라는 말도 같은 말이다. 다만 이 말은 맹자가 한 말이어서 크게 다루고 있을 뿐, 그 참뜻은 먹는 게 얼마나 중요한가를 한자를 빌어서 표현한 것에 불과하다. 이를 통해 인간에게서 식욕은 색욕과 더불어 핵심적인 욕구임을 알 수 있고, 이 두 욕구를 빼 놓곤 아무것도 말할 수 없음을 깨닫게 해주는 중요한 경험이었다.

10. 식욕과 색욕은 어느 게 더 중요할까

여기서 식욕과 색욕 중 어느 게 더 중요한가를 따져 볼 필요가 있다. 한마디로 식욕과 색욕을 함께 누릴 수 없어서 그 중 하나만을 선택해야 한다면 단연코 식욕을 선택할 수밖에 없을 것이다.

왜냐하면 우선 사는 게 더 중요하고 살기 위해선 먹어야 하기 때문이다. 하지만 보다 근원적인 욕구가 식욕인가 색욕인가를 따져 본다면 색욕이 식욕보다 더 근원적이다. 왜냐하면 산다는 것 자체가 종족번식을 위해서 살고 있다고 보아야 하기 때문이다. 사람의 식욕을 없애버린다면 어떤 결과가 오게 될까? 그것은 결국 사망이라는 결과를 낳을 것임은 뻔하다.

이를 보면 먹는 것은 분명히 살기 위해서 먹는 것임을 알 수 있다. 하지만 사람들이 식사할 때 "나는 지금 살기 위해서 먹는다"라고 생각하면서 식사하는 사람은 하나도 없다. 그저 배고파서 먹거나 때가 되어 남들과 같이 식사하는 경우가 더 많고, 더러는 특수한 사정으로 식사할 뿐이다.

또한 같은 식사라도 배고프면 맛이 있고 배부르면 맛이 없거나 덜하다. 그러므로 아무리 맛있는 진수성찬珍羞盛饌이나 고량진미膏粱珍味라도 거듭 먹으면 맛이 덜하고, 배가 부르면 보기도 싫어진다. 이같이 다르게 느껴지는 까닭은, 앞서의 식사로서 이미 몸이 필요로 하는 영양소가 다 보충되었기 때문에 몸의 수요가 그만큼 줄어서 생기는 현상에 불과하다. 우리는 이러한 결과를 통하여 내 몸의 영양상태가 만족한 상태임을 알게 된다. 그 때문인지 같은 음식이라도 자기 몸에서 꼭 필요로 하는 영양소가 많이 든 음식은 항상 맛이 있게 느껴진다. 그러나 보통의 경우는 맛있으면 잘 먹고 맛없으면 안 먹는 것일 뿐, 살려니까 먹어야겠다는 생각으로 먹는 사람은 없다. 또한 이런 모습들을 보노라면, 사람들이 과연 살기 위해서 먹는 것인지 먹기 위해서 사는 것인지 분별하기가 쉽지 않다.

그러면서도 어느 연회나 큰 잔치에서 술을 즐겨 마시면서 맛있는 안주를 곁들여 먹으며 즐거워하는 모습을 볼 때나, 맛있는 진수성찬을 차려놓고 많은 사람들이 화기애애한 가운데에 식사를 즐기는 것을 보면 마치 먹는 것 자체를 즐기기 위해서 먹는 것처럼 보인다. 그런 현상을 보면 살기 위해 먹는 게 아니라 오히려 먹는 것을 즐기기 위해 사는 듯한 모습이고, 이를 식도락食道樂이라고 하여 자랑하기도 한다. 하지만 이 식도락은 자랑할 수만은 없는 역사성을 가지고 있다.

그것은 로마의 멸망을 식도락과 관련짓고 있기 때문이다. 한마디로 로마는 이웃나라들을 정복하여 다수의 노예를 확보한 후, 이들을 혹사하면서도 스스로는 매일과 같이 진탕으로 회식하면서 오직 식도락을 위해 실컷 먹고 배부르면 이를 억지로 토해 낸 후, 다시 먹는 방법으로 먹어대는 식도락 때문에 망했다는 역사적 기록이 있기 때문이다.

이를 보면 살기 위해 먹는 것에 불과한데도, 사람들은 먹는 것을 즐기기 위해 사는 것 같은 착각을 일으키고 있기도 한 것이다.

11. 공자의 수제자 안회도 굶주려서 죽었다

공자가 식사와 관련하여 한 말은 더욱 색다른 뜻이 있다. 그는 자기 제자 중에 가장 아꼈던 안회顏回에 대하여, 일단사一簞食 일표음一瓢飮 재누항在陋巷 인불감기우人不堪其憂라는 표현으로 안회를 극찬하고 있는 것이다. 그는 안회가 한 소쿠리의 밥과 한 표주박의 물로 식사하면서 누추한 집에 살고 있어서 견디어 내기 어려운 근심과 걱정이 있었을 것임에도, 전혀 그런 기색이 없이 덕을 쌓고 인仁을 행하는 생활을 하면서 살아오고 있었음을 극찬하고 있다. 또한 스스로도 단사표음簞瓢飮食, 곡굉이침지낙역재기중이曲肱而枕之樂亦在其中矣이라면서 가난을 즐기고 있기도 했다.

하지만 공자가 여러 제자 앞에서 그토록 안회를 극찬한 것은, 모든 제자들로 하여금 그를 본받으라는 말이 되기도 한다. 그러나 어찌 모든 사람들이 그런 영양실조상태의 생활을 할 수 있겠는가. 필자의 생각으로는 평소에 못 먹어서 허약해진 몸인데도 오히려 그런 누추한 생활을 해왔기 때문에 그는 결국 영양실조에 걸려서 젊어서 요절한 것이다. 또한 그런 건강악화가 인성을 착하게 한 것임에도, 공자는 사람의 본성을 착각하고 있었다.

그러므로 덕행도 좋고 인仁을 실천하는 것도 좋지만, 생명을 유지할 수 있을 정도의 기본적 식사는 반드시 해야 한다. 안회가 허약체질에 너무 먹는 것을 소홀히 해서 죽은 사실에 비추어보더라도, 우리는 살기 위해 먹는 것이 분명하고, 먹지 않으면 죽기 때문에 잘 먹어야 하며, 그런데도 평소엔 맛있는 음식을 더 찾는다. 반면에 배고파서 허겁지겁 정신없이 먹어대는 모습을 보면, 먹기 위해서 일하고 먹기 위해서 사는 것 같은 착각을 일으키게 한다. 이러한 사실들을 보면서, 살기 위해 먹는데도 오직 배고파서 먹는 것으로 착각하고 있고, 먹기 위해서 사는 듯한 생활을 하고 있으며 맛이 있어서 먹는 것 같은 착각을 일으키도록 짙게 위장되고 포장되어 있는 것이다.

제4장
남성들의 색정과 여성의 번식욕

1. 일제는 한국인의 축첩을 용인했다

필자가 성욕을 머리에 떠 올리게 되면 제일 먼저 떠오르는 것은 일정시대의 축첩행위의 허용이다. 아마도 그것은 소년 시절에 바로 이웃에 잘 생긴 얼굴에 상냥하면서도 뭇사람에게 헌신하는 자세이기도 한 분이 첩으로 살고 있었고, 그분의 인상이 잊히지 않기 때문일 것이다.

필자가 1학년 때 외숙이 주는 월사금수업료을 한 푼도 남기지 않고 다 까먹은 일이 있다. 그때 아버지는 필자를 기둥에 빨래 줄로 묶어놓고 죽을 만치 때렸다. 필자가 아무리 잘못했다고 빌어도 아버지는 인정사정없이 때렸고, 웬 지 어머니도 말리지 않았다. 원체 큰 소리로 살려달라고 울부짖었던 탓인지 그 울음소리를 듣고, 이웃집 그 농감 댁이 쫓아왔다. 이어서 아버지의 매를 빼앗으면서

"어린 것을 그렇게 때리면 쓰는가, 어쩌라고 그렇게 때리는가"라면서 더 못 때리게 만류했고, 이어서 매를 빼앗고 빨랫줄까지 풀어주고 돌아갔다. 지금 돌이켜봐도 그때 그분의 만류가 아니었다면 어떤 참극도 예상되는 무서운 매질이었다. 그 외에도 가끔 쌀밥을 갖다 주어서 먹은 일이 있기 때문에 그 농감 댁은 잊히지 않는다.

그 당시 이웃 농감만이 아니라 그 지방의 지도자가 될 만한 사람들은 거의 다 첩을 두고 있었다. 특히 어떤 채 씨는 잘나고 똑똑하기는 했으나 첩을 넷이나 거느리고 있어서 놀라웠다. 그는 돈도 별로 많지 않은 사람인데도 그랬다. 하지만 대체적으로는 지배욕과 성취욕이 보통인 보다는 강했던 사람들이었고 재력도 좀 있는 사람들이었는데 위에 말한 이웃집 농감도 그랬다. 그는 우선 남보다 유식했고, 똑똑했으며, 중후한 인품을 지니고 있었다. 어떻게 보면 백범 김구 선생을 연상시키는 인상이었다. 하지만 아버지가 그토록 도박을 하는데도 한 번도 만류하지는 않았다.

백범이 동삼평 마을의 사음을 하면서 도박과 술을 엄금함으로써 마을 아낙네들로부터 뜨거운 환영을 받았다는 것과는 천양지차가 있었다. 이를 보면 사람은 종족 번식, 즉 원시적 성취욕을 충족시킬 수 있는 환경만 용인해 준다면 어느 정도의 지배욕은 버릴 수 있음을 알 수 있다.

아버지의 당숙 되는 분도 그랬다. 키가 185cm가 훨씬 넘어서 당시 사람으로서는 너무나 크고 당당했다. 또한 훤칠한 이마에 우뚝한 코는 누가 보아도 잘 생긴 인물이었다. 하지만 너무 여색을 좋아했고, 또한 항상 첩을 두고 있어서 그게 가정불화의 화근이었다. 당시의 남성들은 첩을 두는 게 당연한 것으로 생각하고 있었다.

그를 보면 성취욕의 일차적인 목표가 종족 번식임을 알 수 있고, 그를 위해 많은 여성을 거느리는 것임을 알 수 있다. 그래서 필자는 많은 여성을 거느림은 번식이라는 기본적 성취욕을 실현시킬 수 있는 가장 핵심적인 욕구여서 여러 첩을 두었던 것으로 보고 있다. 이러한 사실은 지배력과 지배욕의 정점에 있었던 중국의 황제나 한국의 군왕들도 한결같이 후궁을 많이 둔 것을 볼 때 그를 알 수 있다.

그때 무능한 황제들까지도 후궁만은 많이 거느렸던 사실을 보면 더욱 그렇다. 그들은 후궁들과 희희낙락하는 게 일과였고, 그것을 생의 즐거움과 보람으로 알고 살았다. 그들에게서는 군왕으로서 훌륭한 치적을 남기겠다는 보다 성숙된 성취욕은 기대할 수가 없었고, 겨우 원시적인 번식욕의 충족에 만족하고 있었다. 그 틈을 타고 간신들은 아름다운 미녀들을 바쳐서 환심을 샀고, 그럼으로써 자기의 권력유지와 자리유지에 원용하고 있었다. 한마디로 그들은 사람의 원시적인 성취욕의 충족은 뭐니 뭐니 해도 색욕이고, 색욕은 번식욕으로부터 파생되는 것이며, 이를 잘 충족시켜 주는 게 자기의 자리 유지에 가장 효과적인 방법임을 잘 알고 있었다.

일정시대에 일본사람들이 이러한 인간의 본성을 가장 잘 헤아려서 한국인의 축첩행위를 굳이 금하지 않았다고 보는 게 필자의 생각이고, 이는 한국을 지배하는 데는 이런 기풍을 방임하는 게 민족감정이나 독립에 대한 관심과 국가대사에 대한 관심을 멀게 하는 좋은 방법이 될 수 있다고 보았기 때문에 그랬다고 본다.

다만 성욕을 일명 색욕이라고 표현하는 것은 남성 중심의 용어이다. 다시 말하면 남자가 여자를 탐내는 것을 색욕이라고 표현하는 것이다. 그러므로 여자는 한마디로 "색"이 되는 것이다. 이 때문에 여자를 좋아하는 사람에겐 "여색을 가까이 하지 말고 조심하라"고 경고한다. 하지만 속언엔 이런 말도 있다.

"여자 싫어하고, 돈 싫어하는 사람 있으면 한 번 나와 보라고 해."

이 말은 돈 좋아하고 여자 좋아하는 사람들이 즐겨 쓰는 말이기도 했다. 이러한 직설적인 표현은 그들이 자기변호를 위해서 꾸며낸 말이기도 하지만 남성들의 욕구를 가장 적나라하게 잘 표현했다고 볼 수도 있는 말이다. 또한 이러한 직설적인 표현은 그들이 자기 합리화를 위해 꾸며 낸 말이기도 하나, 이 말을 뒤집어본다면 남성들의 본심과 본성을 가장 진솔하게 잘 표현하고 있는 말이기도 하다.

2. 남성들의 호색과 여성들

남성들이 무엇 때문에 그토록 색을 좋아하는 것일까. 그것은 바로 자기의 생명을 연장시켜 주는데 절대적으로 필요한 게 여성이기 때문이다. 이 때문에 장가가고 시집가는 것과 사랑하는 것, 연애하는 것 등을 깊이 살펴본다면, 하나도 빠짐없이 자기와 배우자의 유전자를 통해서 우리들의 생명을 연장시키기 위해서다. 따라서 남녀의 만남은 결국 우리들의 유전자를 남기고자 하는 행위에 불과한 것이다. 하지만 어느 노총각이 그런 이유만으로 모처럼 예쁜 처녀와 첫선을 보면서, 모든 것을 솔직히 털어놓자는 마음과 함께 빨리 자녀들을 얻고 싶

은 심정으로,

"나는 알다시피 노총각이오, 아들, 딸이 급합니다. 그러니 당신이 꼭 반려자가 되어주어야겠습니다. 서둘러 나와 빨리 결혼해 주실 수 없을까요."

라고 말하면서 너무 솔직한 표현을 썼다고 가정하자. 그럴 경우, 거의 모든 여성들은 거부반응을 일으키면서, "초면에 별 실없는 소리를 다 하네"라고 면박하거나, 아니면 마음속으로만 극히 유치한 사람으로 치부하면서, 조용히 일어서서 나가버릴 것이다. 이때, 조금 과격한 여성이라면 "세상에 이런 자식이 다 있어" 하고 뺨을 때릴 수도 있을 것이다.

이러한 결과는 여성만이 아니다. 여성이 초면인 남자 앞에서 그와 비슷한 직설적인 표현을 썼을 경우, 남자는 오히려 더 격하게 화내며 일어설 지도 모른다. 그로 보면 그런 유치한 표현은 누구도 받아들일 수 없고, 또한 언제 어디서나 배척받을 수밖에 없는 언행들이다.

반대로, 남녀가 처음 만났을 때 차라도 나누면서 직설적인 결혼이야기나 자녀이야기 등의 이야기는 쏙 빼고, 오로지 문학이야기나 영화이야기, 아니면 직장이야기, 그 외에 학교 다닐 때의 즐거웠던 이야기 등을 화제로 삼아서 자연스럽게 대화를 나눈다면 그 분위기는 더없이 훈훈해질 것이다. 그러면서 환경 좋고 분위기 좋은 식당에서 식사라도 맛있게 하면서 다음에 다시 만날 약속을 하거나 전화번호라도 교환한다면, 자리를 박차고 일어서거나 뺨을 얻어맞는 비극과는 달리, 그 결과는 하늘과 땅만큼이나 큰 차가 생길 것이다.

그 후에 만나서도 고상하고 품위 있는 대화를 계속 나누면서 세련된 매너와 상대를 존경하는 자세를 보인다면 둘 사이는 자연스럽게 정이 들게 되고, 결국은 사랑하는 마음까지 생겨서 더욱 자주 만나게 될 것이다. 결국 두 사람은 그런 과정을 통해서 사랑이 무르익어가게 되고 결국은 결혼까지 하게 될 것이다. 하지만 그 후에 보면 의도적인 피임을 하거나 불임의 부부가 아니라면 반드시 아들이나 딸을 낳게 된다.

그러한 결과만을 놓고 본다면, 당초에 직설적으로 말했던 "아들딸이 급하니 빨리 결혼해 달라거나 당신이 꼭 필요하다"라는 말이 그대로 실현되었으므로 그 말이 더 진솔했음을 알 수 있다. 그렇다면 수식과 꾸밈이 없는 직설적인 표현이 더 진솔했는데도, 왜 그런 말은 싫어하고 우회하여 꾸며서 하는 말에는 호감을 갖게 되는 것일까?

이를 보면 원래 사람들이 타고난 본성은 직설적인 표현을 지극히 싫어한다는 것을 알 수 있다. 이러한 사실들을 살펴본다면 적어도 인간사회에서는 그런 직설적인 표현이 전혀 용납되지 않는다는 것과, 사람들은 본색을 감추고 짙은 화장으로 위장하여 말과 행동을 꾸며대는 것을 몹시 좋아한다는 것을 알 수 있다.

그러면서 그런 사람을 고상하고 세련된 사람이라고 말한다. 이를 볼 때 사람은 원래 마음속 깊이 숨겨져 있는 본원적 욕구는 완벽하게 숨긴 채, 행동하는 경향이 몹시 강하다는 것을 알 수 있고, 그게 바로 사람의 특성이기도 한 것이다. 또한 얼핏 겉으로만 보면 청춘남녀 간에는 오로지 사랑하기 때문에 만나는 것일 뿐, 결코 자녀를 낳기 위한 목적으로 만나는 게 아니다.

또한 본인들의 행동이나 마음가짐도 사랑하기 때문에 만난다고 생각하는 것일 뿐, 결코 자녀를 낳기 위해서 만나겠다는 생각은 전혀 없는 것이다. 결혼한 후에도 사랑하기 때문에 마음이 이끌려서 성관계를 하게 되는 것일 뿐, 결코 자식을 낳아야겠다는 생각으로 성관계를 하는 사람은 없다.

따라서 두 몸이 한 몸이 되어 성을 즐기더라도 남자는 자기의 만족보다 아내의 도취감 도달을 위해 온 힘을 다 하게 되고, 아내는 남편을 위해 헌신적으로 봉사할 뿐이다. 이때는 어느 누구도 애를 낳기 위해 사랑하고 있다는 의식으로 섹스 하는 사람은 하나도 없다. 그럼에도 불구하고 사정하고 나면, 3억의 정자들은 제각기 힘껏 헤엄쳐서 난자를 향해 돌진하게 된다.

이때, 난자가 대기하고 있으면 그중 한 정자가 자기 머리의 효소로 표피를 뚫고 들어가 난자에 먼저 착상함으로써 아들, 딸이 되는 것이나 우리는 이를 자각하지 못한다. 이러한 사실을 좀 더 깊이 살펴본다면, 인간의 욕구들은 모두 진실과 본색이 미화된 채 깊이 감춰져 있고, 또한 두터운 화장술로 포장되어 있어서 본바탕이 어떻게 생겼는지를 모르도록 위장되어 있음을 알 수 있다.

이는 무엇을 말하는가. 사람은 원래 꾸밈이 많고 자기 행위를 미화하려는 의지가 엄청나게 강해서 얼핏 보아서는 참 진실을 모르도록 하는데 탁월한 능력을 가지고 있음을 알 수 있다. 또한 이러한 능력을 가장 잘 활용하고 유지하는 자가 유능한 자이고, 그 중에도 독재자들이 가장 잘 활용하고 있지 않을까 생각하고 있다.

하지만 이러한 위장의 문화도 그 탈을 벗고 직설적으로 행하는 경우가 있다. 예를 들면 씨받이로 여성을 선택하여 후손을 잇는 경우다.

본처와는 이혼하지 않고, 대리모로 후손을 낳게 하면서 출산 후, 곧바로 본처가 데려다가 양육하여 자기가 낳은 자녀처럼 키우는 경우가 그것이다. 이러한 경우만 보면 사랑하기 때문에 섹스하는 게 아니라 오로지 자기의 DNA를 연장하기 위해 섹스 한다는 말이 더 정직한 표현이 된다. 하지만 위장된 행동이 오히려 문화와 예의 또는 관습과 풍속 때문에 권장되거나 칭송의 대상이 되기도 하고 선망의 적的이 되기도 한다.

예를 들면 결혼식을 함에 있어서 4~5백 명의 하객을 모셔다놓고 두 시간 이상의 결혼식과 피로연을 베푸는 것을 자주 볼 수 있는데, 이것도 엄격히 살펴보면 하나의 위장된 행동인데도 칭송의 대상이 되거나 선망의 적이 되는 것이다. 결혼식이란 양성이 한 부부가 되어 평생 동안 백년해로를 하겠다는 다짐을 여러 사람 앞에서 하는 것뿐이다. 따라서 그토록 요란스럽게 하지 않아도 될 결혼식임에도, 자기와 신랑신부를 과시하기 위한 의식도 좀 있고, 또한 위장하기 좋아하고 과장하기 좋아하는 면도 좀 있어서 행하는 행위인데도 부러움의 대상이 되는 것이다. 이와 비슷한 목적과 과시용으로 행하는 행사로서는 각종 장례식과 기념행사가 있는데, 이들 행사도 같은 유형으로 보는 게 옳다.

3. 사랑과 번식욕은 생명의 근원

사랑과 성욕번식욕이 얼마나 생명의 근원인가를 무시한 채, 생을 부정하고 여성을 비하한 철학자를 찾는다면 아무래도 쇼펜하우어일 것이다. 그의 세계관이 철저한 염세주의자였고 독설가여서 그랬는지 그의 여성관은 너무 지나치게 여성을 혐오한 면이 있으므로 칭송하기엔 부적절하다.

근자에 이르러서는 재평가하려는 사람도 있고, 특히 러시아의 대문호였던 톨스토이는 "쇼펜하우어Arthu Schopenhauer, 1778~1860는 붓다석가모니와 솔로몬, 소크라테스Socrates, B.C 469~B.C 399와 함께 가장 위대한 현자"였다고 극찬하고 있기도 하다. 하지만 그런 극찬은 그가 여성들을 굉장히 혐오스런 존재로 평가하고 있는데 대한 역설적인 평가일 것이다.

쇼펜하우어의 주장은, 한마디로 여성 때문에 존속하지 말아야 할 인류가 존속하는 것처럼 주장하고 있는 것이다. 그는 그런 예로서, 여성들이 임신이 가능할 연대에서만 예뻐져서 남성들을 유혹하여 임신을 하게 함으로써 존속하지 말아야 할 인류가 존속하는 것처럼 주장한다. 그는 거의 모든 문학작품이나 연극과 희곡 등과 특히 노래들은 항상 남녀 간의 사랑을 주제로 한다고 주장한다. 이러한 주장들을 잘 살펴보면 모두가 맞는 말이고, 또한 일리가 있는 주장이기도 하다.

하지만 그 주장의 밑바탕에는 우리의 삶을 부정하는 염세주의가 자리 잡고 있는 것이다. 그는 실제로 사람의 삶을 비관하면서 그 고통으로부터 해방되는 길은 자살이라고 하면서 이를 큰 미덕으로 권장하고 있다. 그 때문에 쇼펜하우어는 인류의 존속자체를 부정적으로 보고 있는 것이어서 그로서는 당연한 주장일 수도 있다. 하지만 이런 의견에 대하여 그렇지 않다는 반대의견도 있음을 부언해 두나 그를 너무 미화하고 있다는 생각뿐이다.

　남녀 간의 사랑이 사람의 생명연장과 번식에 얼마나 중요하고 또한 섹스가 얼마나 중요한 것인가는 성 불구자간의 이혼이 가장 정당시 되고 있다는 사실과 이혼사유 중 가장 중요한 위치를 차지하고 있음을 보면 알 수 있다. 인간으로서 그토록 중요한 사랑을 부정하면서 번식을 부정적으로 보고 있는 쇼펜하우어나 석가모니의 주장은 결코 모든 인류가 수용할 수 있는 보편적인 진리는 아니다.

　여기서 필자는 남녀 간의 사랑과 성욕번식욕이 얼마나 생명의 근원적인 욕구인가를 상징적으로 알게 해주는 산 체험담을 밝혀봄으로써 사람에게 숨겨져 있는 본성을 밝혀보고자 한다. 남성이 중상을 입고 입원해 있거나 기타 중환자일 경우, 담당 의사조차도 그 환자가 과연 회생할 수 있는 환자인지, 아닌지를 판단하기 어려울 때, 그 회생가능 여부를 시험하는 방법으로 매력이 넘치는 젊은 여성을 이용한다는 것이다. 그 방법은 그 매력적인 젊은 여성으로 하여금 그 환자 앞에 나타나서 왔다 갔다 하게 해서 그 반응을 보면 알 수 있다는 것이다.

　만약 그 때 환자의 눈동자가 그 여성을 쫓으면서 움직여 주면 회생할 수 있는 환자이고, 반대로 귀찮다는 듯이 눈을 감아 버리면 머지않아 죽을 사람으로 단정 짓는다는 것이다. 필자도 그 글을 읽고 확실히 일리가 있는 말이고 진실일 것이라고 믿었기에 밝히는 것이다.

　이를 보면 생명의 연장을 위한 색욕은 번식을 위한 방편이고 또한 인간에게 가장 중요한 생존의 명분이며, 그게 바로 번식력이 되고 있고 성욕이 되고 있다고 보기 때문에 색욕은 바로 생명의 원천이며 증표가 된다.

그렇다면 남성만이 성욕이 왕성하고 여성은 피동적으로만 움직이는 것일까. 이와 관련하여 필자가 직접 체험했거나 직간접적으로 들었던 사실들을 밝혀서 여성도 남성처럼 왕성함을 밝혀서 생명의 근원을 밝혀 보려고 한다.

4. 젊은 과부가 겪었던 참담한 모습들

필자가 16세 때의 어느 겨울날 새벽이었다. 신기촌에서 여로마을로 이사하기 4~5개월 전이었다. 초겨울 때였는데 새벽에 난데없이 1년 전에 남편을 사별한 여인이 찾아왔다. 그의 죽은 남편은 아버지와 동갑이었고, 상당히 똑똑한 젊은이여서 일정 때는 마을에서 이사장을 도와 주사를 하고 있었다. 그 때문에 그들은 그리 굶주리지 않고 살아왔다. 그는 해방이 되자 그 충격 때문인지 곧 아프기 시작하더니 이사장과 불과 몇 달 사이에 둘 다 죽었다. 그때 아버지의 나이가 36세였으므로 그의 남편은 35세에 죽은 셈이다.

그날 새벽, 아버지는 도박판에 가셨던지 집에 없었다. 그녀는 어머니에게 너무 외로워서 찾아 왔노라고 했다. 낮에는 그렁저렁 견딜 수가 있으나 밤이 되면 남편이 금방 걸어 들어오는 것 같은 발자국 소리가 들리고 곧이어서 "여보 문 열어"라고 말하면서 문을 흔드는 것 같아서 문을 열어보면 아무것도 없더라고 하면서 깊은 한숨과 함께 눈물을 짓고 있었다.

필자는 신체적으로 늦게 성장한 탓인지 그녀가 찾아온 게 무엇을 의미하는지 전혀 깨닫지 못했다. 그 후 음력 정월에는 물귀신을 달래기 위해 경을 읽는 집이 많아졌다. 그때 그녀는 눈에 띄게 경쟁이와 어우러지는 것을 보고 여인네들은 큰 화제를 만난 듯 수군대고 있었다. 마을이 탑천 가에 있는 탓인지 거의 매년마다 익사자가 생겼고, 필자의 세 살 아래 남동생도 필자가 3학년 때 여름에 익사했다.

공교롭게도 뒷집 30대 젊은이도 직전 여름에 익사했으므로 탑천은 그야말로 공포의 강이었으므로 경을 많이 읽었다. 그때 수액水厄을 면해 달라고 하면서 용왕께 축원하고 있었고, 원혼을 건지는 행사도 되풀이되고 있었다. 그녀는 결국 그 경쟁이와 어우러진 끝에 임신을 했다. 그 후 곧 행방을 감췄고, 끝내 모습을 보이지 않았다. 그 후 마을 사람들의 화제는 온통 그녀의 이야기뿐이었다.

필자는 40대가 되면서 이 사실을 다시 되새겨 보게 되었다. 그러면서 마을 사람들의 당시 대응자세가 너무 잔인했다는 생각이 들었다. 당시의 여인들은 자기들 같으면 절대로 정숙할 것처럼 수군대고 있었으나 필자의 생각은 전혀 달랐다. 한마디로 그녀가 본래 화냥기가 있는 여인이어서 그런 게 아니라 여러 자녀를 둔 경산부였기 때문에 어쩔 수 없는 자연의 준엄한 섭리에 순응한 결과라고 보는 것이다. 그 여인은 얼굴도 예쁜 편이었고 매우 활달해서 평소에도 남정네들과 농담을 잘 해오던 여인이긴 했으나 그것만으로 그 여인이 그리된 것은 아니므로 그토록 잔인하게 난도질 할 수는 없는 것이었다.

그 후의 필자의 경험과 청상과부였던 어느 할머니의 한 맺힌 이야기를 아내로부터 전해 듣고 모든 사람들의 대응자세가 매우 잘못된 것이었다는 마음이 더욱 굳어지게 되었다. 왜냐하면 그로부터 약 20년이 흐른 후, 필자는 강원도 명주군 묵호읍동해시에서 셋방을 살면서 공무원을 시작했다.

그때 아내는 이웃에 젊어서 과부가 된 후 혼자 살고 있는 한 할머니와 친숙하게 되었다. 어느 날 아내는 놀란 눈으로, "오늘 할머니의 허벅지를 보여주어서 보았는데 인두로 짖었다는 흉터가 너무나 많고 흉악하고 처절해서 놀랐다"는 것이었다. 그 할머니의 말에 의하면 아이 몇을 낳고 과부가 되었는데 막내가 젖이 떨어질 즈음부터 남성이 그리워지기 시작하여 견디기가 매우 힘들었고, 특히 밤이면 심해져서 그것을 이겨내려고 인두를 달구어서 수없이 허벅지를 지져댄 결과가 그런 흉터를 남겼다는 것이었다.

설사 남편이 있다 하더라도 그가 어떤 계기로 정자 부족으로 생식능력을 잃었다면 그때도 똑같은 결과가 오는 것이므로 결국은 임신해야 치유되는 고통이었다. 이를 보면 인간의 의지만으로 생리현상을 이겨 낼 수는 없음을 알 수 있고, 따라서 번식욕구는 남녀 간에 똑같이 무섭고도 근원적이어서 인간의 의지만으로는 결코 억제할 수 없는 것임을 알 수 있다.

누가 무어라 해도 자기 스스로 자기 허벅지를 지져대는 고통은 고문보다도 더 견디기 힘든 고통이다. 이와 관련하여 우리의 조상들은 부모를 살려보려고 허벅지를 베었다는 일화가 많이 전해지고 있다. 백범일지에 의하면 김구 선생도 자기 부친을 살려내기 위해 허벅지를 벤 일이 있다.

옛날에 중국의 어느 유명한 분이 자기 허벅지를 베어서 아버지에게 바침으로써 효를 다했다는 이야기는 수없이 많이 전해지고 있다. 하지만 아무리 생각해도 인두로 자기 허벅지를 지지는 행위는 고문보다 더한 고통이었으므로 상상만 해도 몸서리쳐지는 극형이다. 그때 필자는 그 할머니가 불로 달군 인두로 자기 허벅지를 스스로 지졌다는 말을 듣고, 오죽 참기 힘들었으면 자기 살을 자기가 지졌겠는가, 라는 연민의 정이 생겼다.

특히 할머니가 말하기를 "한참 남자가 그리울 때는 아무것도 생각나는 게 없고 오직 남정네만 생각났으며, 또한 문 앞에 지나가는 남정네가 있으면 무조건 끌어안고 싶었다"는 이야기와 밤엔 남정네의 그림자가 문 앞에 얼씬거려서 혼났다는 이야기, 그리고 그런 증상을 매월마다 겪으면서 10여 년도 더 고통스러워했으나 경도가 없어지면서 그 고통도 사라졌다는 말을 듣고 그게 배란기 때여서 그랬구나 하는 생각이 들었다.

그 외에도 6 · 25전쟁 때 소대규모의 경찰병력을 이끌고 지리산에 갔다가 홀로 있는 여인 집에서 하룻밤을 자면서 겪었던 어느 보통 고시 선배의 이야기는 여성의 번식욕이 얼마나 강한가를 보여주는 실화였다. 그때 한 방에서 10여 명의 남성이 같이 잤는데도, 그 여인은 염치불고하고 선배의 몸을 더듬기에 섹스를 했단다.

또한 어느 과부댁에 하숙한 공무원은 밤에 항상 그 과부의 방문을 받았다는 이야기. 그 외에 남편이 자녀 4인을 낳은 후, 이상하게도 생식능력을 잃어서 10년 만에 다른 씨를 낳았고, 다시 또 다른 씨를 받아 아이를 낳으면서도 섹스를 즐긴 게 아니라 겨우 접촉 단계에서 정액을 빼앗아서 임신했다는 이야기 등은 여성의 번식욕이 얼마나 강렬한

가를 보여주는 좋은 예화다.

하지만 같은 여성이라도 결혼을 안 한 여성은 차라리 괜찮다고 한다. 그리고 하나쯤 낳아본 여성은 그런 고통은 없다고 한다. 하지만 3, 4명의 경산부들은 신체의 체질자체가 자녀를 생산해야 하는 체질로 완전히 변화됨으로써 그게 참기 어려운 고통으로 진전되어 여성들을 괴롭히면서 자상행위까지 하게 되는 것이다.

이 같은 자연의 무서운 섭리를 어찌 불경이나 성경, 또는 성인들의 고상한 가르침만으로 막아 낼 수 있겠는가. 그리고 어찌 고답적인 철학자들의 말씀 하나로 이를 막아 낼 수 있겠는가.

그런데 쇼펜하우어와 붓다는 인간의 성욕을 강력히 부정했다. 그런 부정적인 철학과 종교로 과연 인류의 성욕을 말살시키고 인류의 행복을 이룩할 수 있다고 생각했는지 매우 의아스러운 것이다. 오히려 그들의 주장과 종교는 인류를 구원하는 보편적인 가치가 될 수 없고, 인류만 멸종시키는 인류에 대한 반역적 철학이었다. 또한 그런 주장들은 지극히 편협한 주장으로서 극히 일부의 진리만을 표현한 것에 불과했으므로 필자는 단호한 마음가짐으로 비판하는 것이다.

제5장

지배력과 지배욕, 성취욕번식의 본질

1. 삶과 지배력, 지배욕, 성취욕과 정의감

삶과 지배력, 지배욕, 성취욕이란 무엇인가. 그것을 정확히 이해해야만 먼저 생生과 사死 그리고 영혼문제를 정확하게 이해할 수가 있다. 그에 대해선 이미 성인들은 물론, 많은 철학자들과 과학자들도 깊이 있게 밝힌 바 있으므로 더 할 말이 없을 수도 있다. 하지만 필자도 그에 관하여 많은 생각을 한 바 있으므로 이를 밝혀서 인류의 불행을 덜고자 한다.

먼저 말할 수 있는 것은 누구나 다 아시다시피 생과 사는 우리의 의지와는 관계없이 이루어지고 있고, 식욕과 색욕도 우리의 의지로 좌우할 수 없음을 상기한다면 모든 게 자연의 섭리이고 우주의 섭리임을 알게 될 것이다. 이러한 사실은 모든 생물도 마찬가지다. 그들도 자기의 의지와 관계없이 태어나서 삶의 소임과 목적을 달성한 후, 다시 자기의 의지와 관계없이 원 위치인 우주지구로 돌아가고 있고, 그게 곧 죽음이다.

이는 사람을 보더라도 임신 초기의 단세포가 분화하여 성장할 때, 우주지구에 있는 원소들을 끌어드려서 60조100조설까지 있으며 최근은 뇌의 신경세포만도 300조 주장 나왔음의 세포로 성장했고, 그 후에는 끊임없이 대체되다가 마지막엔 힘이 다하여 죽으면 박테리아의 분해에 의해 다시 우주지구로 환원하고 있으므로 그리 주장하는 것이다.

그러므로 사람이나 모든 생물들은 죽기 전에 맡은 바 소임과 목적을 이룬 연후에 죽어야 비로소 제 몫을 다하는 죽음이 되는 것이며, 그 소임과 목적이란 종족 번식의 굳건한 실천이다.

따라서 태어난다는 것은 종족 번식의 소임을 다 하게 하기 위해 태어나는 것이며, 그 소임은 자기종족의 영속을 위한 방안의 하나로 종족 번식이라는 소임을 부과하고 있는 것이다. 이를 원활하게 수행시키기 위해 사람에게는 지배력힘과 건강과 지배욕을 갖추게 했으므로 지배력과 지배욕은 성취욕, 즉 종족 번식을 위한 동력이다. 이를 보면 지배력과 지배욕은 근원적으로 보면 번식을 위해 부여되었다. 그 때문에 번식욕은 모든 생물의 근원적인 성취욕이 되고 있으며, 그를 위해서 성행위의 즐거움을 주었고, 특히 사람에게는 이를 효과적으로 수행시키기 위해 지모두뇌까지 길러졌다.

그 지모에는 기억력과 추리력, 판단력과 상상력 등이 있으나 그 중에서 기억력이 중추적인 역할을 하고 있고, 문화의 창조력만은 추리력과 상상력이 더 기여하고 있다. 또한 판단력은 옳고 그름과 하고 안

하고를 잘 알려주고 있고, 추리력과 상상력, 기억력이 바른 판단을 하도록 도와주고 있다. 우리는 이를 정신력이라고도 하고, 맘이라고도 하며, 한편으로는 혼 또는 영혼이라고도 한다.

그러면서 지모나 정신력, 즉 혼이나 영혼은 육체와 달라서 죽거나 사는 게 아니라 영원히 존재하는 것으로 이해한다. 그 때문에 영혼을 존숭하고 위로하기 위해 제사를 지내거나 사당을 지어 존숭의 뜻을 표하면서 기념행사나 제사를 지내고 있다. 이러한 행사와 관련하여 우리나라에선 현충원과 현충사, 재각齋閣 등이 대표적인 성전聖殿이 되어 그 역할을 수행한다.

여기에서 우리는 영혼의 존재가 크게 논란된다. 왜냐하면 영혼이 없다고 전제할 때, 인류의 문화는 뿌리 채 흔들릴 수 있기 때문이다. 한마디로 영혼이 절대 없다고 단정해버리면 인류의 문화생활은 극히 무미건조해진다. 따라서 사후에 베풀어지는 어떤 존숭과 위로를 위한 기념식과 제전도 모두 무의미해지고 무가치한 행사가 되어버린다.

이와 관련하여 조선조의 개국공신인 정도전은, 나무나 짚을 불태우면 연기는 날아가고 재만 남는데 이는 마치 사람이 죽으면 육체는 흙으로 남고 영혼은 하늘로 날아가는 이치와 똑같다고 주장했다. 이러한 비유는 매우 근사한 비유이기는 하지만 과학적으로는 증명할 수 없는 비유다.

우리는 영혼 문제를 어떻게 이해해야 할까가 매우 중요하다. 이에 대한 필자의 생각은 영혼의 실존여부를 논하는 것은 가장 현명치 못한 담론으로 보고 있다. 왜냐하면 영혼 문제는 진실성보다 인류문화의 차원에서 이를 긍정적으로 판단함이 옳은가, 아니면 부정적으로 봐야 할 것인가를 사려 깊게 살펴봐야 할 과제이기 때문이다.

우리는 예수와 불타가 한 말을 되새겨 볼 필요가 있다. 그들은 하느님과 부처의 존재에 관하여, 하느님과 부처는 맘속에 있다고 주장했다. 이를 얼핏 생각해보면 웃기는 말 같기도 하지만 맘속에 있다고 생각하고 믿으면 있는 효과가 있기 때문에 당연한 말이다. 이러한 사실은 반드시는 아니나 증류수를 진통제로 믿고 맞으면 진통의 효과가 있고, 무당도 믿으면 그 효험이 있는 데서도 알 수 있다.

서구의 철학자 중에는 세상만물은 오로지 의지의 소산으로 주장한 사람들도 있다. 따라서 맘으로 있다고 믿는 게 인류문화에 보탬이 된다면, 굳이 없다고 생각하는 것보다 있다고 믿는 게 더 현명하다. 그러므로 이런 경우는 진실이 더 중요한가, 아니면 어질고 현명함이 더 중요한가를 따져야 한다. 따라서 진실과 현명을 놓고 볼 때, 진실보다는 오히려 어질고 현명함을 선택해야 옳다고 본다. 예를 들어서 어머니가 장독대에 정화수 한 그릇을 떠다 놓고 자식들 잘되라고 비는 행위를 미신이라는 이유만으로 걷어차는 게 옳은가, 아니면 그 어머니의 정성을 높이 받들어서 훌륭한 아들이 되겠다고 다짐하는 게 옳은가. 그리고 부친의 묘소에서 성묘하면서 훌륭한 아들이 되겠다고 맹서하는 그 아들을 두고 흙이 돼버린 묘에 절하는 것은 미신이니 집어치우라고 하면서 떠밀어야 하는가, 아니면 그 효심을 높이 칭송하면서 격려함이 옳은가.

이런 경우는 진실보다는 슬기와 현명, 옳고 그름을 가려서 선택하는 게 보다 현명한 것이다. 그러므로 영혼을 부인하여 삭막한 삶을 사는 것보다 영혼이 있다고 전제하고 각종 행사를 베푸는 게 인류문화를 보다 훈훈하게 할 수 있고, 사람의 가치를 드높이는 데 크게 도움이 될 것이므로 그를 믿고 선택함이 옳고, 또한 이게 사회정화에도 더 기여하게 된다.

이는 곧 확신에 찬 정의의 투사들이 영혼의 존재를 믿고 용기를 내서 목숨을 버릴 수 있게 함으로써 인류문화발달에도 크게 기여하게 할 수 있게 하는 이치와 같다. 그러므로 여기서 필자는 영혼의 존재 여부에 대한 논쟁에 종지부를 찍고 다시 사람의 생사와 관련된 논제로 넘어갈까 한다.

이미 앞서 말한 바와 같이 생과 사의 현상은 생사의 반복이 없이는 번식도 불가능하기 때문에 생사는 반드시 있어야 할 현상이다. 만약 죽음이 없고 오로지 삶만 있다면 이 지구는 포화상태에 빠져서 결국은 모두 다 죽게 될 것이므로 반드시 있어야 할 현상이다. 거꾸로 죽음만 있고, 생이 없다면 그 경우도 아무것도 남는 게 없으므로 우리에게 생과 사를 부여한 것이다.

이는 종족 번식을 이뤄야 진화하고 발전할 수 있는 것이므로 그를 위한 의지의 표현이며, 그를 위해 즐거운 성취욕번식욕을 부여했다. 그 때문에 번식이 성취욕의 핵심적인 원천임을 알 수 있다. 이러한 사실은 일반 동물들을 보면 더욱 명백하다. 그러므로 삶과 죽음이 없다면 번식도 없고, 또한 진화와 발전도 올 스톱되어 무미건조한 사회가 되어버릴 것이다.

그를 보면 생물의 기본을 이루는 번식을 위해서 생과 사를 우리에게 부여했고, 이로써 모든 생물이 모두 진화하고 발전해 왔다. 그 중에도 사람이 가장 많이 진화하고 발전해 온 것만은 틀림없다. 그렇다면 어느 정도로 발전하고 진화해 왔을까. 이를 거슬러 올라가면 한이 없을 것이므로 모두 생략하고 사람이 바다에서 육지로 기어 올라온 때부터 서만 생각해 보기로 한다. 인류학자들의 말에 의하면 약 7~8천만 년 전에 사람이 바다에서 뭍으로 상륙했다고 주장하면서 그때의 크기는 쥐만 했으며, 처음에는 밤에만 기어 다니는 야행성이었다고 주장한다. 이때는 공룡이 지구를 지배하고 있을 때여서 낮에는 돌아다닐 수가 없었기 때문이라고 말한다. 하지만 약 6450만 년 전의 지구 대재앙 때, 공룡이 멸망함으로써 비로소 주간활동이 가능하게 되었다고 한다.

그토록 쥐만 했던 사람이 클 수 있었던 것은 번식을 되풀이하면서 잘 먹었기 때문이며, 1세대30년에 0.01%씩 몸무게가 증가한다 해도 36만 년, 즉 1만 2천 세대만 거치면 코끼리만큼 클 수 있다는 연구결과도 나오고 있어서 오늘의 사람크기는 당연하다고 주장한다.

만약 사람에게 생과 사라는 현상과 번식이 없었다면 어찌 이토록 진화하고 발전할 수 있었겠는가. 따라서 생과 사는 번식과 함께 모든 생물의 기본적 속성이다. 하지만 단순한 번식만으로는 진화와 발전을 효과적으로 달성시킬 수 없기 때문에 우리에게 지배력과 지배욕, 그리고 지모두뇌를 키워주었다. 이러한 사실에 비추어볼 때, 선조들이 우리를 이 세상에 태어나게 했고, 또한 성장하게 한 것처럼, 우리들도 선조들을 본받아서 그 소임을 다 해야 하는 게 사람의 본성에 합치하는 행동이다.

다만 규범과 관습 등이 남성 위주로 되어 있어서 얼핏 보면 종족 번식의 영속성이 남성을 낳을 때만이 가능한 것처럼 생각할 수도 있으나 이는 사람이 만들어 낸 제도에 불과하다. 따라서 아들이든 딸이든 부부 한 쌍이 둘 만 낳아서 키우면 우리의 기본적 소임은 다하는 것이 며, 더 낳으면 초과 달성하는 것이 된다. 이 같은 소임을 다 하게 하기 위해 우리에게는 사랑이라는 즐거움을 주었고, 우리의 뇌리 속에는 항상 사랑이라는 즐거운 환상 속에 살도록 해 주었다. 그리고 이를 위한 최종 단계의 섹스에서는 극치감과 희열을 만끽하도록 해 주었다.

또한 종족 번식을 위해 자녀를 양육함이 즐거움으로 느끼도록 해 주었고, 그런 소임을 효과적으로 수행시키기 위해 지배력과 지배욕을 부여해 준 것이다. 이러한 사실은 지배욕 자체가 지배력이 없으면 아예 생길 수도 없고, 유지될 수도 없으며, 이 경우 성취욕번식욕도 없어질 것이기 때문이다.

지배력이란 무엇인가. 원래의 모습은 힘과 건강이었으며, 이를 이용하여 우리 인체에 필요한 모든 것을 취득할 수 있는 일련의 능력과 작용이고, 동력이며 현대 용어로는 실력이고 사회적응력이다. 하지만 그런 능력이 없으면 지배욕은 물론 성취욕도 공염불이며, 이러한 사실은 어린 아이들과 죽기 직전의 환자를 보면 이해가 될 것이다.

2. 지배욕과 정의正義감, 사욕私慾과 독재는 한 뿌리에서 나왔다

사람의 본성을 생각하면서 가장 관심이 가는 것은 지배력과 지배욕, 성취욕과 정의감과의 상관관계다. 이들 욕구들은 본래 가치중립적이며, 또한 사람이면 반드시 갖고 있어야 할 본성이다. 그런 연유로 이들 본성과 사리사욕인 독재와의 상관관계를 똑바로만 알 수 있다면 인류문화발달에 크게 기여하게 될 것이다. 그것은 정의감이 하늘을 찌를 듯했던 사람들이 말년엔 거의 모두 독재자로 변질하는 것을 보아왔기 때문이다.

정의감을 조용히 살펴보면 그 모태는 지배욕이고, 독재의 모태도 지배욕이며, 그때 지배욕의 지시로 지배력이 움직일 때, 정의감 때문에 지배력이 발동하면 정의의 투사가 되고, 단순히 지배를 위한 지배욕의 지시로 지배력이 발동할 때는 자기의 사리사욕과 권력유지만을 위해 지배력이 발동하는 것이므로 독재가 된다. 이때 정의감으로 무장한 지배력이 이기면 정의가 실현된 것이므로 그 때엔 더 지배력을 발동할 필요가 없어져서 지배욕도 누그러지므로 그 때엔 지배욕이 없는 것처럼 보인다. 이는 곧 정의감도 지배욕이 그 뿌리이고, 지배욕은 종족 번식을 보다 효과적으로 수행시키기 위해서 부여된 것임을 알 수 있고 궁극적으로는 성취욕번식욕도 지배욕의 도움을 받아야 비로소 제구실을 할 수 있음을 알 수 있는 것이다.

다만 지배욕이 지배력의 근원인데도 정의감으로 미화하는 것은 그래야만 모든 백성들의 공감을 얻을 수 있는 가장 효과적인 투쟁방법이 될 수 있기 때문이다. 따라서 지배욕의 표면을 정의감으로 포장하고 있다가 정의감의 목적이 달성되면 정의감은 필요 없으므로 자취를 감춰버린다.

그 때엔 그간 그 정의감에 가려서 잘 안 보였던 지배욕과 지배력만이 노출되는 것이다. 그런데도 지배욕이 지배력을 계속하여 발동시키면 불필요한 발동이 되므로 번거로운 경우가 많아서 독재가 되는 것이다. 그에 대한 실례를 들어본다면 중국의 마오쩌둥毛澤東의 말년과 김일성의 말년, 그리고 카스트로의 말년을 보면 확연히 드러난다.

한마디로 그들의 말년은 정의와는 정 반대로 부패와 타락, 인면수심의 온갖 만행을 다해왔음을 주변 인사들에, 마오毛의 22년의 주치의, 리즈쑤이의 회고록의 회고록으로 확연히 드러나고 있는 것이다. 이는 이미 정의감이 실현하려 했던 일이 성취됐으므로 그때엔 정의감의 대상인 불의가 없어졌으므로 조용해야 하나 그래도 지배욕과 지배력은 그대로 발동되고 있으므로 그 때엔 정의로운 발동보다 불필요한 발동이 더 많게 되는 것이다.

여기서 가장 중요한 것은 원래 지배력과 지배욕의 본바탕 모습은 가치중립적이었음에도, 그가 정의감의 탈을 쓰고 무엇을 이루어 보려는 성취욕 때문에 지배욕과 지배력을 발동시킨 것이므로 성취욕의 목표가 최종으로 달성된 후에라야 그게 진정한 정의이었는가 여부를 알 수 있음을 유의해야 한다. 그런 예로서는 해방 후의 조선공산당이 지배욕의 충족을 위해 정권탈취를 하려고 지배력을 발동시켰을 때, 정당의 정권획득을 위한 행위는 본연의 권리이므로 가치중립적이어서 당시엔 정의감의 정당성을 판단할 수 없었으나 그 후에 일어난 세계사의 흐름을 보고서야 비로소 불의였음을 알게 되었고. 이로써 필자의 주장을 이해할 수 있을 것이다.

이때 그 성취욕의 목표인 정치나 사회개혁 등을 시행해 본 결과. 그게 현실에 맞지 않아서 부작용만 낳는 경우가 많았다. 그런데도 그들은 당초의 목표에 미련이 남아있어서 끝까지 이를 성취해 보려고 지배력을 정의란 이름으로 계속하여 발동했던 것이나 그게 오히려 시대 흐름에 역행하는 결과만 더 쌓였으므로 그때의 정당 활동은 지배욕의 충족을 위해 발동하는 결과밖에 안 된 것이다. 이러한 이론을 현실정치에 적용해보면 공산당들의 활동과 공산혁명의 성취와 그 결과가 바로 그런 예가 된다.

그 때 당사자는 두뇌회전의 부족으로 그것을 깨닫지 못하거나 설사 깨달았다 하더라도 당초의 지배욕과 성취욕에 미련이 남거나 권력에 미련이 남아있어서 그게 정의라고 우기면서 지배력을 끝까지 행사한다. 하지만 그러면 그럴수록 백성들은 그게 아니라고 하면서 더욱 강력하게 저항한다.

그때 그 저항에 굴복하면 그들의 존재가치가 없어지는 것이므로 그때엔 마땅히 모든 것을 단념하고 지배력의 정점인 권좌에서 물러나야 한다. 하지만 역사를 돌이켜보면 그 경우, 물러나기는커녕 오히려 본래 타고난 본성대로 지배욕과 지배력을 더욱 강력하게 발동시키고 있는데 그게 바로 독재가 된다. 이를 다른 각도에서 그 바탕을 보면 지배욕의 충족을 위해 지배력을 남용하는 경우가 된다.

이러한 사실은 역사가 증명한다. 그것은 권좌에 있었던 사람들이 물러날 때, 어쩔 수 없이 물러나고 있을 뿐 스스로 잘못을 뉘우치면서 자진하여 물러나는 일은 절대로 없었음을 보면 알 수 있다. 특히 정의감이 강하고 지배욕이 강했던 사람일수록 끝까지 반항하면서 백성들을 들볶아 댔다. 그것은 본래 남달리 강했던 지배욕을 그대로 변함없이 행사하고 있기 때문에 생기는 현상이며 그게 바로 독재였고 비극이었다. 따라서 그때엔 그들이 무어라고 변명하든 그들은 사리사욕에 사로 잡혀있는데도, 오직 그 지배욕 때문에 온갖 궤변을 다 늘어놓으면서 자리유지에 급급하는 것이다. 그 같이 지배욕의 지시로 무리하게 지배력을 행사하면서도, 자기의 지배력 행사는 가장 역사적이며, 정의롭다고 주장한다. 그때의 지배욕은 자기의 권력유지만을 위한 지배력의 행사임에도 비판자들을 탄압하고 투옥시킨다. 하지만 이게 오히려 혹독한 독재자가 되어 더욱 정의감의 투쟁대상이 되어간다.

여기서 잠깐 정의감이 발동할 때의 심리를 살펴보기로 하자. 그러려면 먼저 불의를 전제해야 하나 불의의 형태는 천태만상이다. 구체적으로 살펴보면 외국의 군대가 우리나라를 침략하는 행위는 우리뿐만 아니라 인류의 보편적인 가치에서 볼 때도 불의다.

또한 정권담당자가 국민의 의사를 무시하고 권력을 무소불위로 휘두르면서 인권과 인간의 존엄성을 해치는 경우도 지배욕의 지시로 지배력을 남용하고 있는 것이므로 그 때엔 오직 사리사욕 때문에 설치는 현상이므로 그 지배력과 지배욕은 악으로 포장되어 있고, 그래서 불의가 된다.

공직자가 권한을 남용하여 인권을 유린하거나 금품을 갈취하는 것도 지배력의 행사가 되나 사리사욕이 지배력에 올라탄 경우이므로 역시 불의다. 개인 간의 살인, 강도, 절도, 상해, 폭행, 강간, 사기, 횡령, 배임, 등 수많은 범죄도 모두 지배력과 지배욕의 행사가 되나 사리사욕을 위한 행사이므로 불의가 된다.

그로 보면 정의란 그런 불법행위를 물리쳐서 행위자의 의도대로 세상을 바로 세우려는 것이므로 일종의 지배욕과 지배력의 행사가 된다.

이때는 지배력에 정의감이 올라탔다고 볼 수도 있고, 정의감 때문에 싸우는 것이라고 표현할 수도 있는데. 어느 경우든 이를 정의로운 투쟁이라고 말할 수 있다. 이러한 일련의 행위를 냉철하게 살펴보면 그 바탕엔 세상사를 자기 의지대로 만들어 보려는 지배욕이 강하기 때문에 행하는 행위다. 다만 정의감으로 포장된 채 싸우고 있으므로 우리는 그들에게 찬사를 보낼 뿐이다.

여기서 가장 서글픈 것은 그토록 정의감에 불타서 목숨을 내놓고 외적을 물리치기 위해 투쟁했던 독립운동가와 빨치산, 혁명가 또는 민주투사의 호칭을 받던 사람들이 끝까지 그 명성을 지키지 못하고 왜 변질되는가 하는 점이다. 원래 정의감의 화신이었던 사람들은 한결같이 지배력과 지배욕이 강했던 사람들이다. 그런데도 그들이 정권을 잡았거나 권좌에 앉았을 때, 끝까지 정의의 화신이 되지 못하고 시간이 가면 갈수록 거꾸로 독재자가 되거나 불의한 자가 되는 경우가 많은데 우리는 이것을 어떻게 봐야 할 것인가. 그러한 현상은 오로지 예견력의 부족과 지적 능력의 한계 때문에 생기는 현상이다. 그로 인해 그들이 오히려 혁명의 대상이 되거나 추방의 대상이 되는 것이다.

다만 그들의 공통점은 당초엔 정의감이 강했던 사람들이며, 지배력과 지배욕, 성취욕도 강했던 사람임을 안다면 인간의 한계성을 다시 한 번 생각하게 된다. 다만 그 결심은 모두 자기의 의지대로 모든 것을 이루어내려는 지배욕에서 나온 것이므로 정의감과 함께 지배욕에 그 뿌리를 두고 있다는 점은 누술한 대로다. 그 때문에 이를 겉으로만 보면 정의로운 행위로만 보이나 속을 드려다 보면 지배욕이 자리를 차지하고 있음을 알 수 있다. 이는 마치 페인트정의를 칠했다가 세월의 흐름에 따라 벗겨지는 이치와도 같다.

따라서 앞서 밝힌 바와 같이 불의한 사태를 바로 잡으려는 정의감이나 모든 것을 자기의 의지대로 만들어 보려는 지배욕은 모두 자기 생각을 관철시키려는 의지이므로 한 뿌리에서 나온 게 분명하다. 그 때문에 정의감이 강하면 지배욕도 강하고, 지배욕이 강하면 정의감도 강하다. 그것은 정의감이나 지배욕은 똑같이 세상사를 자기가 생각한 방향으로 만들려는 의지에 불과하므로 본바탕은 자기 의지를 실현하려는 의지에 불과하고 그 의지는 지배욕에 터 잡고 있기 때문이다.

이를 위쪽에서 바라보면 정의감만 보이고 밑에서 보면 지배욕만 보인다. 그러나 아무리 지배력과 지배욕이 강해도 정의감이 없으면 독립운동이나 민주화 투쟁을 하지 못한다. 그러므로 그러한 투쟁은 지배욕과 정의감이 있는 자만이 해내는 것이다. 이는 곧 자기 뜻대로 세상을 바꿔보려는 것이나 다만 악이 아닌 선을 행하려고 하는 것이므로 권장해야 할 행위다.

하지만 이를 뒤집어보면 정의감이 지배욕과 지배력을 올라탄 후 발산시키는 모습이므로, 이때는 정의감만이 보이고 있다는 점이다. 다만 정의로운 일을 행할 때, 그게 국가권력을 상대로 할 때는 생명을 걸고 하거나 적어도 형벌을 각오하고 하기 때문에 일반백성들은 대환영한다.

그때 정의감이 강한 사람들은 지배욕도 강하므로 지배력의 뒷받침으로 이를 해낸다. 그 때문에 정의가 실현되었을 때는 백성들이 감격해하면서 열렬한 환영과 지지를 보내게 되고 그 결과는 그들을 믿고 국가의 권력까지도 맡게 된다. 여기서 문제가 생긴다. 그것은 사람의 능력에는 한계가 있기 때문이다. 그 한계에는 예견력의 부족과 추리력과 상상력, 그리고 판단력의 부족에서 비롯되는 것이다. 특히 혁명을 일으킨 사람들에게 그런 능력이 부족하면 백성들에게 돌이킬 수 없는 엄청난 재앙과 희생을 안겨주고 불행을 초래시킨다.

3. 지배욕과 지배력이 정의의 탈을 쓰고 설침을 바로 봐야 한다

판단력과 예견력의 부족으로 우리에게 가장 큰 재앙을 던져준 예로선 소련의 공산혁명과 북한의 공산화였다. 그와 반대로 한때는 민족 분단의 원흉 또는 독재자라는 이유로 악의 상징처럼 비판받았고, 필자도 격렬히 비판했던 이승만 박사가 지금은 현명한 안목을 갖춘 진정한 박사였다고 칭송받기에 이르렀다. 그와 반대로 한때 절세의 애국자로 우상화되면서 군림했던 김일성 장군이 역사의 순리를 거역한 사람으로 전락해버린 것이다. 이를 볼 때, 이승만 박사에겐 성격적인 결점은 있었으나 먼 훗날을 바르게 보는 능력만은 한 수 위였고 그런 점에서 그는 율곡이 지칭한 구안具眼의 사士였다. 그와 관련된 대표적인 예를 구체적으로 들어보련다. 그것은 필자가 소년기1946년에 그러한 열병을 직접 겪었기 때문에 하는 말이다. 필자가 살던 우리 마을 30가구 전체가 일본인 농장의 소작인이었다. 그 때문인지 옥구군의 모스코바 라는 칭을 들었고, 공산주의의 열병이 하늘을 찌르고 있었다. 그 당시의 이승만 박사는 철도와 광산을 팔아먹는 제2의 이완용으로 매도되고 있었다. 당시의 조선공산당은 그런 방법으로라도 혁명을 이룩하려고 했고, 그게 절대적인 정의라고 확신하고 있었다. 여기서 우리는 매사를 현명하게 돌이켜봐야 한다. 그것은 모든 개혁과 혁명에는 긍정적인 면도 있으나 부정적인 면과 부작용이 따르기 마련이기 때문이다. 그 때문에 혁명가에는 그 결과에 대한 탁월한 판단력과 예견력이 있어야 한다. 그러려면 남보다 앞선 많은 독서와 산전수전을 다 겪는 고통, 그리고 타고난 두뇌의 소유자여야 한다. 그런 예는 중국의 덩샤오핑에서 찾아볼 수 있었다.

그 점을 무시하고 사변적이고 이론적인 책만 읽거나 무력만이 제일인 양 착각하는 빨치산 출신들로서는 인간의 오묘한 본성을 알 까닭이 없으므로 무력이 만능이고 공산주의가 만능인양 착각한 결과 공산혁명을 일으켰다가 실패한 것이다. 결국 그러한 결과는 오늘날 우리 한반도에 돌이킬 수 없는 비극을 안겨 주었다.

4. 구 소련의 공산혁명의 실패는 인성의 한계를 보여 주었다

이를 보다 더 잘 알기 위해 먼저 러시아 공산 혁명을 살펴보기로 하자. 러시아의 공산혁명은 곧 기득권 세력과 자산계급 등 현 지배계급을 몰아내고, 가난하고 굶주렸던 무산계급을 새로운 계급으로 등장시키는 것이므로 무산 계급들에게는 통쾌감을 안겨줄 수 있었다. 하지만 불행히도 지상천국이 아닌 생지옥을 만들어 낸 것이다.

왜 그랬을까. 그것은 한마디로 사람의 본성을 잘못 파악한 까닭이다. 그들은 네 것, 내 것을 따지지 않고 공동생산하고 공동분배하면 다 잘 살줄 알았으나 결과는 모두 다 못살게 되었다. 그런데도 당초 혁명을 추진했던 세력들은 미련을 버리지 못하고 당초 목표했던 공산혁명만이 정의의 실현으로 판단하고 끝까지 버텼다.

그 과정에서 많은 비판과 저항이 생기면서 반동이 시작되었다. 이에 당황한 그들은 독재의 채찍을 들어 독려하게 되었고, 이로써 독재의 늪에 깊이 빠져버렸다. 그 때부턴 당초의 정의감은 그 객관성과 타당성이 없어져서 발붙일 곳이 없게 되었는데도, 지배욕만은 그대로 남아 있어서 현상을 유지하려고 지배력을 남용했다.

이쯤 되면 당초 예견했던 공산혁명이론이 맞지 않음을 깨닫고 빨리 민주제도로 환원시키면서 인성을 용인하는 제도로 다시 개혁해야 했으나 그리하면 혁명세력은 물러나야 했고, 그 때엔 새로운 세력이 등장해야 했으므로 그들의 지배욕이 그를 용인하지 않았다. 이때에 만약 백성들의 투표에 의해서 모든 것을 선택할 수 있도록 제도가 돼 있었다면 모든 게 간단히 해결될 수 있었으나 전혀 허용되지 않았고 북한도 똑같다.

하지만 같은 공산국가라도 동독에서는 그게 보장되었기 때문에 서독에의 통합을 지지하는 정당이 설 수 있었고, 이를 토대로 투표를 통해서 압도적 다수로 지지를 받아서 제1당이 되었다. 그런 제도적 뒷받침 때문에 독일은 통일에 성공했다. 따라서 북한도 그런 선거제도가 있었다면 진즉 통일이 실현됐을 것이다.

당초에 그들이 정의감과 지배욕, 지배력이 강하여 불의와 싸울 때, 당시엔 객관적 타당성과 보편성이 있었으므로 백성들로부터 찬사와 지지를 받았다. 하지만 수십 년을 겪으면서 경험해본바 그 정의는 인성을 짓밟는 결과 때문에 타당성과 보편성이 없어져서 불의가 되어버렸는데도 지배욕만은 여전히 강하게 남아서 독재 권력을 더욱 강화시키고 있었다.

그를 보면 지배욕이 강한 자 일수록 독재자가 될 수 있는 확률도 높아진다는 것을 알 수 있다. 그 말을 바꿔 말하면 지배욕이 강하지 못한 자는 죽어도 독재자가 못 된다는 것을 말한다. 그 때문에 백성들이 자기의 생명과 재산, 그리고 인권과 존엄성을 온전히 확보하려면 항상 정의감이 강하고 지배력과 지배욕이 강한 자가 권력을 장악했을 땐 오히려 더 경계해야 한다는 진리를 우리에게 알려주고 있다. 따라서 그들을 언제든지 몰아낼 수 있는 선택권, 즉 선거권은 어떠한 희생을 치루더라도 움켜쥐고 있어야 했고, 생명을 걸고 지켜야 했다.

만약 잘못하여 그 선택권을 빼앗기거나 포기해버리면 백성들은 영원히 불행해진다. 그런 예로는 북한에서 확실하게 볼 수 있는 것이다. 하지만 대한민국에서는 그런 선택권이 보장되어 있었기에 4·19 혁명도 일어났고, 6월 항쟁도 성공했다. 정의감과 지배욕을 다시 더 살펴보고자 한다. 앞서 밝히기를 정의감이 강한 자는 지배욕이 강하고, 지배욕이 강한 자도 정의감이 강하다고 말했다. 하지만 반드시 강한 게 아니다. 따라서 정의감만 강하고 지배력이 약해서 지배욕을 충족시키지 못하는 사람도 있다. 이러한 사람은 불의를 보면 투쟁을 하지 못하고 자살을 선택하기도 한다.

자살하는 방법에는 음독자살하는 경우도 있으나 분신자살도 있고 할복자살도 있다. 그들은 그런 방법을 통해서 백성들에게 자극을 주어 자기가 실현하고자 했던 정의를 실천시키려고 하는 것이지만 이것도 지배욕을 순화시켜서 발산시키는 것에 불과하다. 다만 이러한 행위는 정의를 위해서 가장 중요한 생명까지 버리는 자기희생을 감수한 것이므로 그 죽음을 높게 평가하고 있을 뿐이다. 하지만 완력과 같이 지배력과 지배욕만 강하고 정의감은 없는 경우도 있다. 그런 사람은 사회적 적응력이 없으므로 깡패가 될 수밖에 없다. 그러나 그 지배력, 즉 실력과 사회적응력이 있으면서도 지배욕과 정의감이 없는 사람은 과학 분야나 가치중립적인 직장과 직업을 가질 때, 비로소 큰 파란 없이 인류문화 발전에 기여하면서 편히 살 수도 있다.

거꾸로 실력과 사회적응력이 있으면서도 정의감이 없이 지배욕만이 강한 사람은 지배욕의 충족을 위해 권력에 빌붙는 경우가 있어서 사회악이 되기도 한다. 이를 깊고 넓게 생각하면 그런 사람이 있었기 때문에 권력이 유지되었고, 국가도 유지되었으며, 20세기 이전의 군주제도의 유지도 그런 사람들 덕분에 가능했고, 현 공산체제 유지도 그 때문에 가능하긴 했다.

그런 사람은 정의감이 강하여 자기희생으로 세상을 바꿔보려는 사람과는 정반대다. 그들은 조금 이기적이어서 때로는 권력의 앞잡이가 되어 정의감이 강한 사람들을 자기 출세를 위해 희생시키는 일도 마다하지 않는다. 다만 지배욕만은 남달리 강해서 일시 출세하는 사람들도 있었다. 하지만 그들의 말로는 대체적으로 초라한 경우가 더 많았음을 알아야 한다.

5. 지배력과 지배욕, 성취욕의 표현방법

생명을 유지하기 위해선 위와 같은 지배력실력이 있어야 했다. 하지만 작금은 건강과 힘 외에 지능과 기술, 그리고 각 분야의 전문성과 성과력, 지도력 등을 고루 갖춰서 그 분야에서 최고도의 능력을 발휘할 때, 비로소 지배력다운 지배력을 갖추는 시대로 발전했다. 그 같은 지배력의 다양한 발전은 천태만상의 직업생업이 생긴 결과다. 예를 들면 원시 수렵시대에는 떼를 지어 산양만 잘하면 끝났고, 이를 잘 지도하는 자는 지배력이 뛰어난 자였다. 하지만 농경사회가 되면서부터 직업이 다원화되기 시작하여 지금은 자기가 종사하는 분야에 남보다 앞선 전문성과 기술, 그리고 성과를 올릴 수 있는 능력을 고루 갖출 수 있어야 비로소 지배력다운 지배력실력을 갖춘 시대로 발전한 것이다.

그런 지배력을 농사에 투입하면 수확이라는 열매를 따게 되고, 바다에서 발휘하면 어획물을 얻게 된다. 산에 들어가서 발휘하면 수렵이 되거나 벌목채취가 될 것이며, 광산에서 발휘하면 광물을 캐게 된다. 또한 산업현장에서 그 지배력을 발휘하면 각종 공산품들을 생산하게 되고, 학문분야나 운동 등 어떤 분야에서도 그런 지배력을 갖춰야 하는 시대로 발전했다.

따라서 어디서 지배력을 발휘하는가에 따라서 수확도 되고 채집도 되며, 어획도 되고 채굴도 되는 것이다. 공산품의 생산과 유통, 판매는 물론, 각종 운동경기와 학문의 연구 등의 성과도 그런 지배력의 행사에 의해 얻어지는 결과다. 이 같은 지배력의 행사결과는 궁극적으로는 생명을 유지하면서 번식을 하기 위한 수단이다. 그러나 현대사회에서는 돈만 잘 벌면 거의 모든 지배력의 획득과 유지가 가능하게 되었으므로 굳이 고달픈 산업 현장보다 머리를 써서 합법적으로 편하게 돈 벌 수 있는 금융업과, 심지어 카지노의 출입을 통해서 돈을 벌려고 발버둥치기도 한다. 그보다 더한 강도, 절도, 사기, 횡령, 배임, 등의 행위는 명백한 범죄인데도 남 몰래 강행하기도 한다.

특히 현대 산업사회에선 돈의 다과가 지배력의 척도가 되어 있고 아울러 지배욕을 충족시키는 수단으로선 가장 강력한 위력을 지니고 있으므로 돈을 벌기 위해 상도常道를 벗어나는 행위를 다반사로 하고 있다. 그렇다면 일반 공권력에 종사하는 대통령 이하 모든 공무원과 군인들은 어떤 유형의 돈 벌기에 속하는 것일까.

이들도 갖고 있는전문지식과 능력을 발휘하여 백성들의 생명과 재산을 보호해주고 나아가 적이 쳐들어왔을 땐 생명을 바쳐 이를 물리치는 보호 장치가 되어 줌으로써 백성들의 생명과 재산을 보호하는 담보적 기능을 다 하고 있다. 그들은 그 보답으로 급료를 받고 있는 것이며, 급료의 다과가 바로 지배력의 척도가 됨은 일반 산업사회의 종사자와 똑같다.

이러한 결론의 정당성을 확인해 보는 방법은 모든 공무원들과 군인들에게 보수를 한 푼도 안 준다고 가정할 때 나타난다. 가정해서 백성들이 한 푼도 안 줄 뿐 아니라 뺏기지도 않으며, 또한 빼앗을 수 없도록 제도적 장치가 되어 있다고 가정해보자. 그 경우 밥을 먹고 살 수 없으므로 아무도 대통령 등 공무원이나 군인이 될 사람이 없을 것임은 뻔한 이야기가 아닌가.

그러한 지배력을 자연을 향하여 행사할 때는 자연을 개조하거나 정복해서 문화를 창조하게 되지만 사람에게 행사하면 개인 간의 싸움이 될 수도 있고, 국가 간에 행사하면 전쟁으로 비화하게 된다. 이게 국가 권력을 향해 행사할 때에는 혁명가가 되거나 쿠데타가 되고 집권자가 법을 어겨가면서 행사하면 독재자가 된다. 그와 반대로 지배력을 학문연구나 과학, 또는 발명품과 발명 등에 힘써 행사하면 각기 그 방면의 대가가 될 수 있다.

따라서 지배력을 합리적으로 필요한 곳에 알맞게 사용하면 인류 생활에 크게 도움이 되는 것이나 사리에 맞지 않게 사용하면 폭력이 되고 범죄자가 된다. 그 지배력을 개인 간에 행사하면 폭행이나 상해, 심지어 살인행위가 되고 재물을 탐내서 행사하면 강도가 되며, 몰래 행사하면 절도가 되고, 돌라서 행사하면 사기가 되며, 맡긴 것에 행사하면 횡령이 된다.

이와 같은 지배력의 행사는 한결같이 살기 위해 행사하는 것이며, 이로써 지배욕을 만족시키고 있는 것이다. 그렇다면 궁극적으로 무엇을 위해서 지배력을 행사하는 것일까.

일반적인 심리현상은 지배욕의 충족을 위해 발동하는 것 같이 보이지만 좀 더 깊이 캐보면 무엇인가를 얻거나 이루려는 데서 생기는 것이므로 일차적으로는 지배욕을 충족시키면서 지배력을 더욱 강화시켜서 성취욕번식욕의 충족으로 발전하는 것이다. 다만 현대사회에서의 성취욕을 이루는 데는 돈보다 나은 것이 없으므로 우선 돈을 벌려고 하고 있으나 그게 최종목표는 될 수 없고, 성취욕의 수단일 뿐이다. 그렇다면 성취욕의 원래 모습은 무엇이었을까. 누술한바와 같이 원래의 모습은 종족 번식이었다. 그러므로 지배력이나 지배욕의 최종 목표는 모두 종족 번식을 위해 발동하고 있었고 그래서 가치 중립적이었으나 현재는 다원화되어있다.

그런데 여기서 주목해야 할 것은 물리적인 지배력이 없으면 정신적인 지배력도 없어진다는 사실이다. 그 예로서 아무리 최고의 권좌에 앉아 있거나 정신적으로 고결한 인격자라도 깊은 병이 들어서 자기 몸 하나도 가눌 수 없는 경지에 이르면 물리적 지배력이 없어지면서 정신적 지배력과 지배욕도 없어지고 성취욕도 버리게 된다.

그 경우 자기 스스로도 모든 것을 체념하고 타인을 지배하려던 지배욕, 그리고 무엇인가를 이룩하려는 성취욕도 버리면서 허무감을 갖게 된다. 따라서 이런 경지에 이르면 지극히 순해지고 선량해지면서 너그러워져서 남을 원망하거나 다투려 하지 않는다.

그러한 사실을 국가와 백성들 간에 존재하는 지배력과 지배욕의 관계에서 살펴보면 오히려 더한다. 그러한 예로는 국가의 지배력인 군사력의 뒷받침을 받는 정치권력이 백성들에게 정신적인 면까지 영향을 미치고 있는 것을 보면 알 수 있다. 그러한 사실은 권력이 굳이 무어라 말하지 않아도 백성들이 국가의 지배력군사력에 미리부터 겁을 먹고 벌벌 기는 것을 보면 알 수 있다. 그 때문에 이념의 화신인 마오쩌둥도 "권력은 이념과 혁명정신으로부터 나온다"고 말하지 않고 "총구로부터 나온다"는 말을 남겼다. 그런 엉뚱한 말은 물리적인 현상을 똑바로 이해할 때만이 비로소 바르게 이해할 수 있고, 그로 보아 마오쩌둥은 군사력의 위력을 잘 알고 있었던 것 같다.

6. 죽음을 앞두면 지배력과 지배욕이 선량 해진다

우리나라의 고부간 사이가 안 좋은 것은 세상이 다 아는 사실이다. 그 때문에 사사건건 다투기도 하지만 그 시어머니가 건강이 악화되어 죽음을 앞에 두면 물리적인 지배력이 쇠잔해지고, 이에 따라 지배욕도 없어지면서 확 달라진다. 따라서 건강이 악화되어 죽음을 앞에 두면 평소에 그토록 아귀다툼을 해왔던 그 악감정도 다 없어진다. 특히 숨을 거둘 때는 며느리를 전혀 밉게 보지 않고 선량한 눈으로 보면서, 진정으로 미안타는 마음으로 숨을 거두는 것도 그 까닭이다. 그 같은 인간의 오묘한 움직임은 안지고 이기려는 것과 지배하려는 지배욕, 무엇인가를 이룩하려는 성취욕과 그를 위해 다투는 것은 지배력, 즉 건강과 힘이 넘칠 때 생기는 현상임을 알 수 있다.

다만 성취욕의 원시적인 모습은 분명히 종족 번식이었으나 이게 진화하고 성숙됨에 따라 현재는 천태만상으로 나타나고 있다. 이러한 현상을 보다 합리적으로 성취하기 위해 더불어 잘 사는 방법을 모색하게 되었고, 이에 따라 역지사지易地思之와 보편적 합리성을 찾는 자세로 개선되어 왔음을 알 수 있으며, 이게 바로 사람만이 갖고 있는이 성리性의 힘이다. 따라서 일반 동물에선 역지사지하는 자세란 전혀 찾아 볼 수가 없다. 그러한 사실은 닭들이 곧잘 싸움을 되풀이하는 모습에서도 찾아볼 수 있다.

이러한 모습은 4, 5세의 어린 아이들에게서도 발견되는 현상이며, 철이 들면 없어진다. 다만 노련하고 경험 많은 사람들은 공동으로 번영할 수 있는 방법으로 직접적인 지배보다 간접적인 지배로 전향시켜서 직접적인 충돌을 피하는 현명한 방법을 취하고 있다. 다시 강조하거니와 주검을 앞둔 사람이 갑자기 선량해지는 것은 지배력이 없어지면서 지배욕과 성취욕도 없어지기 때문이며, 현실적으로도 지배력을 행사할 수 없기 때문에 지배욕도 없어지는데서 오는 결과인 것이다.

이는 스스로 생명이 다했음을 본능적으로 직감하면서 선량해지는 것이므로 지배력과 지배욕이 생명을 뒷받침하고 있음을 증명하는 중표가 된다. 그런 현상과 관련하여 필자는 박정희 전 대통령의 마지막 말과 김일성 주석의 마지막 유언을 밝혀봄으로써 인간의 본성이 무엇 때문에 지배욕이 생겼는가를 살펴볼 것이다. 고 박정희 대통령이 김재규의 총격에 의해 흉부 관통상을 입고 피를 흘리면서도 "괜찮으시느냐"는 두 여성의 묻는 말에 "나는 괜찮아"라고 대답했다 하여 놀라워하고 있다. 하지만 필자의 생각은 전혀 다르다. 그는 총격받기 직전까지도 김영삼 총재를 격렬하게 비난하고 있었다는 목격자의 회고록으로 볼 때, 그는 잠재적인 의식으로 혹시 자기의 지배력에 상처가 생겨서 지배욕에 치명상이 되지 않을까 하는 잠재의식이 곤두서 있었음을 알 수 있다.

하지만 그는 총탄이 몸을 관통하자 거의 무의식적이면서도 순간적인 본능의 발동으로 지배력의 상실을 확인한 것이다. 이에 지배욕까지 완전히 포기함으로써 지극히 선량한 사람으로 돌아가서 "나는 괜찮아"라는 뜻밖의 너그러운 말을 남겼다. 만약 그런 중상이 아니고 팔다리 등에 경상을 입고 있는데도 다시 충격이 목격되었다면 그는 본능적으로 강력한 지배욕과 지배력이 발동했을 것이다. 따라서 그는,

"이놈! 얻다 대고 총질이냐 그 총 썩 놓지 못해."

라고 호통과 함께 고함을 지르는 게 지배력과 지배욕의 참 모습이었다. 그런데 그는 호통보다는 순간적인 절망 끝에 모든 것을 포기했으므로 너그러워져서 부드러운 어투로 "나는 괜찮다"라는 말로써 최후를 마친 것이다.

김일성 주석도 마찬가지다. 그는 젊어서 무모하리만치 지배력과 지배욕도 강했고 거기에 정의감까지 강해서 수백 명의 빨치산을 이끌고 1937년 6월 4일 함경남도 압록강변의 일개 면 소재지인 보천보를 점령한 후, 3일 동안이나 지배하면서 공산주의를 선전한 장본인이다.

그는 남달리 지배욕이 강해서 남한까지 적화시키려고 6·25 전쟁을 일으켰고, 핵무기제조를 꿈꾸었다. 이러한 작태의 밑변엔 무서운 지배욕이 작용하고 있었고 남북통일이라는 대망이 있었다. 하지만 마지막 숨을 거둘 때는 핵을 보유하지 말라고 유언한 것이다. 왜 그랬을까. 그 답은 이미 시어머니의 마지막과 박정희의 마지막을 밝히면서 인간의 지배력과 지배욕의 상관관계와 실태를 밝혔으므로 이만 생략한다.

7. 지배력과 지배욕, 성취욕의 진화와 성숙된 모습

지배력의 원래의 본 모습은 타인의 의사와 행동을 내 의지에 쫓아서 행동하도록 하는 힘이며, 이러한 마음은 누구나 거의 다 가지고 있다. 그러므로 지배력과 지배욕이 강한 자가 똑같이 지배력과 지배욕이 강한 자를 만나면 서로 안 지려고 주먹다짐으로부터 시작하여 칼부림까지 일어난다.

이게 국가 간에 생기면 전쟁이 일어나거나 국교단절이 될 수도 있다. 하지만 지배력과 지배욕이 없는 자와 있는 자가 만나면 결코 다툼이 일어나지 않는다. 그리고 지배욕을 충족시키려면 우선 지배력이 있어야 한다. 이러한 지배력은 가진 자의 주체에 따라 다르나 국가의 지배력은 군사력이 핵심이고 경찰과 경제력도 지배력을 뒷받침한다. 원시인의 지배력은 건강하고 힘이 세서 잘 싸우는 게 지배력의 핵심이었다. 따라서 이 지배력은 지배욕을 자극시켜서 완력이나 주먹으로 상대를 제압함으로써 마음까지 제압하여 내 마음과 행동에 따르도록 함으로써 지배욕을 충족시켰다.

이러한 원시적 지배력의 행사는 지금도 어린이 세계와 깡패의 세계에서 찾아볼 수 있고, 모든 운동경기에서 그 잔영을 찾아볼 수 있으며, 동물세계는 더욱 그렇다. 특히 힘을 바탕으로 한 권투, 씨름, 레슬링, 역도, 유도, 등에서는 뚜렷한 잔영을 찾아볼 수 있고, 창던지기, 투포환, 양궁과 권총경기 등에서는 보다 후기의 모습을 볼 수 있다. 이와 같이 물리적 지배력만으로도 지배욕을 만족시킬 수 있는 게 진화적 지배력으로 순화시킨 것이므로 이 지배욕은 인류문화상으로는 가장 합리적으로 지배욕을 순화시킨 모습이다. 마지막 단계의 성숙成熟된 지배욕은 그야말로 어떤 인위적인 행위나 노력이 없이도 저절로 지배력이 생겨서 지배욕을 충족시킬 수 있는 원숙한 경우를 말한다. 이러한 유형의 인물은 어떻게 보면 선천적인 면이 있으므로 공자나 소크라테스와 이순신 장군과 같은 타고난 인격자들이나 갖출 수 있는 본성이다. 따라서 이러한 위대한 인격자는 몇 세기에도 나타나기 어려우므로 관념상으로만 존재한다고 볼 수도 있다.

이같이 지배욕을 원시原始적 지배욕, 진화進化된 지배욕, 성숙成熟된 지배욕으로 나누는 것은 모든 사람에게는 지배욕이 모두 다 있으나 발현하는 양태는 각각 다르기 때문에 분류해서 분석하는 것이다.

다음은 성취욕을 살펴보겠다. 사람은 일반 동물과는 달라서 원시시대처럼, 번식만을 성취욕으로 생각지 않기 시작한 것은 농업사회서부터다. 물론 지금도 몇 %의 사람 중에는 그런 원시적인 성취욕에 만족하면서 겨우 번식후손생산만 하고 무위도식하다가 죽는 사람도 있다. 하지만 대부분의 사람들은 번식은 차차 멀리 하면서 무엇인가를 더 이룩해 보려고 발버둥치고 있다. 이는 수렵사회에서 농업사회, 농업사회에서 산업사회, 산업사회에서 전자사회로 발전하면서 더욱 가속화되고 있다. 그 결과 직업이 다원화되고 세분화됨으로써 성취욕도 다원화되고 세분화 되고 있으며, 그 대신 본래의 성취욕은 쇠퇴일로여서 그 여파가 인구감소라는 사태를 낳고 있다.

필자는 이러한 사태를 진화된 성취욕이라고 부르고자 한다. 그런데 이와 같이 발버둥치는 목표를 유교에선 인사유명 호사유피人死留名 虎死留皮라는 말로서 간단하게 표현했다. 하지만 현대의 진화된 성취욕은 천태만상의 모습을 보이고 있어서 매우 복잡하므로 위와 같이 단순하게 표현할 수 없다. 또한 이 성취욕의 특징은 자리의 고하나 재산의 유무, 또는 연령과는 전혀 관계가 없다. 따라서 중국의 천자도 수많은 후궁을 거느리면서 겨우 원시적 성취욕인 번식에만 몰두하다가 죽은 자도 있고, 거꾸로 가난하고 미천한 생활을 일부러 하면서, 고행을 통해서 인류를 구해 보겠다고 애쓰는 성숙된 성취욕을 발현한 사람도 있었다.

그러므로 성취욕의 대상에는 정치를 잘하여 백성들을 편안하고 사람답게 잘 살 수 있게 함으로써 후세에 길이 그 이름을 남기고자 하는 사람이 있는가 하면 산업을 일으켜서 나라를 부강 시키면서 스스로도 잘 살려는 사람과, 발명가나 학문에 몰두하여 뚜렷한 족적과 아름다운 이름을 길이 남기고자 하는 사람도 있었다.

그 중에도 대통령의 자리는 지배력과 지배욕의 정점에 있는 자리이고, 또한 진화된 성취욕을 충족시킬 수 있는 자리로는 최고의 자리이므로 지배력과 지배욕, 성취욕이 강한 사람들과 진화된 높은 이상을 갖고 있는사람들은 항상 넘보는 자리다.

가장 이상적인 지배욕과 성취욕의 발현이란 이들 욕구들이 모두 진화단계를 넘어서 성숙단계에 들어선 때를 말하므로 어떠한 허물도 남기지 않을 정도의 최상의 경지에 이른 경우를 말한다. 다시 말하면 성숙된 지배욕과 성취욕이라 함은 그야말로 시간과 공간을 초월하고 역사를 초월하여 인류의 생명이 존속하는 한 칭송과 찬탄이 계속되면서, 영원한 귀감으로써 남을 수 있는 업적을 성취해 놓는 경우를 말한다. 이런 수준의 성취욕을 충족시키고 있는 사람은 세계 역사상 몇 사람도 안 된다.

따라서 그런 위대한 분은 한 나라에 한 사람도 있기 어렵다. 그러므로 일본 같은 나라엔 그런 위인이 아예 존재할 수가 없다. 그들은 명치 천황을 가장 훌륭했던 왕으로 떠받들고 있으나 그는 분명히 전쟁광이었고, 침략자였으므로 모든 인류로부터 칭송받을 수 있는 보편적인 인물은 아니다.

하지만 세종대왕 같은 분은 필자가 이야기하지 않더라도 가장 위대한 성군이었다. 대왕의 내치와 외치, 그리고 한글창제 등과 같은 문화사업의 위업은 어느 황제나 군왕도 따를 수 없었다. 또한 대왕은 남다른 독서광이었으므로 그런 위업을 이룰 수 있었다. 그 때문에 필자가 60대 후반에 주례를 하면서 항상 강조한 것은 세종대왕이 독서광이었다는 것과, 독서를 즐겼기 때문에 그런 위대한 성군이 될 수 있었다고 주장하면서, 독서에 힘쓰면 절로 부부화목도 이룰 수 있고, 사회의 귀감과 신망도 얻을 수 있으므로 그게 으뜸가는 인격의 수양방법이고, 자녀 교육에도 좋은 열매를 맺을 수 있으니 독서에 힘써서 남의 모범이 되어 달라고 강조한 것도 그 때문이었다.

8. 군왕과 황제도 원시적인 성취욕에 만족했다

중국의 당 태종은 역사상 유명한 군주였으나 성숙한 성취욕을 실현한 위대한 황제는 아니었다. 그는 율곡 선생도 지적한 바와 같이 형을 죽이고 아버지에 반항하면서 권력을 탈취한 자였다. 또한 직언으로 간하는 위징魏徵을 죽이려고 여러 번 시도했으나 그때마다 현명한 황후의 충고로 죽이지 않았을 뿐이다. 그때 만약 위징을 죽였다면 직언으로 간하는 신하는 그의 곁을 떠났을 것이므로 세계사에 빛나는 태종은 되지 못했을 것이다.

당 태종이 현군으로서 이름을 남기게 된 것은 신하들의 건의를 잘 받아드려서 백성들을 다스렸기 때문이다. 이러한 사실은 정관정요貞觀政要를 읽어보면 금방 알 수 있다. 그때 직언과 간언을 잘 받아드려서 올바른 정사를 한 게 그대로 드러나고 있다. 또한 한나라 무제도 수많은 후궁을 거느리면서 원시적인 번식을 위한 성취욕을 즐긴 황제였으므로 성숙된 성취욕을 충족시킨 황제는 아니었다. 그러므로 중국에서 굳이 위대한 인물을 찾는다면 공자가 그런대로 평가 받을 수 있는 성숙된 위인이 아니었는가 한다.

필자가 여기서 군왕으로서 성숙된 지배욕과 성취욕의 소유자였던 자를 다 찾아내서 평가하고자 한다면 한이 없을 것이므로 이만 생략한다. 하지만 위에서 누누이 밝힌 바와 같이 식욕이나 성욕이 짙은 화장으로 위장되어 본색이 감추어지고 있듯이 지배력과 지배욕, 성취욕도 화장하고 위장하여 가장된 탈을 쓰고 있는 경우가 너무나 많다는 사실이다.

굳이 지배욕과 성취욕을 달성시키는 자리로서 최상의 자리를 찾는다면 과거의 군왕들의 자리였음은 누누이 밝혔다. 그때 그 지배욕과 성취욕의 화신이었던 군왕들로 하여금 진정으로 백성들을 위한 군왕과 황제가 될 수 있도록 지배력과 지배욕을 억제시키면서 후궁을 줄이도록 건의하여 성군이 될 수 있도록 노력했던 사람을 우리는 현신賢臣이라 칭송했다.

그와 반대로 군왕의 지배욕과 원시적인 성취욕을 충족시켜주기 위해 미녀를 바치고 비위를 맞추는 아첨으로 자기의 권력유지만을 꾀했던 자를 간신이라고 했다. 그간 우리는 그런 간신들을 제거하기 위해 투쟁하다가 역신으로 몰려서 참화를 겪은 끝에 지금은 아예 군주제도를 혁파하는 혁명을 일으켜서 현대는 백성이 주인이 되는 민주사회를 이룩하고 있는 것이다.

9. 백성들의 각성으로 성취욕번식욕이 많이 순화되었다

현대는 백성들의 뜻에 따라 군왕의 자리가 대통령이나 수상으로 바뀌었고, 대통령과 총리는 백성百姓들이 직접 선출하거나 간접 선거하여 권력을 위탁시키고 있어서 자연스럽게 성취욕도 순화되어 일부일처제가 확립되었다. 그런 자리인데도 대통령이 되고 싶어서 무력으로 집권자를 몰아내서 자리를 차지하거나 아예 백성들의 선택권을 박탈하여 영원한 독재를 획책한 자들도 수없이 많았다. 이는 곧 국가를 경영할 능력도 없고, 또한 국가를 발전시킬 수 있는 구체적인 청사진도 없으면서도, 지배욕과 성취욕만은 남달라서, "나 대통령 하고 싶으니 한 표 찍어 주시오"라고 말하는 사람도 수 없이 많았음을 말한다. 그 경우, 거의 모든 백성들은

"별 미친놈 다 보겠네, 무엇을 보고 너를 찍어주랴, 빨리 집어 치우랴."

라는 비난이 빗발치면서 표를 주기는커녕 비난만 난무하기도 했다. 설사 화려한 경력과 백성들이 신뢰할 만한 경력과 언행을 쌓아온 사

람이고, 또한 백성들이 홀딱 반할 정도의 공약을 내세운 사람일지라도, 너무 지나치게 지배욕과 성취욕만을 드러내면 백성들은 그런 사람한테는 등을 돌렸다.

왜냐하면 겸손을 모르면서 너무 직설적으로 지배욕의 1차적 목표인 "대통령 당선"에만 집착하는 것처럼 보이기 때문이었으며, 그 경우 천박하게 여기고 등을 돌렸다. 따라서 자기의 야욕만을 드러내면 오히려 당선과는 거리가 멀어진다. 그 같은 이치는 결혼의 최종 종착점은 자녀 생산이지만 그것을 직설적으로 표현하면 오히려 결혼과 멀어지는 이치와 똑같다.

대통령이든 국회의원이든 근원적인 목표가 당선이 목적일지라도 자기는 결코 대통령이나 국회의원의 당선이 목적이 아니라 오로지 조국의 무한한 발전과 백성들의 안녕과 행복, 그리고 백성 하나하나의 복지향상과 국가의 안보가 목적이라는 청사진을 제시할 때만이 표가 나온다.

10. 거의 모든 사람들이 지배욕을 갖고 있는증거들

사람은 거의 모두가 지배욕과 성취욕을 가지고 있다. 겉으로 보기엔 전혀 없는 것처럼 보이는 사람도 기회만 닿으면 지배력과 지배욕을 발동시키는 모습을 볼 수 있는데, 그게 바로 그 증거다. 이 지배욕을 일명 권력욕이라고도 하고 권력에의 의지 또는 권력의지라고 하며,

권력지향성이라고도 한다. 그렇다면 거의 모든 사람들이 지배욕을 가지고 있다는 사실 여부를 무엇으로 증명하고 확인할 수 있을까.

그것은 우선 지지 않으려는 기질을 보면 알 수 있다. 사람이 지지 않으려는 기질은 그 바탕에 지배력과 지배욕이 자리 잡고 있기 때문이다. 하지만 주검을 앞둔 병자나 사리 분별을 못하는 백치 상태의 사람들은 그것을 가지고 있지 않을 뿐 아니라 가질 수도 없다. 지배력이란 일차적으로 물리적인 힘을 가지고 있어야 하므로 그 힘은 우선 건강해야 한다. 건강하지 않으면 지배력을 가질 수도 없으며, 유지할 수도 없으므로 지배욕도 없어질 수밖에 없는 것이다.

따라서 지배력의 원천을 이루고 있는 힘과 건강의 상실은 곧 물리적인 지배력까지 상실하게 하는 것이므로 이에 터 잡은 지배욕도 없어지게 되기 마련이다. 하지만 그와 같은 사람을 빼고는 모든 사람이 그 나름대로 모두 다 지배력과 지배욕을 가지고 있다.

그 예로서 평소 지극히 얌전하면서 결코 남과 다투지 않고 남의 말에 추종만 하는 듯해서 지배력과 지배욕이란 꿈도 꾸지 않을 것 같이 순한 사람을 보면 알 수 있다. 그런 사람도 술만 먹으면 그 본색이 드러나서 자기의 지배력과 지배욕의 건재함을 과시하는 것이다. 그는 그때 술기운을 빌려서 안하무인眼下無人격으로 돌변하는 것을 볼 수 있다.

그때 그는 호통과 함께 고래고래 소리를 지르면서 "내가 누군 줄 아느냐"라고 큰소리치는 모습은 바로 지배력과 지배욕이 주변의 환경에 의해 움츠리고 있다가 발산시키고 있는 모습이다. 이같이 딴 사람이 된 것처럼 돌변할 때, 사람들은 그를 가리켜서 "저 사람은 평소엔 각시처럼 말도 없고 얌전한데 술만 먹으면 저 지랄을 한다"면서 돌변하는 모습을 이해할 수가 없다는 듯 고개를 갸우뚱하거나 고개를 설레설레 내두른다. 이는 그가 평소 억눌러서 발산하지 못하고 마음 속 깊이 감추고 있었던 지배력과 지배욕을 술기운을 빌려서 발산시키고 있는 것임을 이해해야 한다.

이러한 지배력과 지배욕이 모두 제거되어 전혀 시비가 없었다면 어떤 결과가 올까. 아마도 그때엔 다툼과 시비는 없어서 좋을지 모르나 인간의 창조성과 활동성, 역동성, 진취성, 적극성 등이 모두 완전히 망가져서 인류의 역사는 퇴영을 면치 못할 것이다.

그 때문에 이 지배력과 지배욕은 인류문화의 발달을 위해서 반드시 있어야 할 본성이다. 다만 백성들을 위해서 발현되었는가, 아니면 자기의 사익만을 위해 발현시켰는가가 문제일 뿐이다. 따라서 고상한 심지로 오로지 백성들을 위해 몰아沒我적으로 지배력과 지배욕을 발휘하여 목적을 성취하려고 노력했다면 설사 결과가 나빴다 하더라도 비판하진 말아야 할 것이다.

그러므로 대통령이 진정으로 원시적 지배력을 버리고 진화되고 성숙된 지배력을 발휘하여 지배욕을 충족시키면서 성취욕을 충족시키려고 노력했다면 반드시 훌륭한 치적을 남길 수 있을 것이나 설사 실패했다 해도 지나친 비판은 삼가야 할 것이다. 우리는 그러한 자세를 통해서 지배력과 지배욕, 성취욕을 선용하는 모습을 유도해야 하고 그로써 그 아름다운 방명芳命을 남기도록 하면서 조국의 번영도 도모해야 할 것이다.

11. 지배력과 지배욕을 지나치게 억제하면 미쳐 버린다

지배력과 지배욕은 사람에 따라 천차만별이다. 따라서 건강한 체구에 힘센 것만으로 지배력과 지배욕이 강한 것은 아니다. 그 예로 한국의 산업화에 공헌했다는 평가와 함께 독재자였으며 친일장교였다는 박정희 평전에 의하면 그는 체구가 왜소했음에도, 그의 지배력과 지배욕만은 대단했다. 그런 기질 때문에 소학교 시절에 급장을 할 때도 이미 장가까지 간 덩치 큰 아이를 호되게 혼내줄 수 있었던 것도 강한 지배욕 때문에 가능했다.

또한 그는 만군滿軍의 소위로 임관 받은 후, 휴가차 집에 와서 주변의 기관장 등 유지들을 불러다놓고 그들을 호되게 닦아세워서 설설 기도록 했다는 것을 보면 그의 지배력과 지배욕이 남달리 강했음을 알 수 있고, 그런 기질 때문에 군사 쿠데타도 성공시킬 수 있었다.

그와 반대로 타고난 지배력과 지배욕이 강한 편이었음에도, 이를 심하게 억제당하면서 어떤 충격까지 받게 되면 그를 이기지 못하고 정신이상까지 일으키는 것을 수없이 보아 왔으므로 참으로 인간의 본성은 헤아리기 어려운 면이 있다. 예를 들면 호랑이 같은 형이 아우를 지나치게 억압해서 지배력과 지배욕을 심하게 위축시킨 결과, 꼼작 못하던 아우가 이를 이기지 못하고 끝내는 정신이상까지 되는 것을 직접 여섯 사람이나 보았다.

그 중에는 필자의 바로 뒷자리에 앉았던 초등학교 동창도 있었다. 필자도 그 형이 얼마나 무섭던지 평소 그 집 앞을 지나려면 공연히 오금이 저렸고, 머리끝이 삐죽삐죽했으며, 항상 무서웠다. 그는 항상 말이 없었고, 공부는 상류에 속했으나 초등학교 졸업 후 3년 만에 정신 이상이 된 후, 끝내 낫지 못하고 20대에 죽었다.

또한 사람은 배다른 동생이었는데 형이 그리 사납지는 않았으나 좀 엄격한 편이었다. 그는 초등학교 교편까지 잡았는데도 왠지 자기 이복형의 말이라면 항상 벌벌 기면서 쥐구멍을 찾았다. 그 때문에 우리들은, "저 자식은 우리들에겐 개망나니 짓, 호리자식 노릇 다 하면서도 제 형 말이라면 꼬박 죽어가니 참 이상하다"라고 말해온 터였다. 그도 결국 40대에 미쳐서 곧 죽었다.

또 하나의 경우는 소년 때의 경험인데 그 형이 평소 어찌나 큰소리로 난리를 피우는지 우리 집과는 400m도 넘게 떨어져 있었음에도 그 큰 소리가 우리 집까지 들렸는데, 그 소리는 주로 동생을 혼내면서 야단치는 소리였다. 이에 견디지 못한 동생은 결국 미쳤다가 겨우 나았으나 그 후 군에 입대 후 전사했다. 그 외에도 비슷한 경우의 또한 사람이 있으나 생략한다.

또한 사람은 젊은 청상과부의 양아들이었다. 그 양모는 평소 걸음을 걸을 때도 땅이 울렸다. 그녀가 얼마나 여걸다웠는지 지금 그 마을에 가보면 그의 송덕비가 세워져 있음을 보아도 알 수 있다. 우리는 그녀를 달성 댁이라고 불렀는데 키도 클뿐더러 말소리까지 우렁우렁해서 마치 호랑이 같은 여성이었고, 말소리도 꼭 남자 같았다.

그 달성 댁은 달성 서 씨여서 달성 댁이라고 불렀다. 그에 대해선 1995년에 필자가 펴낸 『탁 터놓고 이야기 좀 해 봅시다』의 책에서 이미 상세히 밝힌 바 있다. 그녀는 1939년도의 대 한발 때, 어느 누구도 염두를 내지 못했던 탑천의 바다 물을 양수하기 위해 8~9명의 인부를 구한 후, 무자우 네 대로 네 턱거리 양수를 해서 두 필의 논에 물을 댄 통 큰 여성이었다. 그때 남의 논을 거치면서 물대기를 하는 대담성을 보였고, 그로써 혼자만이 벼를 수확했으므로 여장부라는 칭을 듣기도 했다.

그때 필자가 7세였음에도 어찌나 감격스럽고 충격이 컸던지 너무나 기억이 생생하여 위 책에서 그녀를 극찬했는데 몇 년 후 그 마을에 가본바 비석이 세워진 것을 보고 깜짝 놀랐다. 그 비문도 그녀를 극찬하고 있어서 역시 사람의 보는 눈은 똑같구나 하고 감탄했다. 하지만 그 양아들은 그 여걸의 위력에 눌려서 항상 질린 상태였고, 말도 가만가만하면서 항상 고양이 앞에 쥐처럼 벌벌 떨면서 컸다.

다만 공부는 잘하여 이리 공업학교까지 합격했고, 졸업 후 좋은 직장도 얻었으나 결국은 20대에 미쳐버려서 모두들 안타까워했다. 다만 2년쯤 후에는 병이 나았으며, 다시 직장도 다니기는 했으나 호랑이 같은 양모 밑에서 항상 기를 못 펴고 산 것만은 마찬가지였다.

어떤 사람은 자기 부친이 극도로 완고한 한학자여서 외아들인데도 효도를 너무 강요하면서 조석으로 문안드리도록 엄격하게 통제하면서 아들을 마치 심부름꾼처럼 부리고 있었다. 그러면서 조금만 잘못하면 호통을 쳐서 지배력과 지배욕을 심하게 위축시키고 있었다. 그 결과 50이 넘었는데도 미쳐버렸고, 끝내는 폐인이 되는 비극을 겪어야 했다.

필자의 부친도 그랬다. 8세 때에 도박으로 가산 탕진한 조부가 처가살이로 이사함에 따라 외조부의 집에서 심부름을 하면서 밥을 얻어먹고 살았다. 그 외조부는 첩에 깊이 빠진 채, 자기 외손자인 부친을 심하게 구박해서 지배력과 지배욕을 심하게 위축시켜서 겁쟁이를 만들었다. 그 때문에 성장해서도 지배력과 지배욕을 펴지 못한 채 항상 소심한 성격으로 일관했다.

1949년 4월 초에 당숙면장 출신되는 분의 명에 따라 그 옆으로 이사했다. 당시의 면장 출신들은 국회의원 후보도 할 만큼 권위가 대단했던 때였다. 더구나 그 당숙이 유별나게 키가 크고 잘 났으므로 문맹에다가 순박하기만 한 부친은 항상 무서워서 벌벌 기었다. 그때 부친은 논 판 돈 185,000원 중 일부 비용으로 쓰고 논과 집을 10만 원에 산 다음 남은 잔금 8만 원을 그 당숙의 명령대로 맡겼다가 거의 떼였다.

오늘날 생각해보면 천만부당한 일이었지만 지배력과 지배욕이 심하게 위축된 부친으로서는 서슬 퍼런 당숙의 지배력과 지배욕을 당해낼 수 없었고, 특히 관습상이나마 입양될 부친이었으므로 어쩔 수 없었다.

부친은 그 충격으로 한 달여 동안 잠을 못 자고 고민타가 결국은 미쳐버렸다. 사람이 어떤 큰 충격을 받고 그것을 이겨내지 못하면 두뇌는 그 고통으로부터 벗어나기 위해 발버둥을 치게 되는데 그게 바로 정신이상으로 발전한다는 어느 의학서를 읽고 필자도 부친을 조금 이해할 수 있었다.

미쳐버린 부친은 매일과 같이 칼을 들고 어머니를 죽인다고 몰고 다녔다. 또한 남의 소를 끌고 다니거나 임신한 유부녀의 배를 차서 낙태시키는 등 별별 짓을 다 했다. 그때 어머니와 필자는 절에 가서 빌어도 보았고, 무당과 기압인 들을 불러서 기압과 굿도 해보았으나 효험이 없었다.

그 당숙은 지서주임에게 부탁하여 부친을 유치장에 감금시켰다. 하지만 일주일쯤 후, 한밤중에 변기통의 판자를 뜯고 똥통을 헤집고 똥을 뒤집어 쓴 채 빠져나와서 방 벽에 똥물을 바르고 있었다. 이에 깜짝 놀라 잠을 깬 필자는 악을 쓰면서, "아버지 지금 무엇하고 있어요"라고 큰 소리로 외치자 "지금 우리 집에 돈 나오라고 금물을 바르고 있다"라는 엉뚱한 대답을 하고 있었다. 그 병은 정상적인 사람까지도 일을 못하게 했으므로 우리 집은 그야말로 생지옥이었다.

그 때 만약 넉넉했다면 부친을 정신병원에 입원시키면 되었으나 돈이 없었다. 악몽 같은 7개월이 지났다. 논은 거의 절반으로 줄었지만 마른갈이 논에 제일 늦게 심은 게 오히려 수확에 도움이 되었다. 11월 하순에 우선 쌀 몇 가마를 팔아서 큰 경을 읽었다. 그 때 경쟁이 둘과 무당이 일조가 되어 3박 2일 동안 경을 읽었다. 그들은 먼저 부친을 큰 통나무에 꼭꼭 묶어놓고 읽었는데 어찌된 셈인지 부친은 반항을 못한 채 꼼작 못하고 있었다.

마지막 날 새벽에 묶인 채로 마당에 꿇려 앉혀졌다. 그런 연후, 광목으로 된 두꺼운 포로 아버지를 덮어씌운 후, 겨와 석유를 혼합해 만든 분말에 불을 붙여서 그 포위에 뿌렸다. 그때 부친은 뜨거운 그 열기에 얼마나 놀랐겠는가. 20여 분쯤 후에 포를 거두고 살펴보니 완전히 실신상태였다. 그토록 완전히 얼빠진 부친을 작은 방에 뉘었다. 그런 후 15일 동안은 거의 잠만 잤고, 밥 먹을 때만 잠깐 일어났다가 다시 잠을 잤다. 그 후엔 얼빠진 사람처럼 우두거니가 되다시피 했으나 정신이상 중세만은 없어졌다.

하지만 그 후에도 술만 마시면 좀 이상해졌기 때문에 필자는 술과 철저히 절연시키는 데 최선을 다 했다. 그 때문에 필자는 그 당시는 물론 80대인 지금까지도 술과 철저하게 인연을 끊고 있다. 여기서 우리는 인간의 본성을 다시 생각하게 된다. 개개인을 살펴볼 때, 지배욕이 남달리 강한 사람은 어떠한 억압에도 결코 굴치 않고 뚫고 나오게 된다. 그런 예는 중국의 마오쩌둥이 부친의 억압에 적극적으로 반항하다가 뛰쳐나온 경우다. 그는 그 부친의 심한 억압에 적극 반항하면서 크게 싸웠고, 결국은 억압을 박차고 뛰쳐나왔다. 그것은 마오쩌둥毛澤東의 지배력과 지배욕이 남달리 강했음을 말하는 것이며, 그만치 강했기에 중국의 혁명을 이끌 수 있었다.

현대건설 정주영도 부친의 말을 거역하고 반항하다가 끝내는 소 판 돈을 훔쳐서 야반도주까지 했다. 그런 강한 지배력과 지배욕 때문에 무에서 유를 창조하는 기업을 일으킬 수 있었고, 한국의 산업발전에 큰 발자취를 남기기도 했다. 이로 보아 그런 지배력과 지배욕은 국가 권력과 부딪쳐서 싸울 때는 반역죄로 처단될 수도 있으나 성공하면 혁명가가 될 수도 있고, 대 기업가도 될 수 있는 것이다. 하지만 지배력과 지배욕이 좀 약한 사람은 그렇지 못하고 움츠러들어서 오히려 미쳐버리는 경우를 너무나 많이 보아왔고, 경험도 많이 했기에 이에 그 예들을 들어본 것이다.

하지만 지배력과 지배욕이 약한 사람은 오히려 거의 무골호인이 되어 이래도 흥, 저래도 흥하는 사람으로 일관한다. 그러면서 원시적인 종족 번식에만 만족하면서 일생을 조용히 마치면서도 오히려 미치진 않는다. 이는 결국 인생관의 차이에 따라 평가가 달라질 수밖에 없다.

지배력과 지배욕이 남달라서 반역 등을 도모하다가 죽음으로써 생물의 기본적 성취욕인 종족 번식도 못시킨 채 죽는 경우와, 거꾸로 조용하게 살면서 존족번식에 성공하여 많은 자녀를 둔 경우를 우리는 어떻게 평가해야 하는가는 각자의 인생관과 철학에 따라 달라질 것이다.

12. 직립直立보행과 지배력권력, 지배욕의 진화

우리는 여기서 인류의 직립보행과 함께 지배력, 지배욕, 성취욕이 어떻게 변화해왔고, 진화되어왔으며, 성숙되어왔는가와 최종 단계인 완숙단계는 어떤 것인가를 살펴봄으로써 인류문화의 변천과 발전을 살펴볼 필요가 있다. 인류의 출현은 약 600만 년 전에 남아프리카에서 처음으로 원인류猿人類 가운데 서서 걸을 수 있는 직립直立보행인이 나타남으로써 침판지 등과 분화되기 시작했다고 한다. 또한 이들이 서로의 의사를 말로서 교환하게 된 것도 직립으로 걷고 움직임에 따라 성대가 넓어져서 비로소 언어가 발달하기 시작함으로써 가능해졌다고 한다.

이처럼 한번 가능해졌던 언어기능은 그대로 계속하여 분화되고 더욱 발달해서 오늘에 이르렀다고 한다. 하지만 문자가 생긴 것은 그보다 훨씬 뒤의 일이므로 아무리 멀다 해도 5천 년을 넘을 수가 없다고 봐야 한다. 따라서 문화가 발달한 것은 그보다 훨씬 더 시간이 지난 후의 일이라고 봐야 한다.

그러므로 초기의 사람들은 공동번영을 보장해주는 규범, 즉 도덕과 법률이 없이 그때그때의 사정에 적응하면서 살아왔을 것이다. 따라서 인류의 초기생활은 무법천지여서 주먹과 완력이 모든 것을 지배하고 결정짓는 집단생활이었을 것이다.

그때 힘이 센 자는 편히 놀면서 사냥해오는 노획물들을 바치게 했고, 자기는 번식을 위해 여성과 색을 즐겼을 것이다. 따라서 힘이 지배력의 원천이었고, 이로써 지배욕과 성취욕을 충족시켜 왔을 것이다. 하지만 현재의 침팬지사회에서 볼 수 있듯이 힘이 센 자가 새롭게 나타나거나 힘이 모자라면 연합하여 그 자를 내쫓는 자가 나타났고, 그 자는 곧 새로운 지배자로서 그 자리를 차지하면서 여자를 독점하는 현상도 생겼을 것이다.

여기서 중요한 것은 인류역사에 폭군과 현군이 있었던 것처럼 지배자 중에는 힘이 세다는 것만으로 군림한 게 아니라 스스로 검소하고 절제하면서 헌신하는 한편 그 집단의 공동번영에 힘쓰는 자도 있었을 것이다. 이런 경우 설사 새롭게 힘센 자가 나타났다 하더라도 현 지배자의 지배가 오히려 더 나을 것이란 판단하에 연합하여 현 지배자를 옹호하면서 새로운 힘 센 자의 도전을 제압했을 것이다. 이 같은 과정은 결국 권력이 생기도록 진화되었고, 나아가 그 지도자를 통해서 옳고 그름을 판별 받아서 행동하는 지혜와 이성理性이 싹트기 시작했다고 봐야 한다. 우리 인류는 이를 통해 서로 한 발씩 양보하고 조정하는 지혜를 발휘함으로써 원만한 합의를 이루는 공동체생활을 하게 됐을 것이다.

이런 과정이 차차 더 진화하고 발달해서 집단생활을 원활하게 하기 위한 방법으로서 힘센 자의 지배보다 최 연장자나 슬기로운 자의 주재하에 분규를 해결하는 경우가 차차 더 많아져 갔을 것이다. 그게 더 진화하여 반복되는 분규의 해결방법은 관습으로 발전하고 이게 다시 규범법과 도덕으로 진화했을 것이다. 하지만 공산주의의 도래를 확신했던 사회주의자들은 이를 강력히 부인하면서, 힘이 지배한 시대보다 공동으로 수렵하고 공동으로 생산하여 공정하게 분배했던 원시공간주의사회만이 있었다고 주장한다. 그러면서 힘이 지배했던 시대를 부인했다.

그러나 필자의 추리로는 원시 공산주의가 일부에서 있을 수도 있었으나 그 이전에 힘이 모든 것을 지배하면서 거의 동물적인 지배력이 판치던 시대가 반드시 있었다고 본다. 이에 대한 인류학자의 견해는 600만 년 전후부터 두 발로 걷는 직립 인간이 출현했으나 두뇌의 용량 등에서 크게 부족했고, 따라서 일반 동물과 별다른 차이가 없었다고 주장한다.

하지만 약 25만 년 전에 호모 사피엔스가 나타나면서 비로소 두뇌도 현생 인류와 큰 차가 없고, 그때부터 도구를 이용하는 문화가 조금씩 싹 튼 것이라고 주장한다. 그로 보아 문자가 없었던 구석기시대엔 오늘날과 같은 도덕과 법률도 없었을 것임은 당연했고, 성문법이 없었음도 당연했다. 따라서 그때의 사람들은 건강과 완력이 지배력의 핵심을 이루고 있었고, 이게 질서를 유지시키고 있었을 것임은 뻔한 일이다.

필자는 그때의 지배력을 가리켜서 원시적 지배력과 원시적 지배욕, 원시적 성취욕의 시대로 호칭하는 것이다. 그 당시는 힘이 센 자가 지배력도 제일 앞설 수밖에 없는 때여서 그 자의 주장이 바로 법이었고, 그에 터 잡아서 지배욕을 충족시키고 있었음을 추정할 수 있다. 따라서 그 당시의 성취욕은 오늘날과 같은 다양한 형태의 성취욕이 존재할 수 없었다. 그 때문에 당시는 강자 위주의 종족 번식이 성취욕의 핵심이었고, 현대사회에서 볼 수 있는 다양한 성취욕은 찾아볼 수가 없었다. 이와 비슷한 생활은 앞서 말한 대로 오늘날의 침팬지 등의 생활에서도 그 잔영을 찾아볼 수 있고, 곰들의 생활에서도 조금이나마 그 잔영을 엿볼 수 있다. 이런 원시적 지배체제는 지금도 어린이 세계에서 그 모습을 볼 수 있고, 힘을 위주로 하는 깡패의 세계에선 그 잔영이 그대로 남아 있는 것이다.

13. 문화와 지배력과 지배욕, 성취욕의 순화

지배력과 지배욕, 그리고 성취욕의 진화와 순화과정을 살펴보면 재미있는 모습을 볼 수가 있다. 한마디로 진화란 사람의 지배력이 팔로부터 그 거리가 차차 멀어지는 것과 비례한다는 점이다. 원래 사람의 지배력은 팔의 길이가 미치는 1m 내외에 불과했다.

그게 나무토막이나 돌을 무기로 이용하면서 좀 멀어지긴 했으나 20m를 넘길 수는 없어서 침팬지와 크게 다르지 않았다. 인류학자들은 그런 시대가 직립인간이 된 600만 년 전500만~800만년 유력함부터 호모 사피엔스라는 조상들이 등장한 약 25만 년 전까지 지속되었다고 주장

하면서 그때까지의 인류는 두 다리로 걸을 수 있었을 뿐, 문명의 진화
는 없었다고 주장한다.

그 후 불을 발견하면서 그를 이용해 맹수들과 대결할 수 있게 되었
지만 그 보다도 그 높은 열로 철이 만들어지는 것을 발견한 것은 인류
문화에 획기적인 변화를 가져오게 했다. 그를 전후하여 활과 칼, 창 등
이 등장했고, 방패와 갑옷도 등장했다. 하지만 아직은 힘이 제일이었
고, 활과 창, 칼, 방패 등은 보조적인 위치에서 크게 벗어나지 못하고
있었다. 따라서 지배욕과 지배력은 사람의 육체를 크게 벗어 날 수 없
었으므로 지배력과 지배욕도 원시성을 크게 벗어나지 못했다.

또한 국가도 제대로 형성 되지못하고 있었으므로 권력욕이나 권력
의지 또는 권력지향성 등의 용어는 아직 이른 때였고, 원시적인 건강
과 완력이 지배력의 핵심적 역할을 하고 있었다. 그러한 지배력과 지
배욕이 권력의지나 권력욕으로 발전한 것은 그 후 상당한 시간이 지
나서 국가의 틀이 완전히 중앙집권적인 국가체제로 발전 했을 때 비
로소 생긴 욕구다.

따라서 지배력과 지배욕이 있었기에 그게 발전해서 권력의지나 권
력욕으로 발달한 것임을 알 수 있다. 그러므로 권력욕이나 권력의지
가 먼저 있어서 지배력과 지배욕이 생긴 것이 아니라 지배력과 지배
욕이 먼저 있었기에 그게 승화해서 권력욕이나 권력의지로 진화했음
을 알 수 있다.

이러한 과정을 살펴보면 인간의 권력을 향한 원초적인 모습은 지배
력과 지배욕임을 알 수 있다. 그런데도 니체는 사람의 본성을 거꾸로
보고 있는 것이다. 그러므로 니체나 존 록크 등의 주장은 이 점을 무시

하고 논리를 비약시켰고, 따라서 원시인 때부터 권력욕이나 권력의지가 있었던 것처럼 주장하는 오류를 범하고 있는 것이다.

다시 말하면 사람의 지배력이 원시적 단계를 벗어나면 초기 진화단계를 맞게 되는데 이때는 도구와 무기가 등장하면서 힘보다는 활과 창, 수레와 말 등과 같이 사람의 힘을 무력화시킬 수 있는 전쟁도구가 활발하면서부터 환경도 확 바뀌면서 국가도 형성되었고, 권력의지도 생겼다고 본다.

이때부터는 힘이 센 것보다 많은 백성들을 조직화해서 지도할 수 있는 지모와 지도력의 출중함이 부족장이나 제사장자리를 차지할 수 있게 됐고, 이로써 지배력과 지배욕을 충족시킬 수 있었다. 그 후 이러한 지모와 지도력이 출중하여 모든 사람을 제어시킬 수 있는 강자가 등장함으로써 부족국가에서 제왕제도의 국가체제로 발전하는 진화의 길을 밟게 되었다.

이 같은 초기 단계의 진화과정을 거치면 군왕을 최고 정점으로 하는 국가체제가 형성되고, 국가는 군사조직이라는 지배력을 통하여 그 힘이 미치는 범위 내의 모든 사람들을 지배하는 단계로 발전한 것이다. 그런 변모는 군사력이 지배력의 핵심이 되는 결과를 낳았고, 이때부터는 군권을 장악한 자가 왕권까지 차지하게 된 것이다. 그런 군왕이 등장한 후부터는 모든 백성들을 생업에 힘쓰게 하면서 그 잉여생산물을 세금으로 바치게 하고, 군왕은 이를 이용하여 군사를 부양하면서 이들로부터 충성이라는 미명하에 자기에게 목숨까지 바칠 것을 요구했다. 이때 만약 반역자가 생겨서 왕권에 도전하는 자가 있으면 목숨을 바쳐 토벌토록 했고, 그 공로자에게는 토지와 노비 등을 지급하거나 훈작을 내려서 계속된 충성을 요구했다.

이러한 방법은 자기가 다시 위기에 처했을 때, 누군가가 또다시 뒤따라주기를 권장하는 효과를 가져왔고, 군왕은 이를 자기의 왕권수호에 원용함으로써 자기의 지배력과 지배욕을 강화하고 유지시키는데 원용한 것이다. 그러면서 자기 스스로는 몇백 명으로부터 몇천 명 또는 몇만 명의 후궁을 두어 성취욕의 일차적인 목표인 종족 번식을 도모해 왔다.

하지만 인지의 발달과 인쇄술의 발달로 백성들의 의식이 깨우쳐짐으로써 흔들리기 시작했으며, 이때부터 군왕제도만으로는 백성들을 꼼작 못하게 하는 지배력의 행사에 한계가 있음이 드러났다. 이에 군왕제가 폐지되고, 그 대신 백성들의 투표에 의해서 관리자가 선정되면서 그 관리자는 임기 동안 착실하게 지배력군사력을 잘 관리하여 백성들의 생명과 재산을 지켜주는데 최선을 다하는 제도로 발전했고, 이게 민주주의의 참 모습이다.

14. 지배욕과 성취욕의 성숙단계와 다양한 문화

군왕제도가 폐지되면서부터 지배욕과 성취욕도 더욱 순화되었다. 따라서 후궁들을 수천 명, 또는 수만 명씩 거느리며 번식시키던 작태도 없어졌다. 그러면서 군왕과 비견되는 대통령도 백성들과 똑같이 일부일처제를 취하게 되었다. 이것은 국가의 지배력군사력과 지배체제가 백성들의 지도와 통제를 받게 되는 민주체제로 전환됨에 따라 군사력지배력도 군주를 위해 존재하는 게 아니라 백성들을 위한 군대로 진화되었기 때문이다.

이는 곧 통치자는 지배욕의 충족을 위해 그 자리에 앉아있는 게 아니라 봉사하기 위해 앉는 자리로 변했으므로 가치관의 진화도 불가피하게 되었다. 그 때부터 국가는 완전히 군림하는 지배체제에서 벗어나 봉사하는 체제로 성숙되었고, 그에 상응하는 선거제도로 발달했다. 이 단계에서는 진화된 지배력과 지배욕, 성취욕이 통치자의 개인적 욕구를 충족시키기 위한 데서 벗어나서 성숙된 지배력과 지배욕. 성취욕의 실현단계로 순화되고 진화하는 시대로 접어들었음을 말한다.

그 때문에 대통령도 일부일처제로 만족해야 했고 또한 자기 혼자만의 종족 번식이란 꿈도 못 꾸게 되었다. 따라서 성숙된 현대사회에서는 국가의 지배력과 지배욕도 백성들이 선택한 사람들에게 일시 그 관리가 위탁되는 것일 뿐, 자기 개인의 지배력과 지배욕의 충족만을 위한 사용私用은 일체 용납되지 않게 되었다.

이로써 그 간의 통치자의 지배력으로 말미암아 받아왔던 질곡과 억압은 종말을 고했으나 아직도 국가 상호 간에는 지배력 간의 냉전이 계속되고 있고 때로는 포화가 불을 품는 열전으로 비화하기도 한다.

그리고 개인 상호 간의 지배력 싸움도 원만한 조정이 되지 못한 채 그대로 다툼이 계속되고 있어서 문명의 비약적인 발전에도 불구하고 난제로 남아 있다. 하지만 백성과 통치자 간의 지배력과 지배욕, 성취욕은 성숙단계에 이르렀으므로 인류문화의 발전단계로서는 거의 최후 단계인 완숙단계에 접근하고 있다고 할 수 있다.

그와 함께 국가의 지배력을 바탕으로 했던 권력의 군림대신에 봉사를 기본으로 하는 복지의 지나침이 발생했다. 그리고 그게 바로 포퓰리즘이라는 것으로서 그게 나라의 재정을 파탄시켜서 오히려 민주주의를 위협하는 고약한 암초가 되기 시작했다. 이는 관리자의 선택을 백성들이 하게 됨에 따라 대통령이 되고자 하는 자는 우선 표를 얻어서 지배욕을 충족시키고 싶은 나머지 과잉된 선거공약을 하는 데서 문제가 생긴 것이다.

그 때문에 잘못하면 오히려 민주주의의 위기가 올 수도 있고, 또한 나라를 기울게 하는 위험을 초래시킬 수도 있게 되었다. 이 같은 병폐는 군주시대에 백성은 어떻든 우선 군왕만을 위해 나라를 운영해서 백성들을 질곡 속에 빠뜨리도록 한 것과 결과에 있어서는 큰 차이가 없는 것이다.

그러므로 이제는 지배력과 지배욕, 성취욕의 완숙단계가 필요하게 되었다. 이 같은 완숙단계는 그러한 욕구들이 지나침과 부족함이 없이 완전히 균형을 이루면서 누구나 다 만족할 수 있는 국가체제를 말한다.

그런 사회는 국가 간은 물론 개인 간에도 서로 지지 않고 이기려고만 함으로써 전쟁과 싸움이 계속되던 병폐에서 완전히 탈할 수 있는 국가체제를 말한다. 이는 서로 양보하면서 상호 협조하고 공동 번영할 수 있는 무분규의 이상적 사회로 발전된 경우를 말하는 것이며, 우리는 우리의 진화된 지적 능력으로 능히 해낼 수 있다고 본다.

15. 지배력이 있으면 기회가 올 때 지배욕이 발동한다

우리가 얼핏 보기엔 지배욕이 전혀 없는 것처럼 보였던 인사들도 기회가 오면 그 지배력득표력을 바탕으로 분연히 떨치고 일어나서 권력을 향하여 질주하는 모습을 볼 수 있다. 이를 보면 웬만한 사람은 모두 지배욕을 가지고 있음을 알 수 있다. 이러한 사실을 현존하는 정치인들에게서 찾는다면 다음과 같은 사람들이다.

지난 대통령 선거에서 야당의 후보로서 당선의 무턱까지 갔던 M 씨와 인기 최절정이었던 A 씨를 예로 들 수 있다. 공교롭게도 두 분은 평소에 지배욕권력의지 과는 매우 거리가 먼 사람으로 인식 되어왔다. 그때문에 M 씨는 고 노무현 대통령으로부터도 "저 사람은 죽어도 정치할 사람이 아니야"로 낙인찍힌 사람이었다. 하지만 기회가 오자 적극 대응해서 당선의 문턱까지 이른 사람이다. 아마도 다음 대선에서도 당의 공천만 받는다면 다시 도전할 것임은 불문가지다.

또 한 분의 A 씨도 많은 말이 있었지만 끝내는 대통령 입후보를 공언함으로써 지배욕이 건재함을 과시했다. 그분은 자기 부친조차도 "우리 아들은 정치할 사람이 아니다"라고 말했을 정도로 정치에 초연한 사람이었으나 결과는 "모든 사람은 표를 얻을 수 있는 지배력실력만 있다면 지배욕과 성취욕을 충족시키려고 한다"는 필자의 주장이 맞는 말임을 뒷받침하고 있다.

그렇다면 그런 현상이 정치인들에게만 있는가. 그리고 꼭 권력을 향한 지배욕만 있는 것일까. 결코 그렇지 않았던 경험을 밝혀보고자 한다. 그것은 가장 비권력적일 것 같은 교회에도 있었다. 필자가 20대 초반에 본 사실이다. 우리 마을엔 예수교 장로 계통의 큰 교회가 있었다. 그런데 그 안에서 기독교 장로 계통의 분파가 생겨서 떨어져 나왔고, 필자도 그 신설 교회를 6개월 정도 나간 일이 있다.

하지만 그 분파의 주동자인 C는 오랜 교회생활을 한 교인이 아닌 생내기였다. 다만 사회적 활동성만은 매우 강한 자였다. 필자가 돌이켜 보면 그는 굉장히 지배욕이 강한 사람이었다. 그와 반면에 오랜 교회생활로 집사를 하다가 장로가 된 K는 착실한 교인에 불과했다. 그 때문인지 교인들은 현재 돈을 잘 내면서 사회적 활동성이 강한 C를 따랐다.

이에 K 장로는 자기 논이 겨우 한필인데도 이를 매도하여 모두 교회에 바치면서 지배력의 회복을 통해 지배욕의 충족을 꾀했다. K는 평소 지배욕이 없는 것처럼 보였으나 신출내기에 자기의 지배력이 훼손당하고 지배욕에 상처를 입게 되자 분연히 일어나서 재산을 다 바치면서 지배력의 회복을 꾀한 것이다. 하지만 끝내 그 뜻을 이루지 못한 채 자취를 감추고 말았다.

필자도 그랬다. 필자는 우리 종친의 군산 종친회장을 12년간 봉사했다. 그 때 오랜 숙원인 입향 조入鄉祖 고향에 처음 들어온 시조의 재각이 많이 훼손되어 있어서 필자가 과감하게 추진하여 완전보수와 함께 주차장까지 설치했고, 3,000여만 원의 기부도 했다. 당시 필자가 가지고 있는 돈은 2억도 안 됐다. 하지만 전국에서 제일가는 모범종중을 만들어보려고 그랬다.

결국은 모두 실패했고, 필자도 가난뱅이가 된 채 경기도로 이사했다. 그러한 행위의 바탕엔 지배욕이 작용한 것을 최근에야 깨달았다. 필자가 사람의 본성에 대하여 관심을 가짐서부터 지난 과거를 회상해 봤다. 필자가 이게 정의다, 라고 하면서 과감하게 추진했던 일들이 과연 지배욕이 전혀 없이 오로지 정의감만으로 행동해 왔는가를 되돌아본 것이다.

그런 사건 중에는 초등학교 때 선생님의 잘못을 항의하다가 매 맞던 일, 과석을 잘못 보관하여 비 맞혀서 준 자가 국회의원 입후하면서 농민을 위해서 입후보 한다기에 이를 비판했다가 그 아들들로부터 몰매 맞던 일, 6 · 25 전쟁 때 겁 없이 반공 삐라를 썼던 일, 6 · 25 전쟁 중 실시한 농지개혁을 비판했다가 몰매 맞던 일, 1950년대의 민주당 입당과 투쟁, 농촌운동과 부정한 이장들을 추방했던 행위, 열렬한 농사개량운동과 농협 자원지도자 운동, 공무원 때 묵호항만부지의 8년간의 소송과 승소, 그리고 흑산도 항로 소송의 승소, 철저한 원칙주의자로서 청렴결백과 그에 따른 알력, 어려운 사람들을 거의 무상으로 도와서 민사사건을 승소시켜준 사실, 등의 모든 행동들이 모두 지배욕이 그 바탕에 깔려 있었음을 깨달은 것이다.

그 외에도 추대를 받아서 아파트 회장을 하면서, 개별 난방공사, 상수도관 전면대체공사, 전면 도장 공사 등을 철저한 공개경쟁입찰로 설계 가격의 42%~48% 수준으로 해내서 주민에게 엄청난 혜택을 주었던 일들이 당시는 양심상 부끄러움 없는 정의감의 발로로만 생각했으나 돌이켜보면 심층 심리엔 지배욕이 도사리고 있었음을 이제야 깨달은 것이다.

하지만 그 당시는 오로지 정의감이 강하여 행동한다고 자부했을 뿐, 지배욕이 바탕에 숨어 있음을 전혀 깨닫지 못했다. 이러한 지배욕을 듣기 좋게 권력욕 또는 권력의지, 권력에의 의지라고 호칭하거나 권력 지향적이라는 말로 미화하고 있으나 그 본질은 지배력과 지배욕이 보다 진화한 것에 불과한 것이다.

16. 지배력과 지배욕을 발현하는 여러 모습들

이러한 지배욕의 발현상태를 현실 정치인들은 어떻게 대응하고 있는가와, 몸가짐을 하고 있는가를 다시 밝혀볼까 한다. 이 지배욕은 단순히 누구를 지배함으로써 만족하는 게 아니다. 따라서 무엇인가를 이루어보려는 성취욕이 그 밑바탕에 깔려 있기에 지배력과 지배욕이 필요한 것이다. 하지만 지배력이 없으면 지배욕도 가질 수 없고, 또한 지배욕이 없으면 성취욕도 충족시킬 수가 없다.

다만 당초의 성취욕은 종족 번식에 그쳤으나 현재는 매우 다양하게 진화돼서 성취하고자 하는 분야도 사람에 따라 그야말로 천태만상으로 분화되어 있을 뿐이다. 하지만 가장 원시적인 성취욕은 번식이었으므로 특별한 경우를 제외하고는 거의 모든 사람이 다 가지고 있다.

그래서인지 이를 위해 모두 결혼해서 자손을 얻어서 번식하려는 일차적, 원시적 성취욕만은 변하지 않고 있다. 좀 더 고차원적인 사람은 여기에 만족하지 않고, 권력을 향하여 돌진하는 경우도 있고, 일반적인 학문을 탐구하거나 과학 분야에서 세계적인 발명을 해보려는 야심

찬 성취욕을 갖고 있는사람도 있다. 그 외에도 경제에 투신하여 대 기업가가 되어 세계적인 산업가가 되고 싶은 사람과 검찰, 경찰, 군인 등, 비교적 낮은 단계의 지배욕을 충족시키는데 만족하면서 성취욕의 최소만이라도 누리려는 사람도 있다.

그런가 하면 일반 공직에 투신하여 나름대로 국가 발전에 공헌함으로써 지배욕과 성취욕을 충족시키려는 사람도 있고, 종교계에 투신하면서 직접적인 지배욕과는 관계가 없는 인간의 생사生死 문제를 극복해 보려는 사람도 있으며, 후세를 교육하여 훌륭한 2세를 길러 보려는 차원 높은 모습을 보이는 사람들도 있다.

이를 보면 본래의 성취욕의 내용인 번식욕이 얼마나 진화하고 성숙했는가와, 다원화됐는가를 알 수 있다. 그것은 사람과 가장 가깝다는 침팬지와 보노보를 보면 곧 알 수 있다. 그들은 성취욕이 더 진화하지 못하고 원시 그대로 번식에 그치고 있음을 보면 알 수 있다.

하지만 우리 인류 가운데는 스스로의 능력을 헤아려서 아예 모든 것을 단념하거나 달관하면서 일차산업에 몸을 던지면서 자연을 벗함으로써 지배욕을 버리는 자세를 보이거나 아니면 속세를 떠나 조용하게 살아가는 사람들도 있다. 그 가운데는 농민들과 어민들도 있고 종교인들도 있다.

그에 비추어보면 먼 앞날을 보고 역사를 역행하지 않도록 지배력과 지배욕을 올바르게 행사한 사람은 역사에 길이 남을 수 있는 것이다.

그 때문에 지배력과 지배욕이 남다르게 강하고 또한 정의감과 이상이 높은 인간형은 대통령 자리가 가장 합당한 자리가 된다. 한마디로 그런 분들에게는 대통령에 당선되면 만세에 빛날 업적을 남길 수 있는 가장 이상적인 자리가 될 것이라고 믿고 뛰어든 것이므로 그런 초심을 잊지 않고 열심히 노력한다면 훌륭한 대통령이 될 수 있다.

하지만 그런 각오로 대통령에 당선되었음에도 인간의 능력에는 한계가 있어서 모든 게 마음대로 이룰 수가 없는 경우가 너무나 많았고, 또한 예상외의 장애도 많아서 실패하는 경우가 오히려 더 많았다. 그런데도 대통령 스스로 이를 감추면서 언론조작과 갖은 술수로서 국면을 모면하려고 하다가 오히려 궁지에 빠지는 경우가 더 많았다.

제6장
도학정치와 공산주의가 왜 실패 했을까

1. 성리학은 사람의 본성을 바로 보지 못했다

인류의 수수께끼 중 하나는 세상사가 왜 석학들과 성인들의 가르침 대로 되지 않고 실패만 했는가, 라는 문제가 아닐까 한다. 그러나 이 문제도 깊이 파헤쳐보면, 결국은 인간의 본성과 직결되는 문제이고, 또한 인간의 본성을 똑바로 알았거나 되어 있었다면 반드시 성공할 수도 있었다. 따라서 인간의 본성을 똑바로 못 봤기 때문에 그 가르침 도 빗나간 것이다.

우리 인류가 어떤 사상과 이념을 통해서 이상적인 국가체제를 실현 해 보려고 하다가 민주주의처럼 성공한 예도 있지만 낭패만 불러온 예가 훨씬 더 많았다. 그 중에도 대표적인 실패로서 그 영향이 컸고, 상처도 큰 게 있다면 하나는 공자의 사상과 그를 이어온 성리학자들이 주장하는 도학정치왕도정치이고, 또 하나는 20세기에 등장한 공산주의의 허구성과 혁명의 실패다.

먼저 성리학에서 말하는 도학정치부터 살펴보기로 하자. 그러려면 우선 맹자와 주자 등의 저서와 우리나라 유학자들의 주장들을 다 소개해야 하나, 너무 방대하여 다 할 수가 없다. 그러므로 필자는 이를 단념하고, 그 대신 율곡 선생의 도학정치사상이 성리학사상을 가장 잘 집대성하고 있으므로 이를 중심으로 살펴보고자 한다. 율곡전서 정선栗谷全書精選에 나와 있는 글 중 동호문답東胡問答을 읽어보면, 그 진수를 알 수 있다. 선생의 글을 읽어 보면 너무나 고답적이면서도 준엄하여 마음이 숙연해진다.

선생은 세계사에도 찬탄讚嘆의 대상이 되고 있는 당나라 태종도 자기自棄자포자기한 황제이고 정관치세貞觀治世라고 하여 칭송받고 있는 정치도 실패한 정치라고 혹평하고 있다. 또한 한나라의 명장으로서 통일천하의 일등공신인 한신과 영포 등도 금수와 같은 인간으로 몰아세우고 있다. 선생은 모든 역사가들이 가장 훌륭했던 왕으로 평가하고 있는 세종대왕의 정치도 도학道學정치와는 거리가 먼 정치였다. 는 이유로 비판하고 있다. 그러면서 겨우 부서富庶, 고루 잘사는 정치를 이룬 것에 불과하다고 혹평하고 있다.

율곡의 주장에 의하면 역대 군왕 중에 도학정치를 할 수 있었던 군주는 없었고, 오직 촉蜀국의 유비만이 도학정치를 할 수 있는 유일한 자질을 갖추고 있었다고 주장한다. 하지만 당시의 제갈량諸葛亮이 한비자韓非子와 이사李斯 등의 법가사상에만 치우쳐 있어서 도학정치와는 거리가 멀었으므로 원천적으로 불가능했다고 주장한다.

또한 선생의 상소문이나 경연장에서 선조에게 말한 것을 보면, 자기의 주장을 3년만 시행해 보고 효과가 없으면 자기의 목을 도끼로 쳐도 좋다는 극언을 하고 있다. 그러면서 주자 같은 성인들이 어찌 거짓말을 했겠느냐고 주장하고 있는 모습을 볼 수 있다. 이로 보면 율곡 선생은 도학정치가 반드시 실현 가능하다는 확신을 가지고 있었음을 알 수 있다.

도학정치란 무엇인가. 한마디로 요순시대의 정치를 다시 회복하자는 것이다. 쉽게 말하면 군왕은 대신을 믿고 정사를 맡겨야 한다고 주장한다. 그러면서 임금부터 바른 자세에서 정치를 하면 그 덕화가 백성에까지 미쳐서 백성들은 길거리에 금은보화가 떨어져 있어도 제 것이 아니면 줍지를 않고, 또한 도둑과 살인이 없으며, 젊은이는 노인을 존경하고, 신의와 예의가 밝아서 죄인이 없으므로 감옥이 필요 없는 사회가 된다는 것이다. 그러면서 이게 바로 요순시대의 회복이고, 이를 실현해보자는 게 도학 정치사상이라고 주장했다.

이에 대한 반대론자들의 주장은 인구가 적고 인심이 순후했던 근 5천 년 전의 요堯와 순舜이 살았던 세상과 지금과는 판이하다고 주장하면서, 그 사상은 교활하기 짝이 없는 이 시대에는 맞지 않는 사상이고, 또한 실현할 수도 없는 이상에 불과하다고 하면서 반대했다.

필자도 청소년 시절엔 율곡 선생에게 미쳐있어서 그게 가능할 수도 있지 않는가, 라고 생각했던 때도 있었으나, 지금은 인간의 본성을 깊이 깨닫고 부터서는 전혀 불가능한 일을 율곡 선생이 잘못 주장했구나 하는 생각을 지울 수가 없다.

오히려 이러한 고지식한 이상은 쇄국주의의 사상적 기초가 되었고,

조선조 멸망의 원인을 제공했다고 해도 과언이 아니다. 따라서 조선조를 구제불능의 국가로 전락시킨 것은 성리학이 분명하므로 명백한 공리공담에 불과했음에도, 조선조 5백 년은 여기에 온갖 정력을 다 쏟았다. 그럼에도 불구하고 완전히 실패했으나 다만 관혼상제冠婚喪祭와 씨족제도는 그 이론대로 어느 정도 실천되는 듯했으나 그게 행복을 보장해주진 못했다.

2. 공산주의자도 사람의 본성을 바로 보지 못했다

또 하나의 사상을 든다면 공산주의의 사상이다. 이 사상도 인간의 본성이 똑바로만 되어 있었다면, 틀림없이 새로운 차원의 이상적인 사회건설에 성공했을 것이다. 만약 그리되었다면 20세기의 비극도 없었지 않을까 하는 아쉬움이 남는다. 인간은 원래 평등한 것을 좋아한다. 아무리 못난 사람도 평등하게 살고 싶고 평등하게 대접받고 싶은 게 인간이다.

그 중에도 경제적 평등을 가장 절실하게 요구하고 있다. 이러한 사실은, 군이 마르크스의 공산주의 이론이 아니더라도 일찍부터 있었다.

그 예로는 공자의 논어 계씨 편의 글에서도 찾아볼 수 있는 것이다. 그 내용을 보면 "불환과이 환 불균不患寡而, 患不均"이란 말이 있다. 이는 재물이 부족하여 가난한 것은 환난이 될 수 없고, 오히려 고르지 못한 게 환난이 될 수 있다 라는 뜻이다.

이를 보면 가난해서 부족한 게 환난이 될 수 없고, 오히려 고르게 살지 못하는 게 환난이라는 뜻이다. 그 같은 진리가 공자 때부터 있어 왔음에도, 지금까지 실현되지 못하고 있다. 더구나 자본주의 사회는 고루 잘 살 수 있는 사회는 아니므로 그 사상과는 더욱 멀어질 수밖에 없다.

오히려 자본주의 사회는 부익부富益富, 빈익빈貧益貧의 가능성이 많은 제도이므로, 부자는 더욱 부자가 되고 가난한 자는 더욱 가난해지는 특성을 갖고 있다. 그 때문에 일찍이 산업혁명을 겪었던 영국을 중심으로, 자본주의의 폐단이 적나라하게 드러났으므로 1850년대를 전후하여 사회주의 사상이 크게 일어났다.

또한 청교도를 중심으로 사유제도를 부인하면서, 공동생산과 공동분배의 이상사회를 이룩해 보려는 백성들이 미국의 신대륙에 건너가서 공산주의를 시험해본 일도 있었다. 당시 그들은 반드시 성공할 것으로 확신하고 신대륙에 건너가서 초기에는 열심히 생산하고 분배하는데 참여해서 성공하는 듯했다. 하지만 1세대에서만 그런대로 유지됐고, 2세대부터는 부조리가 남발하면서, 최고 책임자는 차차 오만해지고 일반 참여자 간에는 상호불신만 조장되면서 비효율과 비능률까지 겹쳐서 2세대도 다 채우지 못하고 완전히 망해 버린 것이다.

그 외에도 빈부문제를 해결하기 위해 상 시몽과 로버트 오엔 같은 많은 사회주의 경제학자가 나타나서 사회주의를 부르짖고 실천하려고 노력했으나 모두 실패해서 세인의 주목을 끌지 못했다. 그런 가운데에서 칼 마르크스는 엥겔스 덕분에 1867년에 자본론 제1권을 출간했으나 별로 주목을 받지 못했다. 그런데도 그는 자기의 주장은 과학적 공산주의이고, 타의 주장들은 공상적空想的 공산주의라고 비판하면서, 자기 사상의 우월성과 완벽성을 강조했다.

그는 자기 사상의 우월성과 독창성을 강조하면서 설사 자기 생전에 공산주의를 실현시키지 못한다 하더라도 사후에라도 반드시 공산주의 사회가 온다고 주장했다. 그런 확신에 찬 주장에도, 주목을 받지 못하고 있다가, 1917년에 소련에서 공산주의 혁명이 성공하고, 레닌이 마르크스를 가장 높이 치켜세우면서, 자기의 혁명사상은 마르크스로부터 배운 것이라고 주장하자, 그는 일약 세계적인 대사상가가 돼버렸다. 그 때문에 한때는 마르크스의 자본론이 세상 사람들의 입에 크게 오르내린 때도 있었다.

하지만 마르크스의 원래 이론은 자본주의가 극도로 발전하면 착취를 일삼는 자본가와 노동자 간에 모순과 알력이 생겨서 대결할 수밖에 없게 되고 이에 따라 혁명은 필연적으로 일어날 것이라는 주장을 했다. 그 때문에 자본주의가 가장 발달한 영국에서 반드시 혁명이 일어날 것으로 주장했으나 그 혁명은 자본주의의 시골시장에 불과했던 러시아에서 발발하여 성공했으므로 마르크스의 이론은 처음 시작부터 틀려먹었다.

이와 같이 처음부터 예측이 빗나갔던 공산주의의 이론은 결국 1989년 전후에 동구권의 공산주의 국가들이 몰락을 시작했다. 이어서 1990년 10월 3일에는 동독이 스스로 무너지면서 서독에 합쳐지자 세인의 눈은 뚱그레졌다. 곧이어서 공산주의의 종주국인 소련까지도 해체되면서 그 빛이 완전히 바래버렸다. 이같이 사회주의 국가들이 자본주의사회로 복귀하자 마르크스의 사상도 시대착오적인 구시대의 사상이 되어버렸다.

하지만 중국은 일찍이 사람의 본성을 깨닫고 그 이전부터 집단농장 제도를 수정하여 어느 정도의 자유와 영리를 인정하는 전용농지체제로 개혁해서 시험해 봤다. 그 결과는 엄청나서 상상을 초월하는 결과를 얻었고, 그로써 식량 증산에 성공함으로써 기아로부터 해방될 수 있었다. 이에 크게 힘을 얻은 덩샤오핑 등은 그 경험을 살려서 일반 산업경제에도 이를 확대 적용하여 개혁 개방을 단행하자 중국은 크게 성공을 거둔 나라가 되었다.

그럼에도 불구하고 북한에서만은 교조주의적 공산주의의 잔영이 그대로 남아 있어서 백성들이 크게 고통 받고 있으나 최근에는 개혁과 개방의 움직임이 약간씩 보이고 있다. 그렇다면 고르게 잘 사는 제도로서 얼핏 보면 가장 이상주의적일 것 같았던 공산주의제도가 왜 실패했을까와 그런 사회제도의 실현이 왜 그토록 어려운 것인가를 깊이 살펴볼 필요가 있다.

그것은 실제의 사람의 본성이 어떻게 생겼는가의 구체적 경험이 없이 오로지 순수하게 사유하는 사변적思辨的 사유만으로 판단해보면 공산주의의 이론이 맞는 이론인 것처럼 생각할 수도 있게 되어 있다. 하지만 이는 어디까지나 사변적 사유의 결과일 뿐, 실제와는 전혀 맞지 않는 공허한 공상적 이론에 불과한 것이다. 따라서 그러한 결론은 사람의 본성을 똑바로 이해할 때만이 올바른 정답을 얻어 낼 수가 있는 것인데도 그들은 구체적인 인성의 경험 없이 머리로만 짜낸 결론에 따라 행동함으로써 결과적으로 인성을 완전히 무시한 결과가 실패를 자초한 것이다.

공산주의가 성공하려면 먼저 백성들의 무한한 희생과 이타적인 봉사가 있어야만 성공할 수 있다. 따라서 자기만의 이익을 위한 지배력과 지배욕, 그리고 성취욕을 버리지 못하는 한 성공할 수가 없는 제도였는데도, 사람의 본성을 너무 가볍게 본 잘못이 있고, 착각한 결과였다.

여기서 인간의 사유思惟의 한계를 보게 된다. 왜냐하면 만약 사람의 본성이 공산주의가 성공할 수 있을 정도로 순화만 되어 있었다면 사실은 공산주의 실현보다도 더 어려운 무정부주의도 실현할 수 있는 것이다. 따라서 국가도 필요 없고, 정부도 필요 없으며, 붓대를 끄덕거리면서 먹고 사는 좌식계급과, 군, 경찰, 검찰은 물론, 어느 조직도 필요가 없고, 또한 법률과 도덕도 필요 없는 그야말로 지상천국이 실현될 수 있는 것이다.

이런 관점에서 본다면 마르크스의 이론은 근본부터 잘못 출발됐고, 잘못된 결론이었다. 그런 잘못된 사상 때문에 20세기는 커다란 재앙을 겪게 되었고, 그 중에도 우리 한 민족이 가장 혹독한 피해자가 되어 있는 것이다. 앞서 누술한 바와 같이 사람의 본성과 욕구들은 불행하게도 해가 서쪽에서 뜨면 떴지, 그 욕구들은 버릴 수는 없는 것이다. 그런데도 공산주의자들은 버릴 수 있다고 착각했다.

따라서 공산주의를 실현하면 각자가 가지고 있는 지배욕과 성취욕을 버릴 수 있다고 자신한 것이나 어떠한 경우에도 인간의 본성을 버릴 수는 없음을 공산주의는 확인시켜 주었다. 인간 중에는 간사하고 약삭빠르면서 남이 안 보는 데서는 온갖 짓을 다 하면서 지배력과 지배욕, 성취욕을 충족시키려는 게 사람이고 그런 사람이 오히려 선량한 사람들을 지배하고 있으므로 공산주의는 성공할 수가 없었다.

그 때문에 공산국가에서는 이를 억제하기 위해서 어쩔 수 없이 독재를 행할 수밖에 없었던 것이며, 그러면서 완전한 인간 개조를 해보려고 무한히 노력도 해보았으나 결과는 실패했고, 그래서 성공할 수가 없었다.

한때 소련에서는 온 국력을 다하여 사회주의에 걸맞은 새로운 인간상을 창조하기 위해서 그에 걸맞은 교육을 실시하면서 갖가지 방법으로 사람의 본성을 개선해보려고 무한한 정력을 쏟았으나 결국은 실패했다.

그를 위해 자기비판제도를 강화해서 인간을 개조해보려고 무한히 노력도 해보았고, 동원할 수 있는 방법은 다 동원해 보았으나 결국은 실패한 것이다. 소련의 혁명 초기에는 사유재산을 부인하고 모든 인민대중에게 재산의 사용, 수익권을 돌려주면서 일한만큼 급료가 지급되도록 했고, 일할 수 있는 사람은 모두 취업시키는 등의 큰 성과도 올렸다. 그러면서 1929년도의 미국의 대공황 때는 실업자가 우글거리는 자본주의 사회를 비웃으면서 우쭐거렸고, 큰소리를 치기도 했다. 또한 혁명 초기에는 노동자와 농민들의 칼로리 소모가 정신노동자들보다 많다는 이유로 관료 등의 사무직보다도 더 많은 급료를 지급하는 등, 그야말로 혁명적인 정책을 썼다.

그들은 이토록 열정적인 정책을 강행했던 것이나 그러한 정책이 오히려 역작용을 불러와서 공직자들을 더 부패토록 했을 뿐 아니라 비능률과 비효율을 불러오는 결과만 낳았다. 더구나 혁명과업수행에는 관료들의 협조가 절대적 필요조건이었는데도, 관료들이 먼저 부패한 것이다.

그 때문에 과거처럼 다시 관료들을 후대해 주고, 노동자들을 홀대했으므로 혁명 초기의 이상주의적 기풍은 완전히 없어져 버렸다. 그 대신 부패와 비능률, 비효율에 의한 생산성의 저하와 공산당원의 특권 세력화와 부패로 인해서 오히려 모든 백성들이 더 가난해졌다. 특히 독재의 강화는 필연적으로 조직의 경직화를 가져왔고, 이에 따라 비능률과 비효율이 만연되어 국가 경제는 일정한 수준 이상으로는 도저히 발전할 수 없게 되었다.

앞서 밝힌 대로 사람이 약삭빠르고 잔꾀가 많으며 또한 극히 이기적인데다가 각자도 무엇인가를 이루어 보려는 강한 지배욕과 성취욕을 가지고 있는 사람이 많았으므로, 그런 본성으로는 공산주의를 성공시킬 수가 없었던 것이다.

따라서 소련에서의 공산주의의 시도는 미국 신대륙에서의 청교도들의 실패처럼 실패할 수밖에 없었고, 그게 바로 인간의 본성 때문이었다.

3. 북한의 항만하역은 3배의 시간이 걸렸다

공산주의가 왜 실패할 수밖에 없는가의 구체적인 예를 들어 보겠다. 필자가 직접 듣고 확인한 공산주의의 비효율적이며, 비능률적 생산성 저하의 실례다. 1970년대만 해도 충남 장항에 있는 제련소는 활발하게 가동하고 있었다. 이 제련소는 일제가 건설한 것으로서 북한의 남포항에도 똑같은 규모의 제련소가 있었다.

이들 두 제련소는, 똑같이 남미의 칠레에서 구리의 원료인 동광을 수입해서 이를 제련하고 있었다. 그때 이를 담당했던 선박이 우리나라 선박이었고, 선원들도 우리선원이 운항하는 적재톤수 3,000톤급의 소형선이었다. 하지만 똑같은 화물량인데도, 장항에선 1주일 내외에 하역을 마치고 오히려 조출료早出料, 하역이 계약기간보다 일찍 끝나면 선주가 화주에게 일정금을 반환를 지불하고 출항하고 있었으나, 북한에 가면 20일 내외가 소요되고 있었다. 이 선박은 공산권 기항선박이므로 입항 시엔 우리 지방해운항만청장의 허가를 받아야 했다.

우리 관서에서는 이 사실을 지방정보부와 경찰서에도 통보한다. 그 과정에서 그런 사실이 공안당국에 알려지자 아연 긴장했다. 이는 필시 선원들을 상륙시켜서 공산주의의 세뇌교육을 시키기 때문에 늦어지는 것으로 오해하고 전 선원을 불러서 분리심문까지 했다.

조사 후, 확인된 것은, 북한은 어떤 경우에도 8시간만 노동만 할 뿐, 야간 하역은 전혀 하지 않는다는 것과, 주간에도 감시원이 볼 때만 일하는 체할 뿐, 그들이 한눈을 팔거나 없으면 일은 하지 않고 잡담만 나누는 게 버릇이 되어 있었음을 확인한 것이다. 이것이 바로 두 체제의 우열을 갈라놓는 결정적 요인이다. 독재가 나쁘고 세습이 나쁜 것은, 이러한 비능률과 비효율, 그리고 생산성 저하를 개혁할 수 없다는 한계성 때문에 더 그렇다.

이러한 사실은 신상옥, 최은희 부부가 북한을 탈출한 연후에 쓴 글에도 잘 나타나 있다. 한마디로 말해서 그들은 시켜야 일하고 알아서 미리 일을 해주는 게 없으며, 여기서는 둘이면 능히 할 수 있는 일을 북한에서는 6인이 한다는 내용이었다. 이는, 필자가 군산 항만청 총무과장으로 근무하면서 정보부원과 외사ᄊ事계 경찰들과 함께 그들의 신원 특이사항을 심사하는 직책을 맡고 있어서 알게 된 사실이다. 장항항은 군산 항만청과는 2km도 안 떨어져 있어서 군산청의 출장소가 나가 있다.

동독이나 소련 등 모든 국가들이 망한 원인도 바로 위와 같은 사례 때문에 망한 것이며, 모두가 잘사는 제도라고 믿고 선택한 게 거꾸로 모두가 가난해져서 망한 것이다.

이는 인간의 지배력과 지배욕, 성취욕을 짓밟고는 아무것도 안 된다는 사실과, 독재와 비능률, 비효율은 서로 떨어질 수 없는 구조여서 공산주의의 실패는 필연적인 현상이었음을 알려주는 것이다. 그 같은 결과는 바로 인간의 본성을 잘못 본 데서부터 시작된 것이고, 이로써 그 사상도 성리학의 도학정치처럼 공리공담에 불과한 사상이었음을 깨닫게 된 것이다.

4. 필자의 경험으로는 집단농장과 농민공사의 실패는 당연했다

이론적으로만 생각하고 경험 없이 머리로만 사유한다면 네 것 내 것 없이 공동으로 작업해서 그 수확물을 공평하게 나누는 집단농장이나 농민공사제도가 얼마나 이상적인 제도인지 모른다. 따라서 겉으로 얼핏 생각하면 생산성이 크게 증대했으면 했지, 떨어질 이유가 없는 것이다.

하지만 실제의 생산 현장에서 직접 노동에 참여한 경험은 그와 전혀 달랐다. 그 때문에 산 체험을 해본 사실이 없는 마오쩌둥이나 김일성으로선 그 제도를 강행하면서 큰 기대를 했을 것이며, 새 역사 창조를 자신했을 것이다. 또한 마르크스도 그런 관점에서 공산주의를 주장했을 것이다.

그러나 기대와는 달리 생산성이 극도로 저하되었으므로 중국은 일대 식량난에 처해졌고, 농민들도 크게 동요했다. 그 결과를 놓고 마오쩌둥과 기타 지도자들 간에 크게 알력까지 생겼다. 마오쩌둥이 죽은 후, 덩샤오핑이 주석에 앉으면서 과감하게 농민공사제도를 혁파함으로써 기근으로부터 완전히 해방될 수 있었다.

그럼에도 북한에서는 집단제도를 그대로 유지함으로써 지금도 식량난을 겪고 있는데 왜 그런 결과가 생기는가에 대하여 결론을 짓기 이전에 우선 필자가 노동현장에서 실제 체험한 사실을 밝힌 연후에 결론을 지을까 한다. 1951년 11월 하순부터 1952년 늦봄까지의 경험이다. 군산지방에서는 군산항과 군산비행장간의 군수물자 수송을 위한 철도건설이 가장 시급한 과제가 되고 있었다. 그 때문에 미군들은 군산역에서부터 철로 노반공사를 시작했다. 미군이 직접 직영으로 공사를 시작했고, 한국인 노동자들에게 하루 노임 48원을 주었다. 그때 필자도 일을 다녔다. 필자는 1951년 4월에 미국 흑인 차에 치여 오른 다리에 중상을 입고 큰 고생을 했으나 점차 회복되어 손으로 하는 일은 전혀 지장이 없었고, 논흙을 파서 철로 노반에 던지는 "땅 뜨기" 작업이어서 팔 힘만 좋으면 족했다.

그때 미군들은 권총을 메고 감시하면서 "빨리 빨리"를 외쳐댔지만 우리는 눈치껏 일하면서, 미군이 쳐다보면서 시끄럽게 할 때만 하는 체 했고, 안 보면 놀다시피 하다가 저녁때면 귀가했다. 당시의 노임 48 원은 청보리 두되 값이었고, 지금 돈으론 약 3,000원쌀 한 되 값 수준이었다.

그런 작업이 3개월가량 계속됐는데도 노반공사는 겨우 1km 정도밖에 진척되지 못했다. 이는 총 노선 약 13km에 비해 너무 부진했고, 그대로라면 농번기 이전에 끝낼 수가 없었다. 그 때문인지 3월부터 한국인에게 도급을 주어서 공사를 시작했다.

필자는 빠지지 않고 5월말 완공 때까지 다녔다. 그 때 하루 1.5평 약 9입방미터의 흙을 파 던졌고, 그 성과불은 210원이었다. 몸은 비록 고됐으나 미군 밑에서 보다 4배 이상의 수입을 올린 것이다. 필자는 곧 2평으로 늘렸고, 하루 노임도 280원이 되었다. 그때 작업량은 어땠을까. 돌이켜 추정해보면 10배도 더 차이가 났을 것이다.

필자가 팔로 하는 일을 특별히 잘한 것은 키는 1.68m였으나 팔 길이만은 1.82m인데다 거기에 힘까지 좋아서 벼 베기와 벼 다발 올리는 일 등, 팔로 하는 일은 필자를 따를 자가 별로 없었다. 팔 길이에 비해 키가 작은 것은 다 크기 이전에 굶주리면서 너무 일찍부터 등짐 등지게를 많이 졌기 때문이었다.

하지만 땅 뜨기라는 지나친 중노동을 할 때엔 땀을 많이 흘린 탓인지 저녁때면 좀 어지러웠다. 그러면서 식사량이 엄청나게 증가했다. 그 때문에 큰 도시락도 모자라서 바구니에 담아서 자전거에 싣고 다니면서 먹었다. 그를 본 우물가의 아낙네들이 웃어 죽겠다고 웃어댔던 기억이 생생하다. 그토록 억척스럽게 일을 하면서도 전혀 불만이 없었다.

이와 비슷한 경험은 연탄공장에서도 있었다. 1950년대엔 전기사정이 안 좋아서 1주일에 하루는 쉬었고, 수동식이어서 기계 한 대에 4인이 1조가 되어 연탄을 찍었다. 일감이 많은 12월과 1월엔 새벽 5시부터 밤 9시까지 하루 14시간 일했고, 최소 3,000장 이상을 찍었다.

5시부터 6시 반까지는 여러 저탄장에서 무연탄을 날랐다. 드넓은 저탄장에는 5~6개의 탄 무더기가 있었고, 우리는 각 무더기에서 고루 실어왔다. 그때 대한 연료공업사는 정부에서 제공하는 무연탄과 피치를 혼합한 후, 이를 고온으로 훈중하여 조개탄을 제조해서 정부에 납품하고 있었다. 그러므로 저탄장은 온통 장부에서 제공한 무연탄이었다. 무연탄의 종류에는 산지의 지명에 따라, 장성탄, 은성탄, 삼척탄, 고목탄, 화순탄 등이 있었다. 여러 탄을 고루 섞는 것은 무연탄에는 화력이 좋은 고목탄, 장성탄 등도 있지만 연소 후의 응고력 때문에 철분이 많이 든 화순탄과 황토도 필요했기 때문이다. 연탄은 연소력 못지않게 재가 안 깨지는 것도 중요했다.

그런데 과거에 날일로 연탄을 찍을 때는 하루에 1,500장 남짓 찍으면서 고정 임금을 받았으나 한 장에 2원씩 도급을 받은 후, 수요가 많은 12월과 1월에는 최고 5,000장, 보통은 4,000장 이상 찍었으며 노임은 한 달에 쌀 4.5가마 값이어서 당시의 노임으로서는 대단했다. 더구나 5인이 하던 일을 청부받은 후에는 4인이 해냈기에 더 많은 수입이 되었다.

그것은 둘이서 해 왔던 "여러 탄과 황토를 함께 갈아서 체로 치는 일"을 필자 혼자서 해냈고, 그로 인해 1인당 노임이 25%씩 상승하는 효과가 있었다. 하지만 필자에겐 그 보상이 전혀 없었고, 오히려 탄을 직접 찍는 자가 사장과 친인척이고 기술자라는 미명하에 50%를 더 먹었다.

이를 필자가 강력하게 항의하여 똑같이 4등분하도록 시정시켰다. 이러한 악폐는 어느 조직이나 어느 직장에서도 비슷하게 생기는 현상일 것이다. 조금 우월한 위치에 있는 자들은 항상 그 지배력의 우월성을 악용하여 지배욕을 충족시키고 있는 것이며, 그런 짓은 항용 있는 행위였다.

또 다른 예는 1952년 11월 하순부터 1954년 봄까지의 석유행상의 체험이다. 집에서 군산 소재 석유도매상까지 약 7km 거리였다. 새벽 다섯 시경 일어나 빈 석유통 2개를 짊어지고 찾아가서 두 통 가득히 석유를 담으면 35kg가 조금 넘었다.

그것을 메고 7km를 걸어오는 것은 그리 쉬운 일은 아니었다. 특히 앞서 밝힌 대로 다리가 절골되어 보행이 편치 않은 터였다. 그런데도 불만 없이 돌아와서 마루에 바쳐 놓고 아침 식사를 한 다음 한 통을 메고 30km를 걸으면서, "석유기름 사시오 석유기름"의 외침을, 첫날은 동쪽, 다음 날은 서쪽마을로 찾아다니면서 하고 다녔다.

점심은 두부 집에서 비지를 산 후, 김치를 얻어서 먹었고, 그로써 점심을 때웠다. 그런 식사인데도 어느 날 정미소 앞을 지나다가 몸무게를 달아 본바, 약 1kg가 늘었기에 놀라기도 했고 기쁘기도 했다. 그때 자전거를 타고 다니던 시내 석유행상은 큰 병에 50원씩 받았으나 필자는 40원씩 받았고, 4홉들이 한 병은 20원씩, 박리다매薄利多賣 했으므로 그들보다는 거의 배 정도 더 팔았다. 그 때문에 그가 시비를 걸어와서 심히 다투기도 했다.

위 세 가지 예에서 보았듯이 자기가 노력한 만치 그 열매가 돌아오면 아무리 어렵고 힘든 일이라도 온 힘을 다하여 생산성을 높이는 것이었다. 하지만 성과와 관계없이 고정임금을 주는 미군들의 직영방식은 총을 메고 생명을 위협하면서 독려하고 감독했는데도, 생산성은 현저하게 떨어졌고, 노임도 현저하게 적어서 쌍방이 모두 손해였다.

이러한 현실은 생산성 증대의 방법으로는 아무리 높은 수준의 교육을 시키면서 자아비판 제도를 실시한다 해도 일시적 개선이 되는 체할 뿐, 곧 제자리로 돌아간다는 사실을 알려주는 중요한 증거인 것이다. 그렇다면 왜 그런 현상이 생기는 것일까.

이는 돈의 지배력이 매우 강하기 때문에 지배욕을 충족시키는 방법으로는 돈만 한 게 없기 때문에 생기는 현상이다. 돈의 지배력은 평시엔 군사력도 압도할 수 있다. 이는 돈이 생기면 지배력이 강화되어 지배욕을 충족시키는데 보다 유리한 위치에 설 수 있기 때문이다. 이는 돈을 많이 벌면 그만치 지배력을 강화시켜서 지배욕과 성취욕의 충족에 보다 효과적인 위치에 서기 때문이다. 우리는 이게 사람의 타고 난 본성임을 깨달아야 하고, 이러한 인성을 냉정하게 받아드려서 이를 무시하는 바보스러운 짓은 하지 말아야 한다.

제7장

민주주의와 지배력, 지배욕과의 상호관계

1. 민주화는 지배력과 지배욕, 성취욕의 순화를 위해 필요

독재자들의 지배욕과 성취욕을 뒷받침해주고 있는 지배력도 시간이 걸릴 뿐, 세월이 흐르고 시간이 가면 느슨해진다. 그와 반대로 백성들은 차차 깨우쳐가서 결국은 민주화를 위한 투쟁으로 자유를 얻게된다. 이는 각자가 인격체의 중심이 되어 인간의 존엄성에 대하여 눈을 뜨게 됨에 따라 자연스럽게 생기는 현상이며, 투쟁에서 얻어진 귀중한 체험이다.

더구나 자유를 누리게 됨으로써 백성들에게 지배자를 선택할 수 있는 선택권까지 보장받기에 이르자 인권이 보다 더 철저히 보장되면서, 자유와 평등, 그리고 인간다운 삶이 보장될 수 있는 기반까지 튼튼하게 조성됨으로써 인간의 존엄성은 더욱 확고하게 보장된 것이다.

그리되면 상하 간의 종속과 지배가 아닌 상호계약으로 발달됨으로써, 지배력과 지배욕, 성취욕도 성숙되어 감을 볼 수 있는 것이다. 인류의 역사는 이런 방향으로 상호지배와 상호존중이라는 민주주의체제로 발전되어 왔다. 여기서 지배력을 다시 더 구체적으로 살펴보기로 하자.

많은 사람들이 나름대로 지배욕과 성취욕을 가지고 있으나 현실적으로는 지배력이 없어서, 지배욕이 꺾임으로써 원시적 성취욕인 종족번식에 만족할 수밖에 없는 경우가 많았음을 누누이 강조했다. 하지만 이러한 지배력도 문화의 발달에 따라 천태만상으로 분화되면서 발전하고 있다. 예를 들면 깡패의 세계에서는 주먹이 바로 지배력이 되고 있고, 학문의 세계에서는 깊은 지혜와 지식이 지배력이며, 각자의 위치에서 최고의 능력을 발휘하면 그게 최고의 지배력으로 작용한다. 이는 곧 그 분야나 그 조직사회에서는 최고의 안정적 신분보장과 함께 지배력을 보장받게 해준다.

그 중에도 깡패의 지배력은 꾸밈이 없는 직선적 지배력이어서 가장 원시적 지배력에 속한다. 그럼에도 그 조직 내에서는 국가의 지배력인군사력이나 검찰, 경찰력 등의 공권력보다 더 무서운 힘을 발휘하기도 한다. 그 때문에 때로는 기업체의 장도 그 폭력에 억눌려서 본의 아닌 협조를 하게 되는 경우를 종종 보게 된다. 이토록 국가의 공권력보다도 더 강한 지배력을 발휘함으로써 때로는 국가도 해내지 못하는 채권추심까지도 완벽하게 해내고 있는 게 현실이다.

2. 원시인들의 지배력과 지배욕은 깡패 같은 권력

원시시대에는 사람의 힘, 즉 완력이 바로 지배력이었으므로 그게 바로 권력이 되어 호의호식할 수 있었다. 하지만 나라를 세우게 되면서부터 활과 창과 칼에 국가라는 강력한 조직까지 가세하자 그 때부터는 국가가 최강의 지배력을 장악하게 되었고, 그로 인해 종래의 완력은 스스로 수면 아래로 잠복해 버렸다.

그 후부터 황제와 군왕들은 병을 길러서 지배력을 더욱 강화시킴으로써 군왕의 지위는 더욱 공고해졌다. 군왕들은 그런 힘을 바탕으로 보다 더 강력한 군사력의 확보를 위해 칼과 활을 만드는데 더욱 심혈을 기울였다. 그러면서 이를 보다 멀리까지 빠르게 운반하는 기술까지 개발하여 먼 곳의 적까지 제압함으로써 지배력의 범위를 넓히고 있었다. 이를 위해 기병을 양성했고, 한편으로는 활과 창의 위력을 억제시키려고 갑옷과 방패도 만들었다. 하지만 이러한 기병과 갑옷, 방패, 그리고 활과 칼도 철포가 등장하면서부터 무력화無力化되기 시작했다.

그 때부터는 원시적인 지배력인 주먹과 완력은 더욱 쓸모가 없게 되었다. 하지만 아주 쓸모가 없는 게 아니라 국가의 지배력이 미치지 못하는 뒷골목과 밤에는 여전히 활개치고 있었다.

그들은 국가권력을 피해 다니면서 전광석화와 같이 그 지배력을 행사하고 다녔으므로 국가에서는 그 지배력을 양성화陽性化하는 방법으로 각종 운동경기에 이를 흡수시킴으로써 그 에너지를 소화시키려고 노력하고 있다. 또한 그로써 인간의 옛것을 그리워하는 향수병을 달래주면서 그들의 원시적인 지배력을 순화시키려고 노력하고 있는 것이다.

그와 반대로 학문의 세계에선 완력이 지배력이 아니라 그 분야에 대하여 얼마나 더 깊고 넓게 많이 아는가와 얼마나 똑바로 아는가가 바로 지배력의 강약을 좌우하고 있었다. 그 때문에 교단에 선 교수들은 자기의 연구실적과 학설이 항상 최고라고 강변하면서 그 분야에서의 지배력 강화에 몰두하고 있다.

이러한 자세는 자기의 지배력을 강화하여 지배욕과 성취욕을 충족시키기 위한 몸부림으로 봐야 한다. 따라서 이러한 몸부림이 있었기에 학문은 더욱 발전하고 진보하는 것이었다.

기업에서는 돈을 잘 버는 게 바로 그 기업의 지배력을 강화시켜주는 초석이 되고 있다. 한마디로 돈을 잘 번다는 것은 그 기업의 성쇠盛衰를 판가름하는 척도가 된다. 그를 위해서는 경영도 잘 해야 하지만 남보다 앞선 연구와 새로운 상품의 개발도 잘해야 했다. 또한 기존의 판로를 잘 유지시키면서 새로운 판로개척을 성공시키느냐 여부가 기업의 성쇠를 판가름하고 있는 것이다. 따라서 기업들은 여기에 사활을 걸고 전력투구全力投球하고 있고, 이게 기업의 생명을 좌우하고 있다.

또한 어느 기업이든 많은 인재들이 우수한 두뇌로 새로운 상품을 잘 개발하고 있는 것도 지배력의 강화를 위해서다. 하지만 수요예측과 판로확보를 하지 못해서 실패하고 있는 경우가 너무나 많다.

특히 신참 기업들이 기존 기업들의 판로를 뚫어보려고 저가정책으로 맞섰다가 이게 오히려 적자의 씨앗이 되어 결국은 파산하는 경우가 더 많았다. 이러한 갖가지 지배력의 강화도 민주화와 더불어 순화의 길을 걷고 있다. 그 때문에 그토록 강력했던 군왕의 지배력인 군사력도 민주화 앞에서는 종이호랑이처럼 변했고, 기타의 모든 지배력도 백성들을 주인으로 하는 민주주의 앞에선 백성들을 모시는 지배력으로 발전했다.

그에 따라 군주에 충성을 강요했던 군사력이라는 지배력이 이제는 백성들의 복리증진을 뒷받침하는 지배력으로 진화하고 성숙했다. 이러한 변화는 민주주의가 건재하면 할수록 특정인을 위한 지배력이 아니라 백성들을 위한 지배력으로 남게 되는 것이다.

3. 득표력은 정치인들의 지배력이다

정치계에서는 백성들의 지지도가 높아서 투표할 때, 표를 많이 얻을 수 있는 게 지배력의 척도가 된다. 따라서 백성들의 지지열도가 높아서 표만 많이 나오면 뭇 정치인들은 그 정치인을 따라가기 마련이다. 이러한 예는 과거 호남지방에서 가장 두드러지게 나타난 현상이기도 하다.

그것은 김대중 전 대통령이 군부세력으로부터 터무니없는 용공주의자로 매도되면서 폭력혁명을 획책한 자로 조작되고, 또한 수없이 사선을 넘나들면서 오랜 세월의 영어囹圄생활을 하게 한 것이, 백성들에게 뿌리 깊은 보상심리를 심어주는 효과를 가져왔으므로, 그에 따라 많은 국민들로부터 크게 지지를 받는 결과를 낳았다.

그 결과 양심 있는 지식인들과 호남지방으로부터는 거의 절대적인 지지를 받는 결과를 가져왔다. 그게 무서운 지배력으로 작용하여 한때는 김대중의 신임여부가 바로 득표로 연결되고 있었으므로 그 지방의 국회의원 등 정치지망생들은 무조건 김대중을 따라다녔다. 이를 보면 정치인들에게는 득표력이 바로 최고의 지배력이 될 수 있다는 산 증거가 되는 것이다.

이 때문에 백성들이 존대 받는 민주주의가 좋은 것이며, 이로써 무력할 것 같은 백성들도 잠재적인 지배력이 될 수 있어서 필요하면 언제든지 최고 권력자에게 반대할 수 있는 지배력으로 등장했다. 그에 따라 언제든지 투표를 통해서 지배력을 행사함으로써, 상호지배와 함께 백성들도 지배욕과 성취욕을 충족시키고 있는 것이다.

그러나 이러한 지배력과 지배욕, 성취욕도 때로는 변태성을 보여서 독재를 낳기도 했고, 개인들이나 같은 직장인 간에도 특정인을 왕따시켜서 지배욕과 성취욕을 만족시키려는 일도 생겼다. 그러나 그러한 편법은 지배력과 지배욕, 성취욕의 변태현상이므로, 가장 모자라는 자가 행하는 지배력의 행사에 불과하다.

4. 지배력과 지배욕이 정의감으로 무장하면 혁명가다

지배력과 지배욕, 성취욕이 남달리 강한 사람들이 정의감으로 무장하면 불의를 타파한다는 명분으로 자기보다 월등하게 강자인 국가권력 등을 상대로 싸우기도 한다. 그런 예로서는 1980년대 전후에 있었던 민주화투쟁이 바로 그것이다. 그 당시의 투쟁을 일컬어 백성들은 민주주의 회복을 위한 민주화투쟁이라 했고, 투쟁하는 사람들을 가리켜 민주투사라고 호칭했다. 그들은 집회와 시위, 기타 언론 등을 통해 적극적으로 투쟁하면서 수없이 옥고를 치르기도 했다. 이와 대조적으로 정신적으로 저항하는 방법으로 투쟁하여 정치권력을 지배하고 제압하여 민주주의를 회복해 보려는 투쟁도 있었다. 그 대표적인 예가 김영삼의 단식투쟁이다. 우리 대한민국의 민주화의 회복의 공로는 모든 민주투사들의 희생덕분이긴 하지만 특히 두 김 씨의 공이 가장 큰 것은 사실이다.

김영삼은 23일 동안의 단식투쟁을 통해 지배력을 행사함으로써 막강한 군사정권을 싸워 이겨서 민주주의의 씨를 뿌렸다. 이 같은 투쟁방법을 보노라면 이겨서 지배하려는 방법에는 단식하는 방법 등으로 죽음까지 각오한 지배력의 행사방법도 있지만 직접 자살로써 상대를 굴복시키려는 지배력도 있었다. 이로 보면 무조건 맞서서 싸우는 지배력의 행사방법만이 있는 게 아니라 우회적으로 지배력을 행사하여 이기는 방법도 있었으므로 투쟁방법이야말로 천태만상의 다양한 방법이 동원되었음을 알 수 있다.

따라서 사람들은 이길 수만 있다면 인간의 생명 애착이라는 자연섭리까지도 져버린 채 정신적 저항과 죽음을 각오한 싸움을 하기도 한다. 굳이 합법적인 방법이 아니더라도 수단과 방법을 가리지 아니하고 온갖 지배력을 총동원함으로써, 목적했던 바를 달성시켜서 지배욕과 성취욕을 충족시키려 하기도 하는 것이다.

또한 사회적으로나 정치적 또는 경제적인 약자가 이겨보려고 흔히 쓰고 있는 방법으로는 법정투쟁이 있다. 이 법정투쟁은 재판관 앞에서 검사의 부당한 소추행위를 구체적으로 비판하고 반박하면서, 한편으로는 자기방어를 위한 증거도 제시하여 싸워나가는 방법이다. 그 투쟁의 목표는 부당한 정부권력, 즉 정부의 지배력을 이겨내서 역 지배해보려는 지배욕과 성취욕의 강력한 도전이다.

그 외에도, 검사나 형사들의 심문에 진술을 거부하는 방법 등으로 투쟁하기도 한다. 이러한 방법도 법정투쟁의 일환이며, 약자들이 법의 충분한 보호를 받기 위한 수단으로 이용된다. 노동자들이 기업주와 다투는 임금투쟁과 파업 등도 모두 지배력의 행사방법이며, 이런 행위들도 이를 통해 무엇인가를 이룩해 보려는 지배욕과 성취욕의 표현방법으로 봐야 한다.

이같이 정상적으로 이루어지고 있는 투쟁방법만이 있는 게 아니다. 때로는 철도노조와 같이 법률의 규정을 역이용하여 준법 투쟁이라는 이름으로 지배력을 행사하기도 한다. 이러한 기묘한 투쟁방법도 모두 이겨서 지배하려는 게 목적이고 그 저변에는 지배욕과 성취욕이 작용하고 있다. 이를 보면 인간의 지배욕과 성취욕은 그 뿌리가 너무나 깊고 넓음을 알 수 있다.

사람들은 동원이 가능한 한 모든 지배력을 총동원하여 싸우고 있음을 볼 때, 지배욕과 성취욕은 거의 무한하게 크다는 사실을 알 수 있다. 한마디로 인간의 지배욕과 성취욕은 거의 무한한 것이어서, 종을 사면 말을 사고 싶고, 국회의원이 되면 다시 대통령이 되고 싶으며, 대통령이 되면 영구 집권하고 싶은 게 지배욕과 성취욕의 원래의 모습이다. 따라서 지배욕과 성취욕의 한계는 지구를 다 차지한다 해도 만족하지 않고 다시 전 우주를 차지하려는 게 지배욕과 성취욕의 참 모습이고, 그 근원은 자기의 연장인 번식을 최대화하려는 게 본래의 모습이므로 동원이 가능한 지배력은 빼놓지 않고 총동원시킨다.

그 외에도 사기 공갈 협박 등과 같이 좀 더 지능적이고도 교활한 방법으로 지배욕과 성취욕을 충족시키려는 방법도 있다. 그리고 싸움하는 대상에는 친인척이 아닌 경우가 많지만, 그렇지 않은 경우도 있다.

예를 들면 가장 평화로워야 할 부부간이나 부자간과 형제간에도 싸우고 있고, 극친했던 친구 간이나 같은 직장의 동료 간에도 이겨보려는 싸움이 존재하는 것이며, 어느 싸움이든 지배욕과 성취욕이 밑에 깔려 있다.

이런 싸움이 단순한 설전이 아닌 소송으로 번졌을 때, 꼭 이기기 위해 증거를 조작하거나 위증을 시켜서 꼭 이기려고만 하는 경우도 있는데, 이는 지배력과 지배욕, 성취욕을 가장 나쁜 방법으로 악용하는 모습이다.

5. 정치가들의 지배욕 충족을 위한 투쟁의 모습들

이겨서 지배욕과 성취욕을 충족시키기 위한 지배력 행사의 전형典型은 정치인들이 겪고 있는 각종 선거전이다. 선거전 때 싸우는 모습은 돈과 지혜 그리고 능력과 건강까지 총동원하여 싸우는 것이므로 지배욕과 지배력을 총동원한 싸움이 된다.

이와 같이 사력을 다하여 싸우면서 반드시 국회의원이 되려는 것은 당선만이 지배력과 지배욕, 성취욕의 극치 점을 이룰 수 있기 때문이다. 더구나 노출되어 싸우기에 더욱 극렬하게 되는 것이므로 인간의 지배력과 지배욕, 성취욕을 위한 싸움으로는 가장 전형적인 모습이 된다.

정치인들은 선거전을 위한 지배력의 행사에 온 힘을 다 기울이는 것은 승리할 때만이 국민 앞에 우뚝 서서 지배력의 위력을 과시할 수 있고, 또한 지배욕을 충족시킬 수도 있기 때문이며, 이것도 하나의 싸움이기 때문에 싸움 전戰자를 붙였다.

그 때문에 입후보하는 것을 말 타고 싸움터에 나가는 것에 비유하면서 출마했다고 호칭하는 것이나, 이는 말을 타고 활을 쏘면서 싸우던 옛 모습에서 연유하는 것이다. 그 당시는 한 장수가 먼저 말을 타고 적진 앞에 나타나서 싸움을 건다. 이때 말을 타고 앞에 나가서 외치기를,

"나는 아무개인데 나와 겨눌 자 그 누구 없느냐, 누구든 나와서 한 판 겨뤄서 승패를 가려보자."

라고 큰 소리로 외침으로써 지지 않고 이겨보려는 인간의 지배력과 지배욕을 자극하는 것이다. 이로써 적장으로 하여금 말을 타고 나오게 한 후, 죽기 살기로 싸우던 전투 방식에서 그 어원이 생겼다. 그런 전쟁으로 상대방을 제압하여 지배하려는 방식을 역사적으로 살펴보면, 처음은 건강이 좋고 완력이 강한 자를 중심으로 이루어지는 전쟁이 고작이었다. 그 후, 개인의 완력보다 활과 칼, 창 등을 잘 다루면서 말을 잘 타는 병사가 큰 소리 쳤다. 이어서 철포가 등장하면서부터 그 나라의 산업발달과 우수한 전략가의 지능, 그리고 신무기의 발달 등

이 전쟁의 승패를 가름하는 시대가 찾아왔다.

이러한 현상은 현대에 이르러 더욱 심해지고 있고, 향후에는 컴퓨터 등에 의한 우주 전쟁과 전자장치에 의한 지능적인 싸움이 예상되므로 과학의 발달이 전쟁의 결과를 판가름 내는 극한점에 도달하고 있는 것이다. 이런 사실들을 종합해보면, 사람이 있는 곳에는 반드시 지지 않고 이기려는 경쟁과 이겨서 지배력과 지배욕에 활력을 불어넣어서 성취욕을 충족시켜보려는 싸움이 있기 마련이다.

다만 이기려면 상대방을 제압할 수 있는 지배력, 즉 군사력과 이를 뒷받침하는 경제력, 기타 과학의 첨단尖端성 등의 튼튼한 지배력이 있어야 했다. 그 때문에 군사력과 경제력 등이 넘쳐서 상대방을 능히 제압하여 지배할 수만 있다면 그 지배력을 행사하려 들었고, 또한 지배욕과 성취욕을 충족시킬 수만 있다면 생트집을 잡아서라도 전쟁을 일으키고 있었다.

이 같은 현상의 근본원인은 앞서 거듭 말한 바와 같이 상대방을 제압하여 지배하려는 인간의 지배욕과 성취욕이라는 본성 때문에 생기는 현상이다. 그런 까닭으로 경쟁과 싸움을 걸어오는 자가 있다 하더라도 이에 맞서서 이겨보려 하지 않고 굴복해 버린다면 싸움은 일어나지 않는다. 하지만 거기에는 굴욕과 이에 따르는 굴종, 때로는 노예상태로 전락하는 게 문제다.

그러므로 불법한 침해가 있으면 반드시 싸워야 한다. 그런데도 굴복함으로써 평화를 누리려 한다면, 항상 악의 편이 세상을 지배하게 되어 그들의 지배욕과 성취욕을 충족시켜주는 결과밖에 안 되므로, 이러한 행위는 범죄에 동조하는 행위밖에 안 된다.

이러한 불법침해에 대해서는 정정당당하게 맞서서 싸워야 하고 그를 반격하여 제압해야 하나, 지배력이 부족하여 패전하는 경우가 더 많은 게 현실이었다. 이게 바로 지배력군사력이 강하여 지배욕과 성취욕이 강한 자들의 범죄를 유혹하는 동기가 되고 있다.

하지만 반격하여 적을 죽였거나 상처를 입혀서 이겼을 때는, 강자가 약자를 침략하여 굴복시키는 것보다도 훨씬 값지고 정당한 것이 된다. 이런 행위를 국법질서인 형법의 입장에서 본다면 정당방위, 긴급피난, 자구自救행위 등으로 정당화될 수 있고, 합법화시킬 수 있다. 정당방위의 경우 설사 사람을 죽였다 하더라도 처벌은커녕 오히려 칭송받는 경우가 더 많다. 그와 반대로 침략자가 승리했을 경우는 이겼다는 것만으로 정당화될 수는 없으므로 마땅히 비판받아야 할 범죄에 해당한다.

하지만 현실은 항상 이긴 자가 정의로운 자로 둔갑하여 행세할 수 있었다. 그들은 국가권력까지 장악하고 있으므로 패자에겐 비판할 수 있는 기회조차 주어지지 않는 틈을 타서 그들은 마음껏 뽐내고 있었다. 이게 바로 역사의 가장 큰 비극이며, 이를 본받아서 다른 힘 센 자들도 똑같은 행위를 되풀이 하고 있는 게 역사의 현실이다.

이런 사실만을 놓고 본다면 이겨야만 정의로운 행위로 평가받는 결과를 얻을 수 있으므로 더욱 기를 쓰고 이겨보려고 온 힘을 다 기울이는 것이다. 하지만 질 수 있다는 사실을 알면서도 싸워왔음은 사람이 지기 싫어하는 동물임을 말해주는 것이며, 이를 보면 사람은 싸움 없이는 못 사는 동물일지도 모른다.

그 때문에 전쟁과 경쟁, 그리고 싸움과 다툼은 인류가 존속하는 한

계속될 것이므로 싸움 없는 인류란 상상하기조차 힘들고, 그로 인해 우리 인류의 다툼은 끊임없이 계속될 것으로 본다. 다만 개인 간의 싸움은 국가의 법질서가 서 있어서 곧 공권력이 발동되어 구제해 주거나 곧바로 질서를 잡아 줄 수 있다.

하지만 국가 간의 전쟁이나 부족 간의 싸움은 그 싸움이 집단화되어 있고, 이를 통제할 수 있는 힘은 한계가 있으므로 한마디로 무법천지의 싸움이 되어서 이기는 자가 제일인 것이다. 이게 바로 우리 인류 역사에서 가장 큰 비극의 원천이 되어 왔고, 모순이기도 했다.

인류가 머리를 맞대고 이성적인 판단을 통하여 만들어진 세계 공통의 법률을 보더라도, 사람을 죽이는 행위는 가장 나쁜 행위이므로 살인죄의 적용을 받아서 적어도 5년 이상의 유기징역이나 사형을 선고받아야 할 범죄로 되어 있다.

이런 살인행위도 상대방의 불법적인 침해에 대하여 다른 방법으로 피할 길이 없어서 행한 살인행위였다면, 정당방위여서 무죄가 허용된다. 따라서 적국의 침해에 대한 응전행위도 그 침해행위가 불법행위이고, 자국에 대한 침략행위가 될 때에는 이에 대응하는 행위는 명백한 정당방위가 되는 것이어서, 무죄가 당연시되는 것은 하나의 자연법이라고 할 수 있다.

이러한 행위를 사법적私法的인 민법의 입장이나 공법인 형법의 입장에서 보더라도 정당방위는 물론, 내 생명과 재산을 지키기 위한 자구행위가 될 수도 있고, 위난을 당하여 긴급히 피하려는 긴급 피난행위도 될 수 있어서 굳이 전쟁이라는 이름을 빌리지 않더라도 무죄가 될 수 있는 것이다.

그 때문에 전쟁의 현장에서 이루어지는 살인행위는 당연히 정당시되는 것은 물론, 칭송을 받고 있기도 하며, 이러한 평가는 정당한 평가라고 함이 옳다. 그래서 가장 많은 적을 죽였을 때에는 살인자가 되는게 아니라 오히려 영웅으로 치켜세워지고 있는 것은 당연한 일일지도 모른다.

지난 역사에서 실제적으로 있었던 결과를 보면, 불의의 침략을 당하여 이를 막으려고 정정당당하게 맞싸웠던 피해자 측이 정의롭다는 이유만으로 전쟁에 이기는 경우는 매우 드물었다. 이를 보면 역사의 현실은 침략을 받아서 싸우는 정의로운 자가 오히려 패배하여 수모를 당하는 경우가 더 많았다. 이것도 인류 역사의 크나큰 오점이었고, 또한 비극이었다.

이러한 사실은 지나온 세계사나 국사를 훑어보더라도, 정의로운 자가 싸움에 이기는 경우는 매우 드물었다. 오히려 불의의 침략자가 힘이 센 탓에 이기고 있었다. 이 때문에 정의와 불의가 뒤바뀌어서, 정의로운 자가 침략자 앞에서 무릎을 꿇고 잘못했다고 비는 경우가 더 많았다.

6. 지배력국력의 강약만으로 국제질서가 선다면 지구는 불행해진다

국력은 바로 국가의 지배력을 의미한다. 그 지배력이 상호 충돌할 때 전쟁이 발발하여 무수한 생명의 희생과 재산의 탕진을 가져온다. 그런데 똑같은 지배력이라도 개인들의 지배력은 국가의 통제를 받고 있어서 크게 순화되어 왔으나 앞서의 전쟁사를 살펴볼 때 밝힌 바와 같이 국가 간의 전쟁은 오히려 백성들이 흥분하여 야단법석을 더 떨어서 문제를 더 키우는 경우도 있었다.

하지만 1, 2차 대전의 참화와 6·25 전쟁의 참담함을 직접 목격한 우리 백성들만은 그런 경망스러운 작태는 보이지 않고 있다. 그 때문에 무력통일보다는 평화통일을 압도적으로 원하고 있다. 그런데도 작금의 남북한과 이웃나라들이 벌이고 있는 군비확장과 호전적인 발언 등은 심히 우려스러운 것이다.

그런 점을 살펴보면서 향후의 인류역사가 다시 비극으로 점철되어 가지 않을까 하고 심히 우려되는 것이다. 다만 앞서 말한 대로 개인 간의 싸움은 국가의 법질서 아래에 있고, 이에 따라 국가의 통제력이 미치고 있으므로, 국가는 옳고 그름을 잘 살피고 따져서 위법자를 구속하여 형벌로써 다스려서 사형에서 벌금까지 여러 방법으로 적절하게 처벌하고 있으므로 정의가 살아있다고 봄이 옳다. 또한 이해관계로 다투는 민사사건도 판결로서 판가름을 내 주면서, 피해를 보상해주도록 하거나 권리를 회복시켜 주는 방법 등으로 정의로운 자가 승리하도록 판결해주는 경우가 많았다.

이같이 정의로운 자의 승소가 보다 많았던 현상은, 사법부라는 재판기관을 국가가 완전히 장악하고 있어서 공정성과 집행력이 빈틈없이 미치고 있기 때문에 가능했던 것이다. 이를 보면서 먼 장래에는 국제간의 분쟁도 국내의 재판과 같이 공정하고도 효율적인 재판을 할 수 있는 날이 찾아올 것이 아닌가 하고 기대해 본다.

지금도 그런 국제사법재판소 제도가 없어서 안 되는 게 아니라 엄연히 존재함에도 불구하고 그 효율성과 실효성, 그리고 집행력 등에서 국내 사법제도에 비하여 현저하게 허약해서 제 기능을 발휘 하지 못함으로써 거의 유명무실한 기구에 불과한 게 문제다.

그렇다면 어떤 대안이 없을까. 아직은 없다는 게 정답이다. 그 때문에 그 대안으로 집단안보의 방법으로 각 나라가 상호 간에 동맹 등을 체결하여 만일의 사태에 대비하는 게 고작이다. 그러면서 보다 안전한 안보는 자국의 국방력 증강이 제일이라는 기치 아래 군비 확장에 최선을 다하고 있는 게 현실이다.

그렇다면 이러한 불행한 사태를 예방하고 또한 사태발생 시에 지체없이 침략자를 박멸해 주는 어떤 초국가적인 조직은 영원히 불가능할 것인가. 참으로 안타까운 문제이기는 하나 전쟁이 발발된 역사를 살펴보면 다음과 같은 우회적인 방법은 있다고 본다.

전쟁사를 읽어보면 거의 공통적인 현상은 대체로 전제적인 군왕이나 독재자들이 전쟁을 일으키고 있고, 백성들이 선택하여 권력을 관리하고 있는 민주국가에서 일으킨 전쟁은 별로 없다는 사실이다. 이로 보아 전쟁 억지의 일차적인 방법은 모든 나라가 최우선적으로 민주화되어야 한다는 게 필자의 생각이고, 또한 가장 먼저 선행되어야 할 과제이기도 하다.

대체적으로 보면 지배력과 지배욕, 성취욕이 남달리 강한 전제 황제나 군왕과 독재자들은 자기의 국내에서의 지배력 강화와 지배욕과 성취욕의 과잉된 충족을 위해 전쟁을 일으킨 경우가 더 많았음을 보아왔기 때문에 민주화에의 개혁이 요구된다고 주장하는 것이다.

다음은 국제 사법재판소의 기능강화와 독립된 유엔군의 창설이다.

그러려면 유엔군의 관리유지를 위해 국력에 따라 각 나라는 세금 납부방식으로 그 비용을 분담토록 하여야 한다. 이를 위해 인구비율로 세계의회 의원을 선출토록 하여 그로 하여금 독립된 세계 정부를 세워서 모든 분규를 해결토록 하는 방법이 있다.

이러한 꿈같은 일이 과연 이루어질 수 있을까. 앞서 말한 대로 현재는 이미 존재하는 국제사법제도도 제대로 운용하지 못하고 있는 실정임을 상기한다면 매우 안타까운 일이다. 그와 반대로 국제재판에 비해 국내재판만은 공정성과 신속성, 그리고 효율성과 집행력 등이 잘 확보되고 있는데도, 때로는 불공평한 판결이 있었다는 이유만으로 당사자 간에는 불만을 가지는 자가 항상 있었다.

필자가 나름대로 확인 해봐도 10% 내외의 오판은 있었고, 특히 고소가 있어야 논하는 친고죄나 피해자의 명시한 의사에 반하여 처벌할 수 없는 반 의사 불벌죄와 같은 경우, 사회적 약자와 강자 간의 싸움이거나 가진 자와 가난한 자간의 다툼일 때의 재판은, 민 · 형사사건 여부를 불문하고 20%도 넘는 오판이 있었지 않는가, 라는 생각도 든다.

이러한 오판은 강 · 약자 간, 그리고 가진 자와 빈곤자의 다툼에 있어서 법관을 매수해서 이루어지기 보다는 주로 증거조작위증과 증거조작에 의해 이루어지는 경우가 더 많았으므로 경찰과 검찰도 색출해내기가 매우 어렵다.

더구나 법관은 주어진 여건과 증거에 의해서만 판단해야 하므로 본의 아닌 오판을 낼 수도 있는 것이므로 각별한 관심과 사건의 배경을 잘 살펴봐야 오판을 막을 수 있는 것이다. 특히 강 · 약자 간과 농촌에서의 다툼은 증인의 올바른 증언을 기대하기 어려움 특수성을 참작하여 각별한 관심과 공정성에 신경을 써야 할 것이다.

이러한 개인 간의 다툼현상을 가리켜서 일찍이 영국의 아담 홉스는 "만인 대 만인간의 싸우는 늑대"로 표현할 만치 치졸한 싸움이 많았다. 이러한 현상은 국가 간이든 개인 간이든 지지 않고 이겨서 지배하고자 하는 지배력의 싸움이었으므로 옳고 그름보다는 꼭 이겨야겠다는 사람의 본성에 얽매인 결과가 그 같은 치졸한 행위를 하게 되었다.

싸움의 방법을 대별해 본다면 물리적인 방법과 정신적인 방법으로 대별할 수도 있고, 적극적인 방법과 소극적인 방법으로 분별할 수도 있다. 기타 정신적 싸움과 육체적 싸움, 그리고 전면투쟁과 우회적인 투쟁의 방법 등으로 분류할 수도 있다.

이를 살펴보면 싸움은 매우 다양한 방법으로 다투어지고 있음을 알 수 있으나 어느 것도 지배욕과 성취욕 때문에 생기는 현상이며, 이때 지배력이 이를 도와주고 있는 것이다. 그러므로 지배력이 약화되거나 없어지면 자연스럽게 해소되는 현상이며, 따라서 병약하거나 건강이 악화되면 사람의 본성도 선량해진다는 주장을 다시 강조하고 싶다.

제8장

지배욕과 성취욕이 신분제를 만들어냈고
돈이 지배력을 강화시킨다

1. 역사상의 신분제는 지배욕과 성취욕번식욕이 만들어 냈다

지난 세계사를 훑어보면 동서양을 막론하고 신분제도가 판을 치고 있었다. 그 신분제도는 일정한 상류계급에게 지배욕의 충족을 위해 강력한 지배력을 갖출 수 있게 해주어서 성취욕번식욕을 만끽할 수 있도록 도와주고 있었다. 그 대표적인 예가 황제제도와 군왕제도 등이 었음은 이미 누술한 바 있으나 그를 돕는 하위 신분제도가 또 있었다.

예를 들면 신라시대엔 성골제도와 진골제도의 그 아래에 골품제도 가 또 있었다. 그리고 고려시대엔 군왕 아래에 권문세가權門勢家라는 초 특권적인 귀족계급 제도가 있었다. 조선조도 군왕 아래에 양반제 도가 있었는데 그 제도도 군왕을 돕는 신분제도의 하나였다. 특히 고려조의 권문세가제도에는 사병私兵까지 둘 수 있었으므로 그 지배력은 막강했다.

그러한 사병제도는 고려조 초기부터 있어왔고, 그들의 연합세력이 고려를 중심으로 삼한을 통일시켰다고 해도 과언이 아니다. 하지만 그러한 사병제도의 꽃은 역시 고려 말의 이성계가 길렀던 사병들이었다. 그 사병들은 고려 말의 사병 중 가장 강력한 힘을 발휘했는데, 이성계는 그 힘으로 왜구를 물리쳤고, 조선조의 개창도 그에 힘입어서 성공할 수 있었다.

그 후에 태종으로 불렸던 이방원도 그 사병의 힘으로 두 번의 병난을 거쳐서 권좌에 오를 수가 있었다. 하지만 그 스스로가 사병에 힘입어서 권좌에 올랐으면서도 그 제도에 심한 불안을 느끼고 있었으므로 그 제도의 혁파에 명운을 걸다시피 했다. 그는 결국 사병제도의 혁파에 성공할 수 있었으며, 다만 양반제도만은 유지시켰다. 그렇다면 왜 양반제도만은 존속시켰을까. 그것은 사병이 없는 양반은 결코 왕권을 넘보는 세력이 될 수 없음을 내다봤기 때문이며 오히려 왕권 보호에 도움이 될 수 있다고 보았기 때문이다.

그렇다면 신라의 골품제도나 고려의 권문세가제도 그리고 조선조의 양반제도란 무엇인가. 한마디로 표현한다면 그들에게 지배욕을 충족시킬 수 있는 지배력을 부여해 줌으로써 성취욕을 만끽할 수 있도록 하는 제도였다. 이를 위해 당시의 군왕들은 신분상의 여러 특권을 그들에게 보장해 줌으로써 그들로 하여금 왕권의 울타리가 되어 보호해 줄 것을 기대하고 있었다.

그를 위해서 조선조의 양반들에게는 우선 과거에 응시하여 벼슬길에 오를 수 있는 특권을 부여했다. 또한 많은 토지와 노복들을 둘 수 있게 해서 스스로는 노동하지 않아도 많은 재화를 소유할 수 있도록 해주었다. 그들은 그런 특권을 이용하여 본처와 여러 첩을 거느려서 많은 자녀를 생산할 수 있게 해줌으로써 성취욕번식욕을 만끽할 수 있게 해주었다. 그 대신 이들 양반들에게는 왕권을 수호하기 위해 왕에게 충성을 다할 것을 약속케 했고, 양반들은 그런 의무를 가문의 영광으로 삼아서 자자손손 자랑거리로 알았으며, 그러면서 모든 특권을 물려주고 있었다.

그러한 신분제는 군왕의 지배욕과 성취욕번식욕을 보호하고 유지시키는 가장 효과적인 방법이 될 수 있다고 보았기 때문이다. 이를 보면 원시시대엔 완력이 큰 구실을 했으나 군왕시대에는 신분제도가 가장 강력하게 지배력을 보장해 주고 있었음을 알 수 있다. 하지만 이러한 신분제도도 산업이 발달하고 직업이 분화되면서부터 신분제도보다는 돈이 더 지배력을 발휘하는 세상이 되어버렸다. 이는 곧 현대사회에서의 지배력은 신분이나 완력보다는 돈을 더 값어치 있는 지배력으로 인식하게 했고, 나아가 만능의 여의주如意珠로 알게 해 주었다.

이에 따라 현대인들은 돈을 벌어서 지배력을 강화시킴으로써 지배욕의 충족과 함께 성취욕번식욕의 충족을 위해 모든 수단과 방법을 다하게 했다. 다만 그 성취욕의 원래의 모습은 종족 번식이었으나 현대의 성취욕은 진화와 성숙을 거듭한 결과 대통령조차도 일부일처제로 만족해야 했으며, 이를 보면 성취욕의 인식이 현저하게 개선되었음을 알 수 있다.

하지만 일반서민들은 일부일처제를 초월하여 계약 결혼과 함께 무자식을 상팔자로 아는 데까지 성숙했으므로 이제는 그로 인한 인구감소현상의 극복이 커다란 사회적 이슈가 되어가고 있다. 이러한 현상은 동서양이 따로 없이 변화하고 있는데 그 때문에 유럽에서도 봉건제도와 장원제도의 붕괴, 그리고 승려들에 대한 특권의 박탈이 프랑스의 대혁명을 계기로 가속도적으로 혁파되어왔음을 알 수 있다.

그 후부터는 교권과 왕권의 분립과 왕권이 지배력의 핵심세력으로 등장함으로써 군왕의 지배력과 지배욕, 성취욕을 충족시키는데 크게 기여하게 했다. 하지만 그 왕권도 세계 1차 대전을 고비로 퇴락하면서 왕권이라는 신분에서 돈의 위력을 상징하는 금권의 시대로 접어들었으며, 그 후부턴 돈이 바로 지배력을 좌우하는 시대로 접어든 것이다.

2. 사람의 지배력과 지배욕, 동물의 지배력과 지배욕의 비교

현대 산업사회에서는 돈의 지배력이 가장 커서 거의 만능의 단계까지 와 있음을 앞서 밝혔다. 하지만 아직도 돈과 직접적으로 관련이 없는 싸움과 경쟁이 치열하게 계속되고 있는 것도 사실이다. 그리고 이 경쟁과 다툼은 다른 일반 동물들도 다 같아서 인간과 똑같이 싸우거나 아니면 사랑하면서 살고 있다. 하지만 사람처럼 장기간에 걸쳐서 싸우거나 국가 간의 집단적 싸움인 전쟁만은 동물들은 하지 않는다. 또한 사람은 물리적 싸움도 하지만 정신적 싸움도 치열하다.

다만 일반 동물들의 싸움은 그 양태가 지극히 단순해서 힘에 의한 물리적 싸움을 벌이다가 힘이 부치면 죽임을 당하기도 하지만, 곧 도망함으로써 모든 것을 끝내고 뒷일은 남기지 않는다. 그러나 지능이 타 동물보다는 조금 더 발달한 침팬지 등을 연구한 결과를 읽어보면 싸우는 방법이 사람과 아주 흡사함을 알려주고 있다. 침팬지들이 싸우는 모습은 1:1의 싸움도 하지만 약자들이 서로 연합하여 공동전선을 펴서 강자를 제압함으로써 스스로 새로운 지배자로 등장하는 경우도 있다.

그리고 그 싸움도 상상을 초월할 정도로 잔인해서 찢어 죽이고 물어뜯어 죽이는 잔인성을 보이고 있기도 하다. 그 싸움에서 이긴 자는 전 지배자가 거느렸던 많은 암컷들을 차지해서 자기의 번식을 꾀하고 있는 모습을 볼 수 있어서 이는 마치 우리 원시인류들과 흡사한 생활을 하고 있는 것 같아서 연구자들을 놀라게 하고 있다. 이러한 모습을 보면서 이런 것들이 바로 인간의 타고난 본래의 본성을 알려주는 증표가 아닌가 하는 것이다.

이러한 싸움의 결과를 보면 마치 사람들의 싸우는 모습과 흡사하게 닮아서, 그들의 집단 싸움은 일반 동물들의 싸움과는 상당히 판이한 모습을 보여주고 있다. 하지만 똑같은 유인원類人猿에 속하면서도 침팬지보다도 한발 늦게 갈라졌다는 보노보BONOBO는 일반 침팬지와는 전혀 다른 모습을 하고 있다. 그에 관한 전문서적을 읽어보아도 보노보들은 거의 다투는 일이 없다. 오히려 그들은 암컷과 수컷이 만나기만 하면 오래도록 키스하면서 사람과 같이 서로 얼굴을 마주 보면서 섹스부터 해대고 있는 것이다.

이 보노보는 사람과 거의 닮아서 암컷이 성장하면 시집을 가는 예도 있어서 연구자들을 놀라게 하고 있다. 이 보노보는 몸집이 일반 침팬지보다 좀 작아서 얼핏 보면 보통 침팬지가 아직 덜 성장한 사춘기 때의 원숭이로 오해를 받기도 했으나 깊이 관찰한 결과 그것이 아님이 확인되었다. 이는 오랜 연구와 관찰에 의해 오히려 사람과 더 가까운 이웃사촌임을 알게 되었고, 이로써 독립된 부류로 보게 되었다. 이로 보아 우리 인류는 가장 잘 싸우는 침팬지와 닮았다고 해야 할 것 같다.

인간은 두뇌가 가장 발달한 동물이므로 이성적 동물이라고 호칭 받는 고등동물인 탓인지, 항상 다투기만 하는 게 아니다. 인간이 집단화하여 전쟁으로 한창 싸울 때의 모습을 보면 너무나 극렬해서, 하루에 수만 명이 죽어가는 참상도 볼 수 있다. 그 사실만 보면 영원히 평화가 올 것 같지 않음에도, 곧 화해하여 평화를 누리기도 하는 게 인간이다.

바로 이러한 현상이 일반 동물과의 근본적인 차이점이 아닌가 한다. 따라서 인류는 싸워서 승리함으로써 상대방을 지배하려고 하기도 하지만 한편으로는 평화와 화해, 그리고 사랑으로 감싸면서 상호 존중과 겸양, 공동번영의 방법을 통하여 상대방을 합리적이고도 균형 있는 방법을 통해서 간접적으로 지배하려 하기도 하고 이타적으로 평생을 일관하는 사람도 있다.

여기에서 가장 효과적으로 그 기능을 다 하게 하고 있는 게 돈인 것이다. 그런 돈을 이용하여 원래 목적했던 바를 달성시켜서 지배욕과 성취욕을 충족시키고 있는 경우가 더 많고 이러한 현상 때문에 사람을 가리켜서 "경제적 동물"이라고 평가하지 않았는가 한다.

3. 성취욕의 원시적 모습은 번식이고 돈은 지배력을 강화시킨다

인간이 격렬하게 싸우는 현상에 관하여 필자는 깊이 생각해 봤다. 이에 그 근본원인을 보다 간단하게 풀이하고 싶은 것이다. 인간이 그토록 격렬하게 싸우는 근본원인을 살펴보면 앞서 누누이 밝힌 바와 같이 인간의 본능이라고 일컫는 생존 욕구와 종족 번식욕구를 보다 더 효과적으로 충족시키기 위해 지배력과 지배욕을 행사하는 과정에서 싸움이 거칠어졌고, 또한 종족 번식의 효율성을 극대화하려는 게 전쟁이어서 더욱 극렬해졌다.

따라서 종족 번식을 많이 시키기 위한 게 지배력과 지배욕의 행사였고, 이를 완벽하게 수행하려는 게 전쟁으로 비약한 것이다. 그러면서 생물학적으로는 종족 번식을 많이 시키기 위해 종족 번식의 수단인 남녀 간의 사랑을 우리 인간의 모든 즐거움 중에 가장 으뜸가는 즐거움으로 승화시켜서 선물하기도 했다.

그 같은 증거로선 노래와 문학 등 거의 모든 예술작품이 남녀 간의 사랑을 소재로 하고 있는 사실로도 확인이 되고 있지만 성기능을 잃었을 때의 절망감이 어느 슬픔보다도 가장 크다는 사실이 이를 입증하고 있다. 하지만 인간은 매우 지혜로워서 꼭 싸워 이겨서 지배함으로써 지배욕과 성취욕을 충족시키려고만 하는 게 아니고 때로는 화해와 포용, 이해와 협조 등을 통해 그런 욕구들을 성취시키기도 한다.

따라서 상대방을 물리적으로 제압하여 지배하려는 게 전쟁과 싸움이라면, 정신적으로 제압하여 지배하려는 게 사랑과 화해, 공존 등의 방법이다. 그런 점을 상기한다면 우리 인류는 후자를 선택하는 슬기를 길러야 할 것이다. 다만 이러한 여러 가지 현상도 궁극적으로는 번식을 위해 즐거운 색욕을 제공한 것이므로 이 방법을 자연스럽게 수용하는 게 온당한 자세다. 여기서 조용히 인류의 진화과정을 돌이켜볼 때, 원시적인 지배력과 지배욕, 성취욕을 충족시키기 위해선 우선 건강하게 살아있어야 했기 때문에 살려는 욕구는 예나 지금이나 그 중요성이 하나도 변하지 않았다. 그 때문에 아무리 과학문명이 발달했다 해도 TV나 스마트폰, 로켓이나 핵무기를 먹고 살 순 없는 것이므로 농업을 경시할 수는 없는 것이다. 이는 곧 지배력과 지배욕, 성취욕을 충족시키고 발전시키기 위해선, 우선 농산물과 축산물, 그리고 수산물과 생활필수품을 잘 먹어야 하는 것은 예나 지금이나 하나도 변화하지 않았음을 말한다.

다만 현대는 화폐만 있으면 농·축 수산물 등을 마음대로 획득할 수 있으므로 그를 위해서 물불을 안 가리고 온갖 노력을 다 하고 있다. 그러나 화폐가 없었던 시대엔 아무리 힘이 세고 완력이 강한 자라도 생필품을 뺏는 데 그쳤을 뿐, 돈을 빼앗거나 뺏기는 일은 없었다. 따라서 그를 빼앗기지 않으려고 반항한다 해도 폭력으로 제압당하거나 죽임을 당하는 것으로 끝났다. 하지만 화폐가 등장하면서부터 세상이 확 달라지기 시작했다. 그것은 거듭해서 밝히지만 화폐의 마력이 거의 완벽할 정도여서 가장 효과적인 지배력이 될 수 있고, 그로써 지배욕의 충족에 가장 효과적인 수단이 될 수 있음을 알았기 때문이다.

그 때문에 현대사회에서는 힘보다도 돈의 지배력을 이용해서 지배욕과 성취욕을 충족시키려고 하고 있고, 그래서 돈 때문에 싸우는 경우가 너무나 많아졌다. 그러므로 현대는 물리적인 전쟁보다는 돈을 차지한 후 그 만능의 힘을 빌려서 지배력을 강화시킴으로써 지배욕과 성취욕을 효과적으로 충족시키려고 하는 경우가 더욱 많아진 것이다.

4. 돈이 인간의 본성을 마비시킨 불행한 역사적 사례들

돈의 지배력의 마력이 얼마나 큰가의 실례로서 가장 유명한 역사적 사실은 항우와 유방의 마지막 싸움에서의 황금의 위력이었다. 그때 유방은 황금의 힘으로 항우의 군사들을 무력화시켜서 해하의 일전을 승리로 이끌었다고 알려져 있다. 통일천하를 놓고 항우와 유방이 쟁패爭覇할 때, 유방은 전투할 때마다 항우를 이겨 본 일이 없는 사람이었다.

하지만 최후의 전쟁이었던 해하垓下의 일전一戰을 치를 때는 우세한 군사력과 함께 황금공세까지 폈다고 전해지고 있다. 그 때 만약 그렇지 않았다면 그리 쉽게 이길 수가 없었고, 오히려 또 패했을지도 모른다. 유방은 그 일전을 앞두고 참모들의 권유를 받아드려서 항우의 장수들을 매수하기로 했고, 이어서 만금을 제공하는 방법으로 초나라 장수들을 매수함으로써 힘 안 들이고 승전할 수 있었다 한다.

우리나라에도 그런 일이 있었다. 예를 들면 정유재란 때 고니시 유키나가小西行長는 자기의 퇴로를 열기 위해 뇌물을 보내왔으나 충무공

이순신 장군은 거부했고, 명나라 수군 제독 진린陳璘은 받아드렸다. 이를 보더라도 전쟁 중에 적장을 매수하려는 작태는 언제나 있어 왔던 것이다.

노일 전쟁 때도 그랬다. 일본은 러시아를 꺾는 방법으로 내부의 봉기혁명를 꾀하기로 했다. 이를 위해 러시아 황제의 권위를 부정하고 있는 세력들에게 자금을 제공하여 폭동을 일으키게 하는 전략을 썼다. 그때 일본정부는 그를 위해서 천문학적인 돈을 제공했다. 그 효과로 당시 수도인 상트 페테르브르크를 중심으로 폭동이 일어났다. 그 영향으로 혁명의 열기가 고조되었고, 이어서 전국이 요동치는 사태가 발생하자 러시아는 도저히 전쟁을 더 수행할 수가 없는 혼란에 빠져버렸다.

그 때문에 당시의 러시아 정부는 서둘러서 전쟁을 막음하면서 항복과 비슷한 휴전조건을 받아드린 것이다. 그러나 표면적으로는 발트 함대가 일본 해군에게 완전히 궤멸당했고, 거기다가 엎친 데 덮친 격으로 만주의 봉천전투까지 참패로 끝나자 항복에 준하는 휴전에 조인한 것으로 역사는 전하고 있으나 승전의 이면엔 돈의 힘이 작용했던 것이다.

우리나라의 독립 운동사를 살펴보아도 그런 면이 있다. 예를 들면 이봉창 의사와 윤봉길 의사의 장거는 백범의 영웅적 포섭력과 두 의사의 주검을 초월한 애국열정이 이루어 낸 장거로 기록되고 있으나 내용을 깊이 살펴보면 이것도 하와이를 중심으로 한 해외교포들의 눈물겨운 애국헌금이 있었기에 성공할 수 있었다고 보는 게 필자의 생각이다.

가정해서 김구 주석에게 돈이 한 푼도 없어서 장거를 이루라는 격려와 함께 후한 거사자금의 제공이 없었다면 사기가 푹 죽어서 모든 것을 포기했을 것이다. 백범 자신도 그런 돈이 마련되었기에 웅지가 충천하여 의사들을 격려하면서 거금으로 믿음을 줌으로써 위업을 성취시킬 수 있었다.

그 때 만약 맹서를 시키고도 전혀 금일봉을 주지 못하면서 말로만 조국을 위해 싸워달라고 격려했다고 가정해 보자. 그 경우 사기가 푹 죽어서 유야무야 될 수도 있었다. 돈이 얼마나 사람의 사기를 충천시킬 수 있는가는 어려움을 겪어보지 않은 사람들은 잘 모른다.

그 후 윤봉길 의사의 성공에 크게 감명 받았던 장제스蔣介石가 김구 주석과 면담했을 때, 김구 주석은 백만 원현화 약 100억원의 거금을 요구했고, 그렇게만 지원해 준다면 더 큰일을 해 낼 수 있다고 장담했던 것도 그런 맥락에서 이해할 때만이 김구 선생의 장담을 바르게 이해할 수가 있는 것이다.

이를 얼핏 생각하면 목숨을 내놓고 혁명하는 마당에 어찌 돈이 필요 할까, 라고 생각할 수도 있으나 그런 생각은 세상물정과 인간의 본성을 너무나도 모르기 때문에 하는 소리다. 또한 그것은 돈이 있어야 열사도 모이고 의사도 모인다는 이치를 전혀 깨닫지 못한 데서 하는 말이다.

안중근 의사의 경우는 더 극적이었다. 왜냐면 거사의 마지막 단계에서 연해주에서 하얼빈까지의 여비 등이 마련되지 못해서 출발조차 어려운 처지에 빠져버렸다. 그때 안 의사는 당초 약속된 거사자금 100원이 실패함에 따라 어쩔 수 없이 비상수단으로 강취행위를 했다. 그

때 만약 돈 없는 것만 한탄하면서 누가 노자를 도와주기만을 기다렸다면 끝내는 가지도 못한 채 거사를 포기했을 것이며, 그 경우 오늘날의 안중근 의사는 상상도 할 수 없는 것이다. 임시정부에서 국무총리까지 역임한 이동휘 장군도 돈 문제에서 자유롭지 못했다. 그것도 무산대중을 위해 혁명한다는 명분으로 고려공산당을 조직하면서 레닌이 제공한 독립운동지원금 200만 루블 중, 40만 루블을 그 조직을 위해 비밀리에 써 버렸다가 그게 탄로가 나자 그도 어쩔 수 없이 그 책임을 지고 상해 임시정부를 떠났다.

하와이에서의 이승만 박사와 박용만과의 지나친 알력 발생의 원인도 오로지 하와이 교민들로부터 거두어들인 돈의 사용처 문제 때문에 생긴 것이다. 그리고 상해임시정부에서 독립운동을 하면서 가장 애로를 느끼는 게 바로 돈 문제였다. 그래서 임시정부에서는 이를 타개하기 위해 국내와의 연결을 위한 연통제連通制를 조직했다. 그리고 그 통로를 이용하여 자금을 거두고 있었다.

이 조직이 3·1운동 직후에는 활발하게 움직여서 자진헌금이 많았으나 시간의 흐름에 따라 차차 어려워져 갔다. 그 때문에 그 후부터는 부호들을 협박하여 돈을 탈취해 갔다. 그 후에는 그것도 잘 안 되자 백범은 해외에 있는 동포들에게 편지로 호소해서 하와이 동포들의 헌금이 들어왔던 것이다.

다만 해방 후 밝혀진 사실은 당시의 연통제에 의한 강제 모금액은 중간의 누수 없이 고스란히 전달된 게 임시정부의 기록에 의해 확인되었다는 사실이다. 이를 보면 당시의 독립 운동가들이 얼마나 헌신적으로 조국의 독립을 위해 열심히 일했는가를 알게 해주고 있어서 감격스럽기도 했다.

필자에게 직설적인 표현이 허용된다면, 독립운동을 하더라도 처자를 먹여 살릴 수만 있는 길이 있었다면 아마도 거의 모든 백성들이 독립운동에 투신했을 것으로 필자는 보고 있고, 돈의 힘은 그만치 큰 것이다.

고 김대중 대통령이 몇 번의 죽을 고비를 넘기면서도 재기할 수 있었던 것도 풍부한 정치자금의 힘이었다. 그때 필자도 공직에 있었기 때문에 가명으로 몇십만 원씩 기부한 사실이 있다. 하지만 전남지방에서는 가산을 거의 다 털다 시피하면서 헌금한 사람들이 있었다고 알려져 있다.

필자가 지원했던 김길준 의원도 시장할 때와 그 외에 여러 차례에 걸쳐서 많은 정치자금을 헌금했다. 그런 사실은 그로부터 직접 들어서 잘 알고 있고, 다른 정치지망생들도 헌금하고 있다는 말을 많이 들었다.

그러한 헌금이 티끌 모아 태산 격으로 쌓여서 그 힘으로 평화민주당의 창당이나 민주당의 창당 등이 가능했고, 당을 이끌어 가는 데 필요한 정치자금으로 활용될 수 있었다. 한마디로 그런 정치헌금이 없었다면 대망의 대통령에 오를 수가 없었을 것이다. 이로 보아 돈이 때로는 모든 일의 성패를 좌우하는 윤활유이고, 활력소이며 성공의 열쇠가 되기도 하는 것이다.

5. 돈의 지배력이 조선공산당의 위폐사건을 만들게 했다

해방 후 정치와 관련한 돈 문제로 가장 치명상을 입은 정당과 정치 인을 꼽는다면 단연코 조선공산당과 박헌영이다. 박헌영 평전에 의하 면 윤봉길 의사의 거사 후, 백범이 장제스蔣介石와 만나, 거금 요구한 것을 "김구 주석이 테러로 돈 장사하고 있다"라고 맹렬히 비난할 만치 돈에 민감한 사람이었다. 그때 이승만 박사도 그 테러 때문에 미국 조 야의 인사를 만나는 데 크게 지장이 있다고 하면서 테러행위의 중단 을 강력히 요구한 사실이 있다. 실제로 당시의 미국의 저명인사들은 한국인이 그토록 테러를 좋아하니 어디 무서워서 만날 수 있겠느냐, 라고 말하면서 테러행위를 비판한 사실이 있었다.

그런데 돈과 정치를 살피다보면 해방 후 정 판사 위조지폐 사건을 빼놓을 수가 없다. 해방 후 정국이 극도로 혼란할 때, 조선공산당은 지 금 서울역 앞 정면에 깜짝 놀랄만한 크기의 조선공산당 간판을 걸어 놓고 합법적으로 정치활동을 하면서 조직을 확대해가고 있었다. 그때 그 확장의 기세가 얼마나 맹렬했는지 지금의 젊은이들은 전혀 상상할 수 없을 것이다. 한마디로 그 기세는 요원의 불길 같았다. 당시 그 기 세를 본 극히 일부의 약삭빠른 지주계급들은 바야흐로 조선의 공산화 는 피할 수 없는 역사적 필연이다, 라는 속단 하에 조선 공산당에 줄을 대어 정치헌금을 대면서 후일의 생명을 보장받으려는 자까지 나타났 다고 주장하는 사람이 있다. 아마도 사람이 천차만별이므로 그런 사람도 나올 수 있는 것이다. 그때 박헌영은 이를 거절할 이유가 있었겠는가.

그는 항상 주장하기를 친일파와 지주계급은 1차적인 숙청의 대상이라고 외치고 있었다. 하지만 내적으로는 음밀하게 받는 경우도 있었을 것이다. 하지만 정치와 조직의 생리를 모르는 사람들은 혁명에 무슨 돈이 필요한가, 라고 말할 것이다. 그러한 주장은 정당이나 조직은 그 덩치가 커지면 커질수록 오히려 돈의 필요성은 더욱 기하급수적으로 증가한다는 사실을 전혀 몰라서 하는 소리다.

6. 정치에 돈이 필요함은 체험을 통해서 배웠다

이러한 현상은 직접 체험해보지 않고는 절대로 믿지 않으려는 게 사람들의 의식이다. 필자는 1980년도 7월에 긴급조치 9호위반과 용공발언 혐의로 물의를 일으켰다하여 책임을 져야 한다는 평계용공발언은 터무니없었고, 긴급조치 9호위반 발언은 사석에서 했으나, 들은 사람들이 부인해서 무혐의 처리됨로 숙정 면직된 일이 있다.

필자는 그 덕택에 다음 해인 1981년도의 제8대 국회의원 선거에서 옥구군 선거대책 위원장직을 맡아서 선거를 치른 경험이 있다. 그때 김길준 변호사가 국회의원에 입후보함에 따라 어쩔 수 없이 선거에 뛰어든 것이다. 그 때문에 동분서주하면서 1960년대 초중반에 필자와 같이 농촌운동필자는 5년간 군 농사개량클럽 답작 분과위원장 역임을 했던 사람들을 중심으로 조직을 해나갔다. 그런 후, 약 15일 동안 점조직으로 선거운동원을 차출해서 오전, 오후반으로 나누어 교육을 시키면서 교육이 끝난 후, 극히 소액의 선거 운동비를 후보자가 직접 개별적으로 지급했다. 그것은 피교육자들이 설사 같은 마을에 산다 해도 서로 모르도록 하기 위해서였고, 누수를 방지하기 위해서였다. 이는 선거운동비가 너무 적었고 노출되면 그 효과가 반감되기 때문이었다. 이러한 집중교육 덕분인지 무소속인 데다가 경쟁자들에 비해 조직도 약했고, 또한 돈도 크게 부족했을 뿐만 아니라 뒤늦게 선거전에 뛰어드는 등 여러 악조건에도 불구하고, 비교적 고른 득표로 당선의 영광을 안았다.

또한 그것은 우선 후보자가 서울대 법대중퇴에 사법시험합격과 판사를 거쳐 변호사를 하고 있었고, 더구나 유아 때 부친을 여의고 모친의 보살핌도 받지 못한 채, 할머니 밑에서 자란 입지전적인 인물이면서 상대 후보들에 비해 경력과 실력, 능력 등이 앞선 것이 크게 주효한 것이다. 거기에 위와 같은 효과적인 교육방법 등이 상승효과를 가져와서 비교적 고른 득표로 당당하게 당선의 영광을 안았다.

필자는 그가 당선 후 약 3년 동안 그 지역구의 사무실 책임자로서 모든 업무를 총괄하면서 당선자를 도운 일이 있다. 그때 김 의원은 변호사를 겸하고 있었고, 필자도 공무원 재직 시, 국가소송수행자로서 8년간의 소송경험이 있었기 때문에 큰 도움이 되었다. 특히 민법과 형법, 헌법을 공부한 일이 있었는데, 그때 민법을 특별히 집중했기 때문에 민법 실력만은 좋은 게 큰 도움이 되었다.

필자는 그때 민·형사 사건과 일반 행정사건 등을 수임시켜서 가장 효과적으로 도와주었고, 하루 50매의 소송서류를 쓰기도 했다. 또한 행정사건과 소소한 민사사건은 변호사 없이 직접 도와준 사건이 많았고, 이 중에는 대법원에서 파기 환송되어 승소한 사건도 3건이나 된다. 그 과정에서 수임료의 수입이 상당했다. 그럼에도 불구하고, 김 의원은 항상 돈 때문에 항상 쩔쩔매고 있었다.

그 당시 깜짝 놀란 것은 일개 선거구를 관리하는데도 그토록 상상을 초월하는 돈이 들어간다는 점이었다. 그 때문에 정치란 마치 돈을 긁어 모으는 직업 같았고, 그 능력이 출중한 자만이 정치를 해낼 수 있을 것이라는 결론도 얻었다. 하지만 현재는 모당의 차떼기 사건 이후, 선거제도를 개선했으므로 돈이 없어도 정치를 할 수 있게 되었기에 격세지감이 들기는 한다. 하지만 그 차떼기 사건 이후에도 적어도 1990년대 말까지는 돈이 없으면 정치를 할 수 없는 게 현실이었음을 우리는 깊이 새겨야 한다.

7. 해방 후 조선 공산당의 화폐 위조사건의 진실은?

해방 후 아무리 극소수의 일부 지주가 공산당에게 돈을 바친 일이 설사 있었다 하더라도 그것만으로 공산당의 정치자금이 넉넉했다고 주장하는 것은 현실을 너무나 모르는 주장이다. 따라서 박헌영은 정치자금의 부족으로 허덕였을 것임은 뻔한 일이다. 그리고 돈은 그야말로 다다익선이어서 탈만 안 난다면 어떤 수단을 써서라도 돈을 모으려는 게 사람의 본능이다. 그는 결국 비상한 방법으로 돈을 마련하게 됐는데 그게 바로 조선공산당의 정판사 위조지폐精版社 僞造紙幣 속칭 정판사 위폐사건 사건이다.

그 당시의 우리 마을 30호는 하나도 빠짐없이 동양척식주식회사와 쌍벽을 이뤘든 불리홍업不二 불이로 호칭치 않고 불리로 호칭했음 농장의 소작인이었고, 또한 단 한 평의 자작농이 없는 전형적인 소작 촌이었다. 그래서 공산당의 무상몰수 무상분배의 농지개혁을 대환영하는 터여서 그 조직은 철통같았다. 그 때문에 6·25전쟁 때는 보도연맹에 가입했다가 살해된 사람이 무려 세 사람이나 나왔다.

그것도 두 사람은 악질분자로 분류되어 현 군산시 옥서면 선연리 하제에서 미리 총살당했고, 한 사람만이 경찰서에서 총상을 입고 여름에 사망했다. 안 덤인 영통은 한사람만이 죽었고, 옥산 여로마을도 120호의 대촌인데도 한사람만이 경찰서에서 죽은 것과 비교한다면 신기촌이 얼마나 극성스런 공산당의 소굴이었던가를 알 수 있을 것이다.

그런 까닭으로 우리 마을을 옥구군의 모스코바로 호칭하고 있었고, 공산당의 소굴이었다. 그 덕분인지 위폐사건이 적발되기 직전인 5월 20일경 우리 마을이 제일 먼저 그 위폐로 홍어를 사서 수레로 몇 가마를 날랐고, 미나리까지 몽땅 사다가 회를 만든 후, 3일 동안이나 큰 농민잔치를 벌였다. 필자로선 그런 성대한 잔치의 경험은 그때가 처음이었고, 마지막이기도 했다. 그때 마을 사람들을 모아 놓고 이승만이 철도와 광산을 팔아먹는 역적이라고 하면서 제2의 이완용이라고 열창하는 모습도 직접 보았다. 당시 필자의 나이는 만 14세의 소년이었다.

이에 대한 자세한 내용은 작년에 출간한『우주에 촛불 켜서 진실을 벗긴다』414쪽『탁! 터놓고 밝혀 본 진실』개정판 중, 해방 전후사의 진실 편에서 상론한 바 있으므로 여기서는 생략한다.

그 때문에 필자는 누가 무어라 해도 위폐를 지급할 수 있는 자는 당시의 공산당 외에는 있을 수 없으므로 위폐사건은 조작된 게 아니라고 확신한다.

특히 잔치가 끝난 후, 남은 돈을 다시 쓰려고 솜리현 익산시 장에 갔다가 혼났다는 말이 돌고 있었다는 것과 쉬쉬하고 있었다는 것은 무엇을 말하는가.

실제로 위폐를 이용해 홍어를 샀고, 그 후 회수한 위폐가 어마어마했음을 보면 위조지폐는 분명히 있었다. 또한 박헌영 자신도 위폐가 있었다는 사실을 부인하는 게 아니라 자기들이 찍은 게 아니라는 주장만 하고 있는 것이다. 그렇다면 다른 사람이나 어떤 조직 중, 위폐를 찍어낼 만한 조직과 정황이 따로 있어야 했으나 전혀 없었다.

그 때 위폐를 찍어낼 만한 조직과 정황은 조선공산당밖에 없었다. 왜냐하면 일제가 지폐를 찍어냈던 화폐동판을 그들이 가지고 있다가 압수당한 것이어서 박헌영도 그것만은 인정하고 있었기 때문이다.

그때 조폐의 인쇄판을 그들이 가지고 있다가 적발되어 압수되었으므로 위폐를 찍지 않았다고 주장하려면 그 이전에 다른 누군가가 가지고 있었음을 반증을 들어 입증했어야 했고, 또한 다른 사람이 찍었다는 정황만이라도 입증해야 할 입증책임의 전환이 생기는 것이다. 왜냐하면 조폐동판을 가지고 있었으므로 다른 사람은 현실적으로 찍을 수가 없었고, 또한 엄연히 위조지폐가 적발되어 회수되었으며, 그들 인쇄공도 소액이나마 가지고 있다가 적발된 것이므로 의심의 여지가 없는 사건이기 때문이다.

따라서 검찰은 그 사실만 입증하면 공소는 유지되고 유죄판결은 가능한 것이다. 이러한 과정과 정황을 보면 날조라고 주장하는 것은 손바닥으로 하늘 가리기였다.

또한 당시의 조선공산당은 위폐가 아니었다면 그토록 많은 돈을 물 쓰듯 하면서 풍덩풍덩하게 홍어와 미나리를 사서 큰잔치를 치를만한 돈이 없었다. 하지만 박헌영은 그 사건으로 체포영장을 발부받자 북한에 월북했다. 박헌영 평전에 의하면 그 후, 그 위폐사건에 관하여 많은 질문을 받았는데, 그 때 북한 공산당 간부들은 위폐사건을 조작된 게 아니라 사실 아니냐, 라는 쪽으로 기정사실화하면서 박헌영에게 많은 질문을 던졌다.

그 때 박헌영은 변명하기를, 일제가 남기고 간 조폐동판을 공산당원들이 실수로 보관하고 있다가 발각된 것뿐인데 이를 트집 잡아서 조선공산당을 타도하기 위해 자기들을 위폐범으로 날조한 것이라고 변명하고 있었다. 그런 이유만으로 그 변명을 그대로 믿고 정당한 항변으로 봄이 옳은가, 아니면 상투적인 범인들의 변명으로 보아야 하는가.

이는 마치 도둑놈이 배고파서 쌀독을 도둑질해서 자기 집에 갖다 놓았다가 발견 당했으면서도, 가져갈 때 본 사람이 없음을 기화로 쌀독이 자기 집에 있었던 것만은 인정하나 자기가 갖다 놓은 게 아니라고 주장하는 것과 똑같은 변명이다. 그리고 그때 이미 자기 가족들은 그 쌀로 밥도 몇 끼 해먹음으로써 쌀이 이미 바닥나서 쌀이 바닥났는데 그를 기화로 자기는 전혀 모르는 일이라고 뚝 잡아떼는 것과 똑같은 행위다.

8. 박헌영 평전 등은 미군정과 조병옥의 날조로 주장

현재 도서관에 비치되어 있는 박헌영에 대한 여러 책비운의 혁명가 박헌영, 평전 등들도 미 군정청과 조병옥이 조작한 사건이라고 주장하고 있다. 최근에 어느 진보주의자라고 자처하는 자가 쓴 글에도, "당시의 공산당은 지주들까지도 돈을 싸들고 찾아오는 때여서 돈이 넘쳐나고 있었는데 어찌 그런 무모한 짓을 했겠느냐, 이는 분명히 날조된 사건이다"라는 글을 쓰고 있었는데 필자는 그 글을 읽고 어안이 벙벙했다.

필자는 그 글을 읽고 통분하면서, 속담에 평생에 남대문이 문턱이 어떻게 생겼는지 모르는 자가 남대문 문턱은 대추나무로 되었다고 우기고 있었는데 실제로 남대문 문턱을 잘 알고 있는 사람이 그렇지 않다고 다투다가 끝내는 본 사람이 졌다, 라는 격언과 같은 격이어서 더욱 분통이 터지는 것이다. 그 격언대로 실제로 위폐로 몇 가마나 되는 많은 홍어와 미나리를 사서 3일 동안이나 큰 농민잔치를 벌였던 것을 직접 본 사람이 안 본 사람한테 지는 결과가 되는 것이다. 또한 그 같은 경우를 두고 반 식자우환半識者憂患이라는 말이 과연 거짓이 아니구나 하는 생각도 들었다.

지금 80대 미만의 젊은이들은 해방 후의 실정을 잘 모른다. 그러면서도 아는체 하는 것은 당시의 공산당이 낸 성명과 그들의 변명에 터잡은 글들을 읽고 그것을 근거로, 사실을 왜곡하여 일종의 소설을 쓰고 있는 것이다. 따라서 필자는 그들을 세상 물정을 전혀 모르는 철부지여서 그렇다고 보고 있다. 그들은 공산당의 일방적인 선언문과 성명서 그리고 그들이 낸 책만 읽어보고 거기에 넘어가서 사리판단을 제대로 하지 못하고 있어서 그 같은 주장을 하고 있다.

그렇다면 박헌영은 왜 위조지폐를 찍도록 했을까. 그것은 앞서 언급한 바와 같이 돈의 마력이 공산당의 지배력을 현저히 상승시키고 더욱 강화시켜서 공산주의 혁명을 보다 빨리 성취시킬 수 있는 방법이라고 확신했기 때문이다. 따라서 돈만 있으면 많은 열혈분자를 얻을 수 있어서 공산주의의 혁명을 완수할 수 있다고 믿었기 때문이다.

실제로 그 위폐가 횡행할 경우, 엄청난 물가상승으로 백성들의 생활은 더욱 어려워지면서 그 비난의 화살이 미군청청과 당시의 여당격인 한국 민주당에 돌아가게 되었을 것이며, 거꾸로 공산당원들과 이에 부화뇌동하는 사람들은 사기충천하여 혁명전사로 둔갑함으로써 남한의 공산화를 성공시킬 수 있었을 것이다. 그 때문에 화폐위조는 조선 공산당으로선 일거양득의 큰 과업이 될 수 있었다.

9. 필자의 가난은 공산주의자였는데도 왜 안됐을까

필자는 가난으로 인해 중학교 시험도 못 쳐봤다. 하지만 독서량만은 초등학교 때도 필자를 따를 자가 없이 많이 읽어댔다. 그때 세계사 등은 초등학교 4학년 때부터 즐겨 읽었고, 6학년 때인 1947년 정월에 에드가 스노가 지은 홍군 종군기후에 붉은 별이 지배하는 중국으로 개제"도 사서 읽었다. 이와 관련하여 밝혀 둘 게 있다.

지난봄 조정래의 『정글만리』 끝 부분에 "에드가 스노가 지은 붉은 별이 지배하는 붉은 별이 2000년대 초 최초로 한국에 번역되어 나와서 이를 읽고 중국공산당을 바르게 이해할 수 있었고 양국의 우의증진에도 크게 기여했다"라는 내용이 나오나 이는 명백한 허위사실이다. 그 후에 유형기가 지은 철학사화 상·하권과 그리고 일본 글로 된 각종 위인전 등도 많이 읽었다.

하지만 사상적으로 가장 중요한 시기인 17세 때 부친이 정신이상이 되었으므로 필자는 사실상의 소년 가장으로서 우선 집안을 다스려야 했고, 부친의 병을 나눠야 했으므로 나라를 생각할 여가가 없었다. 부친의 병이 소강을 얻은 후에 틈틈이 빌려 읽은 책 중에는 한치진6·25 전쟁 때 행방불명의 사회학이 있었다. 그 글에서 청교도들이 북미대륙에 건너가서 공산주의를 시험해보았으나 실패했다는 내용에 큰 감명을 받았다. 그리고 인간의 본성상 실패할 수밖에 없었겠다는 결론을 얻은 게 공산주의자가 안 된 가장 결정적 이유다. 그 외에도 "나는 자유를 선택하였다"라는 어떤 소련 망명객의 글을 읽고 그 내용에 크게 공감이 가서 공산주의자들의 선전을 액면대로 믿지 않게 된 것도 한 이유가 된다.

더구나 이승만 박사가 지은 독립정신을 읽은 후에는 그에 대한 편견도 많이 바로잡혔으므로 김일성만이 절세의 애국자라는 그들의 주장에 오히려 반감만 커졌다. 그 때문에 이리 농고를 나온 어떤 공산당원과는 3개월도 더 넘게 설전을 벌이면서 다투기도 했다. 거기다가 필자는 그야말로 산전수전山戰水戰을 다 겪은 자여서 세상물정을 헤아리는 눈만은 매우 날카롭고 정확했던 게 가장 큰 이유다. 그리고 이상하게도 같은 또래들에 비해서 사리분별을 할 줄 아는 철든 아이였다.

그 때문에 13세 전후에도 선생님들의 잘못을 잘 따지는 성격이었다. 이 점에서 필자는 부모 덕으로 큰 파란 없이 대학을 정상적으로 나온 사람과는 다르다. 그들은 비교적 무풍지대에서 성장한 까닭으로 세상물정을 잘 모르는 탁상공론자여서 필자와는 여러모로 대비가 된다. 특히 필자는 어려서부터 너무 터무니없는 골림과 주변의 냉대, 거기에 왕따까지 받으면서 자란 까닭인지 남의 말에 쉽사리 휩쓸리지 않는 특성이 있었고, 개성도 남달리 강했다. 그와 같은 삶은 어느덧 사람의 본성을 그리 좋게 보지 않았고, 또한 불의와 부정을 보면 못 참는 버릇도 생겼다. 그런 성격 때문에 필자만이 유별나게 선생님들에게 잘 따졌고, 항의하다가 많이 맞았다.

그 때문인지 어느 선생은 필자를 극도로 견제하면서 문제아로 낙인찍기도 했으나 담임선생만은 전혀 그렇지 않았다. 그 때문에 졸업 때는 우등상과 함께 군수상도 주었고 공산당의 선전에도 쉽게 휩쓸리지 않았다. 또한 그들을 의심의 눈초리로 보면서 과연 공동생산과 공동분배, 그리고 재산의 공동관리가 잘 될까 의아해 하면서, 앞서 밝힌 독서 덕분에 사람들의 본성으로 보아 결코 그렇지 않을 것이란 생각이 앞섰다. 그때 마을이 온통 공산주의자였대도, 휩쓸리지 않았다. 특히 일정 때 최후까지 『동아일보』를 읽었던 어떤 어른은 이승만을 극도로 비난하면서 반드시 암살할 의사가 나타날 것이라고 역설했는데도, 그에 세뇌되지 않은 것은 그런 기질 때문이었다.

그 맏아들 채태석은 농민 잔치 때 마을 사람들을 모아놓고 "이승만이 철도도 팔아먹고 광산도 팔아먹는 제2의 이완용이다"라고 선창했던 사람이었다. 그런 그가 보도연맹에도 가입지 않았고, 6 · 25전쟁 때

중립을 지킨 것은 이해가 안 됐다. 아마도 전국에서 제일 크다는 양수장이 우리 집 앞에 있었는데 그 장을 맡고 있었기 때문일 것이다.

필자의 성격은 너무 날카로워서 이웃마을 애들과 동네 애들이 흔히 행하는, 닭서리, 참외서리, 수박서리 등을 하면서 동참을 요구할 때도 그게 도둑질이라고 하면서 전혀 응하지 않았다. 신기촌에서 여로마을로 이사한 후에도 똑같은 나무꾼인 주제에 제가 무언데 책만 끼고 다니면서 아니꼽게 따로 논다고 하면서 불러내서 집단 구타 직전까지 간 일도 있었으나 어떤 착한 친구의 만류로 겨우 집단폭행만은 모면한 일도 있다.

이와 같은 모든 게 합쳐져서 공산주의자가 안됐으나 공산주의를 이해하는 데는 남보다 앞섰다. 특히 김일성이 가짜라고 허튼소리를 하는 사람과는 많이 다퉜다. 반공을 하려면 정도를 걸으면서 똑바로 해야 한다는 신념 때문이었다. 그 때문에 1995년에 펴낸 『탁 터놓고 이야기 좀 해 봅시다』의 글에서는 김일성이 결코 가짜 김일성이 아니고 보천보 전투를 일으켜서 천하를 놀라게 했던 그 김일성이 바로 현 북한의 김일성 주석이 맞다는 사실을 갖가지 논거를 제시하면서 주장했고, 가짜라고 주장하는 사이비 반공주의자들을 비판했다. 따라서 필자는 맹목적인 반공주의자는 아니다. 그토록 개성이 뚜렷한 게 세상 살아가는 데는 오히려 큰 장애가 되기도 했다.

제9장
돈에는 혁명가도 눈멀고 검사도 눈 먼다

정치와 관련한 돈 이야기를 더 하련다. 중국의 손문孫文도 돈에 한해서만은 올바르지 못했다. 손문 평전에 의하면 혁명을 성공시키기 위해 거사자금을 마련하는 과정에서 일본에 손을 내민 일이 있다. 그때 그는 혁명이 성공하면 광산개발권과 철도부설권 등을 양여하여 개발토록 할 것이니 거사자금을 지원해달라고 하면서 적극 호소했다.

하지만 다행히도 일본이 차관을 거부함에 따라 모든 게 없던 일로 끝나긴 했으나 냉혹하게 말하면 혁명의 미명하에 자기의 정치적 지배욕의 충족을 위해 자기 조국의 갖가지 이권을 헌 신짝처럼 내 버리는 매국행위를 한 것이다. 명분은 조속한 산업화를 위해서라고 했으나 이러한 행위는 아무리 혁명이 중요하다 해도 이해가 안 되는 행위였다.

미국의 독립과 민주혁명도 돈 없이는 성공할 수 없었다. 다만 행운인 것은 프랑스라는 큰 전주錢主가 있었다. 만약 프랑스의 무기와 군량미 등의 지원이 없었다면 미국의 독립은 성공할 수 없었다고 해도 과언이 아니다. 거꾸로 프랑스는 그 돈을 보충하는 방법 때문에 3부 회의를 열었다가 결국은 혁명이 일어나서 루이 16세는 단두대의 이슬로 사라진 것이다. 이를 보면 돈은 만사의 기초를 흔드는 마력을 지니고 있음을 알 수 있다. 돈의 위력이 얼마나 큰 가의 예를 다 들자면 한이 없을 것이다. 다만 현재도 돈 때문에 국가나 개인 간에 치열한 경쟁과 싸움이 집요하게 일어나고 있다.

그 때문에 오늘날에 있어서의 지배하고 성취하려는 욕구는 돈을 얼마나 많이 잘 벌 수 있는가의 싸움으로 변질되어가고 있다. 이토록 돈을 통하여 사람을 지배하려는 형태를 가리켜서 가장 신성시하여야 할 판결에 대해서도, 패소하거나 유죄판결을 받으면 법관과 검찰의 행태를 비난하면서 유전이면 무죄요, 무전이면 유죄라는 극언도 서슴없이 하고 있고 실제도 그런 경우가 있다.

특히 권력기관의 부패는 놀라운 체험이 있다. 1979년 초의 일이다. 필자가 용공발언과 긴급조치위반 혐의로 보안대의 호출을 받고 빠따 방망이로 엉덩이를 맞은 일이 있다. 육군 보안대가 우리 청사와 100m 정도의 위치에 있기에 당한 불행이겠으나 민간인을 조사한다는 것 자체가 명백한 불법행위였다.

그들은 말하기를, 공개회의석상에서 북한을 찬양했다는 것은 틀림없이 그 뒤에 거물간첩이 숨어 있어서 그런 발언을 했을 것이므로 의외로 큰 수확을 얻을 것 같아서 조사했단다.

하지만 공화당 사무국장 문 모와 선원 양성소장 윤 모, 그리고 조석으로 보안대에서 돈거래를 하면서 매일 놀러 다니는 여객선 업자 장 모 사장 등이

"전운식이야말로 각하 박정희가 요구하는 가장 청렴결백한 공무원이며, 용공발언운운은 고용원들이 인사에 불만을 품고 조작한 것이다." 라는 적극적인 해명과, 이들 모략이 고용원들의 인사 불만에서 나온 모략임이 확인되어 곧 풀려났다. 그 후 경찰에 이첩되었을 때는 긴급 조치 9호위반 혐의만 조사받았다.

그때 필자는 군산 해운항만청에서 총무과장을 하고 있었고, 고용원들의 인사이동은 위 장 사장과 해원노조 위원장, 선원양성소 소장 등의 집단민원에 의한 인사이동이었다. 필자가 보안대에서 풀려나자 직원들이 십시일반으로 십 만원을 거두어 주면서, 꼭 노魯상사를 자택으로 찾아뵈란다.

필자는 마음이 내키지 않았으나 다음날 일요일 식전에 그의 자택을 방문했다. 현관문을 열자 많은 신발들이 어지럽게 널려 있는 게 보였다.

"노 상사님 계십니까"라고 불렀던바 그는 금방 나왔다. 그는 매질할 때와는 달리 친절하게 맞아주었고, 별실에 안내해 주었다. "저 때문에 공연히 노 상사님까지 괴롭게 해드려서 죄송합니다. 하도 미안해서 조금 마련했습니다. 받아 주십시오." 그는 그 말에 크게 웃으며 서슴없이 받으면서,

"기관을 운영타보니 적지 않은 술값이 들어갑니다. 술 한자리에 몇 십만 원도 들어가지요. 어제 밤에 은행장들이 놀러 와서 고스톱 하느라고 밤 샜네요, 아침에 또 전주 최 소령이 만나자고 하니까 가봐야겠

습니다."

필자는 그때 그 말을 듣고 얼마나 놀랐는지 모른다.

육군 보안대가 무서운 곳인 줄은 알고 있었으나 설마 은행장들이 일개 육군 상사의 집에 찾아와서 고스톱까지 치다니…… 이런 사실이 있을 줄을 중앙 요직에 있는 상사 분들은 꿈이나 꾸겠는가. 이게 바로 권력의 발가벗은 참 모습이었다. 이는 특정기관에 권력이 집중되었을 때 그 산하의 실무자들은 그것을 믿고 얼마나 설치면서 방자한 행동을 하는지, 그리고 그와 비슷한 작태가 얼마나 비일비재할까를 꿈이나 꾸어 보았는지 모르겠다.

2. 필자가 직접 겪었던 돈의 위력과 검사의 탈선

필자와 관련되어 체험한 돈의 지배력과 그 위력을 더 밝혀보련다. 1950년대만 해도 고등고시 사법과 시험은 독학자들의 꿈이었다. 합격하여 판사나 검사가 되어 정의의 사도로서 국가와 민족을 위해 무엇인가를 해 볼 수 있다는 기대와 자부심이 있었고, 신분의 수직 상승도 할 수 있다는 기대감도 한몫을 했다. 필자는 부친의 정신이상으로 거의 절망상태인 채, 7년 동안은 가장 노릇만 열심히 하면서 동생들만 돌봤다. 하지만 초등학교의 벗, 이한교로부터 "너는 머리가 좋으니 보통고시를 한번 봐보라"라는 권유를 받고 마음이 달라졌다. 필자는 그때 시험제도가 있는 것조차 모르고 있었다.

그는 필자가 아는 사람으로선 가장 성실하고 정직한 자세로 살아온 친구였다. 그때 필자는 중노동으로 손마디가 굵어져서 주판알 퉁기는 게 큰 고역이었다. 그 때문에 1958년 봄, 합격할 때도 주산을 포함한 산수과목의 총 해답이 겨우 40.5점이었으므로 평균점수가 60점이 넘었더라도 하나만 틀렸다면 과락으로 낙방할 처지였으나 기적적으로 합격했다.

하지만 가난은 여전해서 책을 살 수 없었으므로 다시 연탄공장을 다녔다. 거기서 4·19혁명을 맞았고, 이어서 7·29 총선거가 있었다. 그때 송○○ 사장의 형뻘 되는 송 모 의원이 참의원 선거에 입후보하면서 필자에게 지원을 요청해왔다. 당시 송 사장은 철도기관차용 조개탄을 제조해서 정부에 납품하고 있었고, 연탄도 찍고 있었다. 그 때문에 그는 자주 검찰과 술판을 벌려서 진탕하게 먹고는 술값은 으레 연탄으로 주고 뇌물은 돈으로 주는 그야말로 정경유착의 표본기업이었고, 그 사장노릇을 톡톡히 하고 있었다.

그 때문인지 그는 철저한 자유당이었다. 그와 반대로 필자는 일직이 민주당에 입당하여 투쟁했었고, 4·19 혁명 후에는 민주주의에 자신이 생겨서 그 해 5월에 탈당하면서, 향후는 오로지 공부에만 전념하겠다고 다짐한 때였다. 그럼에도 송 사장이 양 고모부여서 거절치 못하고 선거를 돕게 되었다.

첫 참모회의에서 송 의원은 필자의 공무원 취직을 권했다. 하지만 필자는 책값 지원을 요청했다. 이에 송 모 의원은 감격해하면서 기꺼이 약속했고, 송 사장이 이를 보증했다. 선거결과 6년 제 참의원에 당선되었고, 면내 최고 득표도 했으나 책값 약속은 공수표였다.

그때 나는 양 고모에게 현 아내를 가르치면서 결혼할 것을 밝혔다. 그러자 양 고모는 내 결혼을 한사코 반대하면서 사람이 출세하려면 처갓집 덕도 보아야 한다고 주장했으나 나는 그 말이 비위에 거슬렸다. 필자는 오직 사람됨을 보고 선택했다. 그런데도 양 고모는,

"결혼하는 사람이 무슨 공부인가, 책값은 줄 수 없다"고 하면서 자기 남편 Y에게 책값을 못 주게 했다. 그때 Y는 조개탄 공장의 전무였고, 책값의 실제 지급책임자였다. 그때 양 고모는 친정에서 친모를 모시고 별거하고 있었다.

그는 고등교육 수료에 면장의 딸, 키가 168cm의 당당한 체구여서 권위가 대단했다. 그녀는 필자와 동갑이었으나 16세 때 벌써 다 커버려서 당시의 필자의 키 155cm와는 너무나 대조적이어서 어른과 애 같았다. 하지만 필자도 20세 전후에는 똑같이 168cm로 컸으므로 그때부턴 그리 꿀리지 않았다. 그러나 초등학교 졸업의 초라한 학력은 고등교육을 수료한 그녀에겐 하찮은 농군에 불과했다.

이러한 관계는 입양된 양자라기보다 주인과 머슴 같은 처지였다. 따라서 양 고모의 권위와 지배력은 나를 완전히 지배하고 있었고, 그의 지배욕을 만족시키고 있어서 나는 마치 종 같은 입장이었다. 하지만 필자가 보통고시현 7급 행정직를 합격하자 완연히 달라졌다. 그 때부터는 양 고모도 자랑스러운 조카로 대하기 시작했고 호감으로 대하기 시작했다.

그것은 양 고모의 지배욕에다 이성으로써의 애정까지 곁들인 결과가 된 것이다. 이게 문제를 낳는 근본 원인이었다. 그것은 남녀 간의 기대와 호감이란 항상 순수하지 않다는 것 때문이다. 이러한 행위는

얼핏 보면 나를 위하는 것처럼 보이지만 사실은 나를 옆에 놓고 외로움을 달래면서 나를 계속하여 지배하려는 지배욕의 발로發露였다.

그때 양 고모는 혼전에 사귀었던 애인과 결혼 후까지도 계속하여 밀회를 거듭하다가 양 고모부 y에게 들통 났고, 더구나 연서의 내용 중에, "남편과 동침하지 말라"라는 글이 발각되어서 완전히 별거하고 있었다. 그래서 두 남성남편과 간부을 모두 못 만나고 있는 때였다. 그 때문에 내 결혼을 반대한 것은 그러한 외로움을 달래기 위한 어쩔 수 없는 자연현상으로 보아야 할 것이다. 하지만 필자는 막내 양 고모를 철저하게 위했을 뿐이다.

여기서 인간의 본성을 살펴볼 필요가 있다. 앞서 누술한 바와 같이 사람은 누구나 지배력만 있으면 지배욕을 충족시키려는 게 인간의 본성이고, 이를 통해 무엇인가를 성취하려고 한다는 점을 거듭 강조했다. 필자는 15년 이상, 막내 양 고모를 여왕처럼 존대해 왔으나 양 고모부 y로부터 자기 처에 대한 부정사실을 듣고부터 그 신화가 완전히 깨져 버렸다. 그 때문에 필자는 양 고모로부터 정신적인 독립을 하려는 의지가 커가고 있었다.

그때 양 고모는 자기와 정 반대의 반려자를 선택하는 필자의 행위를 자기의 지배력에서 벗어나려는 것으로 보았으므로 극력 결혼을 반대한 것이다. 그때 필자의 생각은, 고등교육을 받은 여성들은 특권의식에 사로잡혀 있어서 필자와는 맞지 않았으므로 더욱 독립하려 했다. 그런 자세는 부친이 군청 과장이고, 부농의 딸에 초등교 교사였고 미모였던 강 모 양의 절실한 호감까지도 뿌리치게 했다. 강 모 양은 필자의 엉뚱한 선택과 결혼에 크게 실망했고, 그 후 금융인과 결혼했다. 하지만 마음이 맞지 않아서인지 갓 돌 지난 첫 애를 끌어안고 자살해버렸다. 그러한 비극이 필자에게도 그 책임의 일단이 있는 것 같아서 한때 마음이 굉장히 아프기도 했다.

양 고모는 나 없을 때 내방에서 통곡까지 했다. 그녀의 그런 행동은 프로이트가 말하는 오이티푸스 콤플렉스 현상과 비슷한 현상으로 보는 게 더 적절할 것이다. 하지만 필자가 끝내 결혼을 강행하자 양 고모의 호감은 증오감으로 변해갔다. 그와 반대로 내가 결혼한 후, 양 고모는 간부였던 자의 4촌과 다시 접근하고 있었다. 필자는 양 고모부 y가 눈물까지 흘리며 고백했던 부정행위를 들은 후부터, 그를 심히 동정하고 있었으므로 충고하기로 결심했다. 그러면서 책값을 못 주게 하는 행위와 아내를 심히 모멸하는 행위도 따지려고 했다.

1962년 3월 초, 어느 날 낮에 그녀를 찾았다. 나는 양 고모에게 조용히 할 이야기가 있다고 하면서 같이 놀고 있는 사람들에게 나가달라고 했다. 그때 양 고모는 너와 할 이야기가 없다고 하면서 대화를 거절했다. 끝내는 "나가려면 네가 나가지 남보고 나가라고 하느냐"면서, 필자의 왼쪽 뺨을 심하게 후려쳤고, 그때 내 눈에선 불이 번쩍 나면서 고막이 터져버렸다.

그런 야만적 폭거는 그간의 기대와 호감이 거꾸로 극도의 증오감으로 변했음을 말하는 것이다. 이는 남녀 간의 애증의 감정이 얼마나 무서운 것인가와 인간의 성취욕번식욕이 얼마나 뿌리 깊고 무서운가를 말해 주는 좋은 증거다.

그 폭거로 필자는 지금도 왼쪽 귀가 난청이어서 큰 고통을 겪고 있다. 그 때 필자는 격분해서 거의 무의식적으로 나온 말로, "네가 나를 때릴 자격이 있느냐'라고 외쳤다. 이어서, "더럽고 썩은 머리 수원지물에 깨끗이 씻으라, 어디서 남이 모른다고 거들먹거리고 다니냐, 비열하고 썩은 정신을 버리라"라고 대갈했다. 그러자 양 고모는 그 말뜻을 알아듣고 엎드려서 퍽퍽 울었다.

세상의 모든 어머니들은 항상 자기 딸을 최고의 요조숙녀로 안다. 그 때문인지 양 조모는 내가 재산 약취의 목적으로 자기 딸을 죽이려했다고 떠들어댔다. 그래서 다시 찾아가서 이를 해명하면서, "고 ○의원과 연애하더니 이제는 그 4촌인 고○○와 좋아지낸다는 소문이 퍼져서 싸운 것이다"라고 말하자 누가 그랬느냐 대라, 고 하면서 마루를 텅텅 구르며 고래고래 소리를 질러댔으므로 마을 사람들이 다모여서 결과적으로 명예훼손이 되었다.

3. 돈 때문에 양 고모를 폭행하고 명예훼손한 자로 몰렸다

곧이어 양 조모는 둘째 사위인 정경 유착의 송 사장에게 "운식이 그놈이 나 없는 사이에 제 고모를 죽이고 재산을 빼앗아가려고 폭행하면서 온갖 명예훼손을 다 했다"라고 호소하면서 원수를 갚아달라고 했다.

그 말을 전해 들은 송 사장은 정경유착의 기업가답게 즉시 검사와 지방정보부를 움직여서 필자를 영구히 매장시킬 것을 약속했다. 앞서 밝힌 대로 본래 송 사장은 철저한 자유당이었고, 필자는 열렬한 민주당이었으므로 평소에도 설전을 벌인 일이 있다. 필자는 결국 퇴거불응, 폭행, 명예훼손죄로 고소당했다. 필자는 퇴거불응은 사실이나 고막이 터지도록 뺨을 맞았을 뿐 폭행한 사실이 없는데도 거꾸로 폭행범으로 몰린 것이다. 그것은 막내 양 고모의 큰형부가 경찰서 형사반장이어서 조서가 일방적으로 작성되었기 때문이다.

하지만 필자는 6월의 첫 공판 때의 인정신문에서, 왜 그렇게 행동하고 다투었는가의 동기와 배경, 그리고 경위 등을 상세하게 밝혔고, 폭행사실은 부인했다. 곧 1962년 7월 10일 두 소년의 증인신문이 있었다. 철저하게 위증교사를 받은 그 소년들은 철저히 위증하고 있었다. 특히 한 소년은 막무가내로 "네 자산이냐 내 재산이다"라고 하면서 싸웠다는 유치하기 짝이 없는 위증을 계속하면서, 필자가 폭행당한 게 아니라 막내고모가 폭행당했으며, 온갖 명예를 다 훼손당했다고 위증하고 있었다.

필자는 반대신문에서 "네가 때릴 자격이 있느냐"라는 말을 내가 했지 않느냐, 그 말에 "고모가 조카 한번 때려서 못 쓰겠냐"란 말을 고모가 했지 않느냐, 라고 추궁하자 그도 "예 그랬어요, 맞아요"라고 대답함으로써 필자가 폭행당한 사실이 입증되었다. 또한 "싸움이 다 끝난후, 등기까지 고모 앞으로 해준 것을 왜 재산을 주네 못 주네 더러운 소리하고 다니느냐"라는 말이 있었지 않느냐, 는 반대신문에 "예 그랬어요"라고 대답함으로써 재산 때문에 싸운 게 아니라 재산 문제는 재론을 하지 마라, 는 경고밖에 한 사실이 없음이 드러남으로써 앞서 증언한 "네 자산이냐 내 자산이다 내놓으라"라는 말도 위증이었음을 스스로 드러냈다.

4. 검사도 때로는 권력과 돈 앞에 꼼작 못한다

그날 증인신문의 반대신문에서 진실이 밝혀지자 고소장이 터무니없는 거짓임이 드러났다. 그 결과 무죄판결까지 예상되자 재판부가 필자에게 매수되어 불공정한 재판을 하고 있다고 오해하고, 송 사장이 정명래 검사에게 요청하여 재판부 기피신청을 제기했다. 이 사건은 개인 간의 형사사건이고 더구나 친인척 간의 다툼인데, 이것을 돈과 결부시켜서, 같은 고등고시 6회 동기인 판사를 검사가 돈에 매수된 끝에 재판부 기피신청까지 한 것은 이 사건이 유일무이한 사건이었다. 이로써 이 재판은 정치적 사건보다 더 큰 사건이 되어 버렸고, 방청객이 인산인해를 이뤘다.

하지만 당시 재판장인 박행엽 판사는 너무나 강직하기로 유명했고, 항상 공정한 재판에 최선을 다하는 분이어서 누구의 금품을 받는 사람이 아니었다. 이 사건 후 40세도 안 된 박행엽 판사는 사표를 내고, 변호사를 개업했다.

그 후 필자가 박 변호사를 찾아갔을 때 "제 사건 때문에 그만두신 것 같아서 너무나 죄송합니다"라는 인사말에 "꼭 그런 것은 아니고 그렇지 않아도 그만두려고 했다"라고 말한 후, 별실로 안내했다. 그때, 그 고모라는 분이 정말 그런 일이 있었느냐 묻기에 "예 그랬어요"라고 말하고 그보다 더 깊은 내용을 밝히자 깜짝 놀라면서 더 묻지 않았다.

이어서 이렇게 술회하고 있었다. "그때 나에게 큰 돈뭉치를 가져왔기에 그걸 거절했더니 피고로부터 무엇이 있었기에 거절하지 않았는가 하고 오해가 생겼던 것 같아, 더구나 정보부가 움직이고 있어서 정 검사도 어쩔 수 없었을 거야"라고 하면서 오히려 정 검사를 두둔하고 있었다.

필자가 돈을 준 사실을 끝내 입증하지 못한 정명래 검사는 재판부 기피신청을 취하했다. 그 결과 박행엽 판사가 다시 재판하게 되었고, 필자는 그런 파란과 155일의 미결수생활 끝에 5,000원의 벌금형을 선고받았다. 미결수 생활이 155일이나 된 것은 재판부 기피신청 때문에 그 진상을 조사하느라고 늦어진 것이다. 그 때 판결 주문은, "피고를 벌금 5,000원에 처한다. 다만 구금일 수 155일 중 100일을 1일 50원으로 통산하여 환형 처분한다"였다.

이로써 필자에겐 어떤 경제적 부담도 안 되는 명판결을 했다. 그리고 무죄가 아닌 벌금형을 선고함으로써·고소인들에게도 어느 정도의 만족감을 주는 명판결을 한 것이다. 그는 선고 직전에,

"장차 이 사회와 전 씨의 동량재가 될 수 있는 피고인을 아무것도 아닌 사건으로 친인척 간에 싸워서야 되겠는가, 앞으로는 잘 지내라" 라는 요지로 훈시한 후, 선고했으므로 형사사건치고는 소설 같은 판결이었다.

하지만 항소심에서는 다시 법정구속 되었다. 이는 양 고모부 Y의 위증 때문이었다. 그때 재판부는 두 달 만에 원심을 파기하고, 8월 징역형에 집행유예 2년을 선고했고, 그때가 1963년 3월이었다. 그러한 판결은 같은 전주고등학교 출신인 그들이 학연을 통하여 돈으로 요리하면서 모함한 결과였다. 하지만 깊이 살펴보면 돈의 지배력을 통해서 지배욕을 충족시킨 것이다.

그 후 정명래 검사는 일약 공안부 검사로 발탁되었고, 후일에 사법연수원장까지 했다. 퇴임 후 변호사를 하면서 수임한 사건의 부동산을 가로채는 수법으로 사기를 했다가 실형을 선고받는 비운을 겪었고, 그 사건으로 몇 번이나 그 이름이 신문지면을 더럽히고 있었다.

이 사건의 근본원인은 안 지고 이기려는, 그리고 지배력을 과시해서 지배욕을 충족시키려는 데서 출발했고, 종결지었다. 한번 붙은 싸움이기에 어떤 희생을 치르더라도 이기려는 자세가 지방정보부와 검사를 매수하게 됐고, 대 기업주의 사장으로서 필자를 실형에 처하지 못하면 자기의 지배력의 상처로 지배욕까지 훼손될까 하여 엄청난 돈으로 매수 작전을 편 것이다.

사람이 돈에 그토록 나약함은 돈의 힘이 그만치 크다는 것을 일깨워주는 증표다. 또한 돈의 위력은 정의의 학문인 법학공부를 한 사람은 물론, 신앙에 종사하는 성직자들까지도 매몰시키고 있음을 볼 때, 사람의 정의감도 돈 앞에는 극히 나약함을 알 수 있다.

지금도 돈 때문에 부모와 형제를 죽이는 타락상이 매일처럼 보도되고 있으나 정의의 사도인 검사가 돈에 매수되어 같은 6회 고시 합격자를 돈 먹었다고 모함하면서 재판부기피신청까지 한 것을 우리는 어떻게 보아야 하는가. 그는 원래부터 잘못된 생각과 성격을 지닌 사람은 아니었을 것이다.

그 후 송사장은 조개탄 공장을 처분하여 전주제지를 건설하다가 송모 의원이 야당으로 전신하자 은행융자가 단절됨으로써 더 기업을 계속할 수 없게 되었으므로 전주제지를 삼성계열한솔계열에 팔았다.

그는 남은 돈으로 안양에 소규모의 오양제지를 건설하다가 그것조차도 자금부족으로 부도를 내면서 파산함으로써 완전히 알거지가 되어버렸다.

이 과정에서 발이 넓은 막내 양 고모는 자기 형부를 위해 얼마 되지 않는 자기 재산을 다 바쳤고, 아는 분들을 찾아다니면서 월 3부의 고리로 갚겠다고 약속하면서 30여 군데서 많은 쌀을 빌려서 뒤를 댔다. 하지만 그 예상이 빗나가서 파산하자 그 빚 때문에 20여 회의 압류를 당하는 참상을 겪기도 했다.

그로부터 13년 후, 학비에 궁했던지 양 고모부 y는 필자를 찾아왔다. 항소심에서 그는 "증인은 아내에 대한 비행을 필자에게 밝힌 사실이 없다"라고 위증한 자였으므로 찾아올 염치가 없는데도 찾아온 것이다. 필자는 너무 측은하여 월급을 담보로 대출받아서 10만 원을 주었다.

그 후 1995년도에는 필자의 첫 저서 『탁 터놓고 이야기 좀 해 봅시다』(476쪽) 한 권을 막내 양 고모에게 증정하면서 금일봉도 함께 주었다. 그 책에는 과거에 겪었던 형사사건의 오해와 진실을 밝히는 내용이 수록되어 있었으므로 뒤늦게나마 깨우쳤으면 하고 준 것이다. 이 같은 필자의 행위는 그간 지배받던 자리에서 이제는 지배할 수 있다는 자신감과 함께, 그간 나는 양 고모를 충심으로 모셨다는 순수성을 과시하기 위한 행위였다.

이를 두고 인생은 새옹지마라는 말이 결코 헛된 말이 아님을 알게 해준다. 이 같은 우여곡절은 모두 돈의 지배력과 지배욕, 그리고 성취욕의 내용인 번식욕과 국가권력의 지배력 등이 뒤얽혀서 생긴 비극이므로 돈의 마력을 다시 되새겨 보는 사건이기도 하다.

5. 돈 관련 추문은 계속될 것이며 변치 않을 것이다

우리는 언론에 자주 오르내리고 있는 국회의원과 장·차관 등 고위직 공직자들이 직무와 관련해서 뇌물을 받았다는 이유로 구속되고 형을 받았다는 뉴스를 매일같이 접하고 있다. 이러한 사실도 깊이 따져보면 돈을 주는 자는 장·차관을 자기 의사대로 해주기를 바라는 의도로 돈을 주는 것이고, 또한 돈을 주고받은 쌍방은 돈의 위력을 믿음 때문이며, 결국은 돈의 지배력을 믿기 때문에 생긴 비극이다.

또한 돈을 받은 사람도 그 돈으로 누군가를 다시 지배할 수 있고, 또한 무엇인가를 성취할 수 있다고 보기 때문에 받았다가 처벌받은 것이다. 국회의원이나 시장, 군수 등의 당선여부도 돈이 없으면 공염불이다, 라는 풍설도 돈으로 유권자의 마음을 지배할 가능성 때문에 그런 말이 생긴 것이다. 그것은 돈이 있으면 그 지배력을 이용해서 사람의 심리를 지배할 수 있으므로 그를 예상하고 하는 말들이다.

최근 세상을 발칵 뒤집어놓은 세월호 침몰사건과 304명의 사망사건도 돈과 직결된 사건이라고 본다. 왜냐하면 해운조합의 운항관리자가 법대로 과적을 단속했다면 일어날 수 없는 사건이었는데 그는 직무를 유기했고, 그 이면은 돈과 깊이 유착된 결과가 낳은 비극으로 보기 때문이다. 해난사고가 나면 해운조합이 우선 그 보험금을 지급해야 한다. 그러므로 누구보다도 앞장서서 과적을 막을 줄 알았으나 눈감고 있었다. 이는 조그마한 사익을 위해 소속회사의 이익도 불고했고, 국가이익과 사회이익도 다 버린 결과였다.

하지만 어떠한 돈의 욕구도, 인간의 생존을 위한 욕구인 식욕만은 못하다. 그리고 생존욕구는 식욕으로 변형되어 있고, 종족 번식을 위한 욕구가 색욕인 점은 변화가 없다. 다만 돈은 이들 욕구를 충족하는 데 가장 큰 마력을 가졌으므로 별별 억측이 횡행하는 것뿐이다. 따라서 식욕과 색욕은 바로 인류의 가장 본질적인 욕구라는 점에서 돈보다도 더 중요한 욕구에 속하는 것이며, 그 점에 대해서는 누구도 다투지 못할 것이다.

하지만 일반 동물들과 식물들 간에는 전혀 있을 수 없는 절도, 강도, 사기, 횡령, 배임 등 모든 경제적 범죄와 돈 벌려는 경쟁과 투쟁을 좀 더 깊이 캐보면 결국은 인간의 각종 지배욕과 성취욕을 충족시키려 할 때, 돈만이 가장 효과적으로 소기의 목적을 달성시킬 수 있기 때문이며, 돈만이 왜곡된 길을 선택하는 데 가장 효과적이기 때문이다. 다만 이러한 욕구도 몸이 허약하거나 병들면 번식력이 없어지므로 지배력과 지배욕, 성취욕의 뿌리도 없어지므로 다툴 의욕을 잃게 됨으로써 본성의 본질이 착해지는 것을 볼 수 있다.

심지어 사기, 질투, 중상, 모략, 음해 등의 범죄도 그 뿌리를 같이하고 있으므로 병들고 허약해지면 전혀 딴 사람처럼 선량한 사람으로 돌변하는 모습을 수없이 경험했다. 따라서 모든 범죄는 지배력과 지배욕, 성취욕을 강화시켜주는 한 방법이 될 수 있기에 행해지는 것이다. 지배력을 동원한 전쟁과 싸움도 지배욕과 성취욕을 충족시켜 주는 데 가장 효과적이기에 싸워왔으나 현대는 차차 순화돼 오고 있다.

특히 현대는 가공할만한 무기의 발달로 지배력이 엄청나게 강해서 설사 승전했다 하더라도 지배욕과 성취욕을 충족시켜주는 계기를 마련해주는 게 아니라 오히려 자신부터 먼저 생명을 버려야 하는 비극이 찾아올 수도 있으므로 전쟁은 가장 바보스러운 시대로 접어들고 있는 것이다.

따라서 인간의 본성의 본질에 대하여 올바로 이해할 수 있도록 바른 교육을 통하여 똑바로 인식시킴으로써 인류의 본성을 보다 순화시켜서 그런 비극을 막아야 할 것이다.

만약 그런 교육이 성공할 수만 있다면 각 개인들은 스스로 인간의 행복이 무엇인가를 깨닫게 됨으로써 전쟁과 싸움을 통한 지배욕과 성취욕의 충족보다는 사랑과 화해, 공존을 통하여 간접적으로 지배하면서 공동으로 번영을 누릴 수 있는 평화를 원하게 될 것이다. 그 같은 방법만으로도 전쟁의 참극과 싸움의 비극을 능히 극복해 낼 수 있으므로, 우리 인류의 먼 장래를 비관할 필요는 없을 것이다.

1. 지배력과 지배욕, 성취욕, 번식욕의 화신은 황제와 군주였으나 민주화로 혁파됐다

역사의 기록을 통해 살펴보면, 지배력과 지배욕, 성취욕 번식을 가장 강하게 행사해 왔던 제도와 사람은 뭐니 뭐니 해도 군왕제도와 황제제도였고, 임금과 황제는 그 제도의 정점에서 성취욕번식을 철저히 즐겼다. 하지만 그러한 고전적인 제도는 세계 1차 대전을 고비로 민주화의 열풍 속에 이 지구상에서 사실상 사라졌다.

다만 이들 제도가 퇴락한 이후에도 그 잔영만은 남아 있어서 정치적 후진국에서는 한 사람이 장기집권하거나, 독재정치를 하는 경우가 허다하게 남아있어서 눈살을 찌푸리게 하고 있으나 성취욕번식욕 만은 현저하게 순화되었다. 하지만 아직도 지배욕의 잔영만은 남아 있어서

1인의 장기집권과 독재 때문에 시끄러운 나라들이 한둘이 아니다. 그런 사실들을 살펴보면서, 인간의 지배욕이 얼마나 뿌리가 깊은 본성에서 비롯되었는가를 새삼스럽게 되새겨 본다. 다만 그 황제제도와 군주제도는 우리 인류역사의 기록이 시작한 때부터 시작되었다는 것과 그게 20세기 초까지 계속된 제도라는 것, 그리고 군주제도가 존속한 기간은 우리 인류의 역사기록과 거의 같은 기간이었다는 점에서 우리들의 역사는 지극히 부끄러운 과거였음을 알게 된다.

그토록 뿌리 깊었던 제도도 1차 대전을 고비로 현저하게 퇴락했음은 극히 다행스러운 일이다. 그런데도 독재 권력과 장기집권은 그 이후에도 극성을 부렸고, 그 전성기는 20세기의 전반기였다고 해도 과언이 아니다. 다만 이 두 지배제도는 점차 그 힘을 잃게 되었는데, 이는 백성들의 교육이 보편화되어 인지人智가 깨우쳐졌고, 또한 언론자유가 힘을 얻게 되면서부터 백성들의 민주의식도 눈을 뜬 때문이다. 그 부당성이 점차 부각되면서 급기야는 혁명을 통하여 제거되었거나, 아니면 군주나 독재자가 스스로 백성들에게 그 지배력을 반환함으로써 없어졌다.

그러나 일부 군주국가에서는 아직도 미련이 남아 있어서, 백성과의 타협을 통하여 입헌제도의 확립 등으로 백성들의 권리를 신장시키면서 군주라는 이름을 유지시킴으로써 그 허상만은 남아 있는 나라들도 있다. 하지만 현재는 명실상부한 구시대의 군주제도는 이 지구상에서 사실상 그 자취를 완전히 감췄다.

다만 독재제도는 지금도 군주시대에 있었던 그 지배력과 그를 통한 지배욕의 충족과 성취욕을 만끽해오던 달콤한 맛에 향수를 느껴서인지 군주제도와 유사하게 1인이 수십 년 동안 철권으로 통치해오는 나라도 있다. 오히려 그보다 한술 더 떠서 북한처럼 군주시대의 유물을 그대로 받아들여서 권력을 세습시키는 나라도 있다. 예를 들면 지난 세기에는 히틀러나 무솔리니와 같은 극우적인 독재자도 있었고, 스탈린이나 마오쩌둥처럼 노동계급과 공산당을 등에 업고 행하는 독재자도 있었다.

하지만 북한처럼 당과 군부 등을 완전히 장악하면서 백성들의 직장을 부여하고 생업을 독점할 수 있는 제도에 성공한 나라는 북한밖에 없다. 그들은 학습을 통한 세뇌교육과 정치범 수용소까지 설치하여 격리와 강제노역을 통한 공포감을 조성시켜서 전혀 반항할 수 없도록 했고, 이로써 3대 세습까지 성공시키고 있어서 유사 이래 처음 있는 일이다.

이러한 행위는 아무리 좋은 문장과 이론으로 별별 소리를 다 동원하여 합리화하면서 미화시킨다 해도 세계사의 흐름에는 명백하게 역행하는 것이며, 또한 인류문화의 발전방향에도 명백하게 반동하고 있는 것이다.

그러한 결과는 남한에서는 대통령은 함부로 비판할 수 있으면서도 자기직장의 상사나 기업주는 비판하지 못하는 사회로 발전시켰고, 북한에서는 나라에서 직장을 보장해주기 때문에 거꾸로 직장의 상사나 책임자를 공개적으로 비판할 수 있으면서도 당이나 최고 권력자에 대해선 단 한마디도 비판할 수 없는 사회로 변질시켜 버렸다. 이를 보면 돈의 위력과 이를 통한 생명의 위협이 지배력과 지배욕에 얼마나 크게 영향을 주고 있는가를 잘 알 수 있게 해주는 좋은 예가 된다.

인류문화의 발달과정을 살펴보면 인간이 인간을 일방적으로 지배했던 시대는 낙후될 수밖에 없음을 드러냈으므로 하루 빨리 백성들에게 그 지배력인 권력을 이양해야 할 것이다. 그럼으로써 이제는 국가의 지배력 운용이 백성들의 선거 등을 통한 상호지배의 민주제도로 개선되어야 할 것이다. 하지만 지금도 나라에 따라서는 백성들을 지배하는 형태와 그 지배의 강도가 차이가 있는 게 사실이다.

이를 보면 당이나 개인이 백성들의 선택을 거치지 않고 장기집권을 하는 나라가 인권까지 보장되고 자유까지 보장되면서 백성들의 선택권이 존중하는 나라는 하나도 없었다. 이는 곧 장기집권과 민주주의는 양립할 수 없는 상극임을 알 수 있게 하는 것이다.

따라서 1인이 15년 이상 장기집권하면 반드시 독재에 물들게 되므로 그런 나라에서는 백성들의 저항을 불러일으키게 하고 있다. 그 결과 현대의 거의 모든 나라들은 민주국가들로 성장할 수 있었다. 그에 따라 군왕들이 누려왔던 사람의 본성인 지배욕과 성취욕번식욕을 대통령이나 수상이 그대로 누리도록 용인하는 나라도 없어졌고, 또한 그 지배력과 지배욕, 그리고 성취욕을 그대로 긍정하는 나라도 없어졌다.

이 시점은 일부 극소수의 미개국가와 독재국가를 제외하곤 거의 모두 개혁에 성공하여 인권이 신장되고, 아울러 헌법상으로도 자유와 평등, 인권과 인간의 존엄성 등이 철저하게 보장될 수 있도록 헌법이 개혁되고 있는 것이다. 또한 이를 위해 지배권자의 임기를 최대 8년 이내로 제한하면서, 백성들이 선거제도를 통하여 지배자를 역으로 지배하는 시대로 발전하고 있는 것이다.

이러한 역사적 사실을 살펴본다면, 군주제도와 같은 원시적인 지배방법이 결코 어쩔 수 없는 숙명적인 것이 아니라 인위적인 제도에 불과했음을 알 수 있다. 따라서 그런 제도는 하늘이 정해준 제도로 체념하면서 받아들였던 구시대의 정신 자세와 충성이라는 미명하에 이를 미화시키면서 어릴 때부터 세뇌시켜오던 교육제도는 아예 없어졌다.

지금은 충신이라는 이름으로 미화시켜서 군왕에게 순응할 것만을 권장해왔던 행위가 역사발전에 정면으로 역행하는 행위가 된 지 오래다. 이에 특정인의 장기집권과 구시대의 군주제도의 유지는 명백하게 역사의 흐름에는 반동하는 행위가 되고 있음을 깨닫게 되었으므로, 우리의 앞날이 다시 독재제도나 군주시대로 회귀하지는 않을 것이다.

2. 유교와 불교는 인류의 본성을 어떻게 보았는가

지배력을 바탕으로 지배욕과 성취욕번식욕으로 뭉쳐진 사람의 본성들을 불교 등에서는 인간의 탐욕으로 이해하고 있다. 그러므로 이를 극복하는 것만이 해탈解脫의 경지와 열반에 들 수 있으며, 이를 위해서 고행과 명상을 쌓으면 부처가 될 수 있고, 또한 극락의 세계로 갈 수 있는 길이라고 역설한다. 또한 이 길만이 인류의 참된 행복을 가져 올 수 있다고 가르치고 있다. 이에 대하여 유교에서는 공자 스스로가 인간의 본성과 천도天道에 대해서는 직접적으로 언급한 바가 없다. 다만 제자들과의 문답 중에 "인간의 본성은 모두 비슷하지만 관습에 의해 변할 수 있는 것이다"라는 말밖에 한 일이 없다.

그러나 맹자孟子에 이르러서는 인간의 본성은 원래 착한 것이라는 성선설性善說을 주장했다. 이에 대하여 같은 유가인 순자荀子는 성악설性惡說을 주장하여 오늘날까지도 두 주장에 대하여 많은 다툼이 있어 온 것은 너무나 유명한 이야기다. 특히 주목되는 것은 맹자는 사람에게 인仁, 의義, 예禮, 지知의 사단지심四端之心이 있다고 주장하고 있다는 점이다. 그는 그 예로서 우물에 빠진 아이를 위험을 무릅쓰고 구조하는 것은 인간의 본성이 원래 어려움이 닥쳤을 때, 측은하게 생각하는 착한 마음을 가지고 있기 때문이라는 구체적인 예까지 제시하고 있다.

그 후 예기禮記의 예운 편禮運編의 희喜, 기쁨, 노怒, 노여움, 애哀, 슬픔, 구懼, 두려움낙樂 즐거움, 애愛, 사랑, 오惡, 미움, 욕慾, 욕심의 칠정七情설까지 합쳐져서 사단칠정설로 발달했다. 이와 관련하여 당초 퇴계 등 주리학 파들은 군자君子는 사단四端에 충실하면서, 도심道心으로 행동하고, 소인은 칠정七情에 따르면서 인심으로 행동한다고 주장했다. 또한 항상 이理가 사람의 행동을 주재한다고 주장했으며, 마음심心은 곧 이理라고 주장했으므로 심즉리心卽理라고 표현한다. 이러한 주장이 조선조 말에는 더욱 강화되어 이理를 완전히 주인으로 내세우면서 이는 주인이고 기는 머슴에 불과하다고 주장하면서 주리기복主理氣僕이라는 극단론까지 펴서 기를 낮춰 버렸다.

그들의 종래주장은 이理를 따르는 것은 군자가 되는 길이고, 기를 따르는 것은 소인의 길이라고 주장하여 극단적인 양분론을 펴고 있었으나 그 후에는 이理를 훨씬 더 강화하여 모든 것은 이理로부터 시작된다는 극단론을 펴고 있었다. 하지만 율곡은 이기理氣 일원적一元的 이원설二元說을 주장하면서, 이理는 사람에 비유하고 기氣는 말에 비유했다.

이를 기발이승氣發理乘이라고 하거나 이기호발설理氣互發說이라고도 하며, 말이 나아가지 않으면 사람도 한 발짝도 옮길 수 없듯이 기가 움직이지 않으면 이가 나타날 수 없으므로 기氣 가 모든 것을 주재한다고 주장했다.

또한 말氣이 움직여야 사람理도 따라 움직일 수 있으므로 기가 움직이지 않으면 이는 한 발도 움직일 수 없다는 기 중심의 사단칠정 설을 주장했다. 그러면서 이理가 기氣를 타고 가면 군자의 바른 길을 걸을 수 있으며, 七정 중에 선한 부분이 四단일 뿐이라고 주장했다. 이는 기를 중심으로 한 이기 일원론, 또는 일원적 이원론을 주장한 것이며, 거꾸로 주기 리복主氣 理僕설을 주장했고, 이어서 마음心 은 곧 기心卽 氣라는 정 반대의 주장을 펼친 것이다. 이 같은 이기설理氣說의 대립은 기대승과 퇴계 선생 간에 시작되어 그 후 오랫동안 논쟁이 계속되었다.

여기서 필자가 가장 주목하는 것은 결론적으로는 두 설 모두 마음이 모든 것을 주재한다고 주장한 데 불과하다는 사실이다. 왜냐하면, 주리설에선 마음이 이理이고 이가 모든 것을 주재한다고 주장했고, 주기설에선 마음이 곧 기氣이고 기가 모든 것을 주재한다고 주장했기 때문이다. 그런데 간재는 그것을 극복하고 있었고, 그 내용은 다음 절에서 다시 밝히겠다.

이러한 다툼은 율곡과 퇴계 간에도 이루어졌다. 이를 두고 우리나라 철학자들은 이때를 조선의 철학사상 가장 화려했던 시대로 평가하면서 중국의 성리학자들도 깨닫지 못한 철리를 우리 조선 성리학자들이 깨달았다고 주장하고, 이를 분명히 진일보한 발전을 이룩한 것이라고 자랑스러워하고 있었다. 한마디로 평가한다면 이 같은 이기理氣

설 중, 퇴계 선생을 추종하는 영남학파는 이理를 우선으로 하는 철학을 제시하면서 심心이 곧 이理라고도 주장하여, 이理가 기氣를 주재한다고 주장했고, 기호학파에서는 심心은 곧 기氣이며, 기氣가 이理를 주재한다는 주장으로 일관하고 있는 것이다.

따라서 서경덕, 율곡, 송시열 등의 기호학파는 심이 곧 기氣라는 주장 아래 기氣가 발하지 않으면 리理는 한 발짝도 움직일 수 없다고 하면서, 기발리승氣發理乘설을 주장을 했으며, 퇴계도 기발이승을 주장은 했으나 이理가 모든 것은 주재하는 주인이라고 주장한 것이다. 하지만 기호학파에서는 리理와 기氣는 상호 동시에 출발한다는 이기호발설理氣互發說을 주장하거나 기발이승 설을 주장하면서, 리理를 중요시하지 않고 기가 만사를 주재한다고 주장하고 있다.

다만 퇴계의 주리설主理說은 일본 학계에도 크게 영향을 주었고, 그 후 명치유신 때 명치천황이 일본국민들을 교육하기 위해 만든 교육칙어敎育勅語에도 영향을 주었으므로 우리 한국인에게는 큰 영광이 아닐 수 없다.

하지만 이러한 극렬한 다툼가운데에서도 필자가 주장하는, 인간의 본성은 번식과 관련하여 지배력과 지배욕, 성취욕 등이 생성되었고 이게 인류 문회발전의 원동력이라는 주장에 대해서는 단 한마디도 언급하지 않았음은 두 파가 모두 똑같은 입장이다. 여기서 우리는 이기설의 한계를 보는 것이다. 왜냐하면 이기설의 근본사상은 공자를 이은 맹자, 맹자를 이은 정자와 주자사상에 그 뿌리를 두고 있고, 또한 충군애국忠君愛國, 즉 임금에게 충성하고 나라를 사랑한다는 사상을 기본정신으로 하고 있다. 따라서 백성이 주인이라는 민주주의 사상과는 양립할 수 없는 사상이었다는 점이다.

그 점은 공자를 논할 때 다시 언급할 기회가 있을 것이다. 다만 덧붙일 것은 공자 자신이 군주가 아무리 잘못해도 성심껏 간하라는 말에 그쳤기 때문에 군주제도를 옹호한 것이 되어 버렸다. 그러한 사상은 백성을 중심으로 하는 민주주의 사상과는 배치되었으므로 20세기의 민주주의 사상의 보편화와 더불어 민주정치의 정착에 따라 자연스럽게 발붙일 터전이 없어졌으므로 흘러간 사상이 되어 버렸다. 이로써 이기설의 다툼도 자연스럽게 퇴장됐음을 우리는 깊이 새겨서 이기설을 이해하는 데 참고해 주었으면 한다.

3. 이기설理氣說과 간재艮齋의 성사 심제설性師心弟說

이기설의 격론은 조선조 말에 이르러 정리되었다. 당초의 퇴계와 고봉 사이에 오간 이기설의 다툼은 그 후 별다른 발전이 없는 채 조선조 말을 맞이했다. 그러다가 조선조 말의 거유巨儒, 전우田愚 간재艮齋 선생이 등장함으로써 획기적인 발전을 이뤘다.

조선조 말의 성리학자들을 거론할 때, 일부학자들은 이항로와 기정진, 이진상을 같은 조선조 말의 4대 성리학자로 분류하고 있으나 이는 큰 잘못이다. 왜냐하면 이항로가 1868년, 기정진은 1879년, 이진상은 1886년에 각기 죽었기 때문이다. 앞의 두 학자는 1882년의 임오군란과 1884년 갑신정변, 1894년의 갑오동학혁명과 2005년의 을사조약,

2010년의 한일 병탄과 1919년의 3·1독립운동 등 여러 격변기를 전혀 겪지 않았고, 이진상도 갑오 동학혁명부터 전혀 겪지 않았다.

이로 보아 세 분은 전혀 다른 시대에 산 것이며, 또한 그들은 공교롭게도 이理를 앞세우는 영남학파에 속한다는 점에서 기호학파로 분류되는 간재와는 다르다. 따라서 연대의 근접성만으로 같은 시대의 성리학자로 분류하는 것은 심히 잘못된 것이다. 이는 시대를 구분함에 있어서 시간의 장단만을 기준함은 큰 잘못이기 때문이다. 따라서 40~50년을 한 시대로 묶는 것은 숙종시대와 같은 큰 파란이 없었던 시대에서는 가능한 일이며, 그런 시대는 오히려 100년도 동시대로 분류할 수도 있으나 조선조 말과 같은 격변기는 그런 분류는 타당성을 얻을 수 없다. 그 때문에 간재를 조선조 말의 4대 성리학자 운운하면서, 이항로와 기정진, 이진상까지 포함시키는 것은 진실을 왜곡시킬 수 있는 것이다. 한마디로 그들과 한데 묶어서 평가하게 되면 결과적으로 간재의 독보적인 학문이 빛을 잃게 될 수도 있으므로 신중한 시대의 구분이 있어야 할 것이다.

간재는 1900년 전후의 40여 년간의 격변기를 겪으면서 1922년까지 후학을 교육했으므로 국난의 한복판에 서서 독보적인 삶을 산 것이다. 또한 간재는 율곡, 김장생, 우암, 등의 학통을 이은 것은 사실이나 그 학문을 완전히 극복하고 한 차원 높은 이론을 제시했다.

그 요지는 인간의 본성本性은 존귀하고 마음은 비천하다는 성존심비설性尊心卑說이나, 본성은 스승이고 마음은 제자라는 성사심제설性師心弟說이라는 독특한 이론과 비유를 제시하면서, 사람의 마음은 인간의 본성을 따라야 한다고 정리함으로써 다른 학파들의 주장을 극복하여 이기설理氣說의 다툼을 압도했다. 따라서 간재선생은 굳이 이와 기를 따로 나누지 않고 성을 주인으로 하면서 마음은 비천하므로 항상 제자가 스승을 따르듯이 마음은 본성을 따라야 한다는 주장을 함으로써 종래의 이기설을 극복한 것이다.

그는 이理는 형이상形而上의 존재인데 이가 기를 주재한다함은 이를 형이하形而下의 존재로 격하시키게 될 것이라는 파격적인 주장도 했다. 또한 이가 활동해서 무엇이 이루어지는 게 아니라 기가 순수하게 본성을 쫓아서 행동할 때 비로소 이의 발현을 볼 수 있는 것이라고 주장하면서 이와 기는 서로서로 나오는 것이므로 하나라고 주장했다. 이러한 주장들은 종래의 이기설에서는 전혀 찾아볼 수 없는 독특한 이론이었고, 간재선생의 탁월성이 그대로 드러나는 이론이었다.

또한 제자는 스승의 가르침을 따르는 게 바른 길이지만性師心弟, 심心이 반드시 성을 따르지 않기 때문에 범죄가 생기는 것이며, 심만이 변할 수 있고, 성은 조용히 있는 것이라고 했으므로 그 비유가 더 적절했다. 또한 본성은 존귀하고 마음은 비천하므로 마음이 본성을 따라야 바를 수 있으나 따르지 않는 데서 범죄가 발생하게 된다는 한 차원 높은 주장을 하면서 본성이 이理이고 마음을 기氣로 본 것이며, 이로써 기존 학설들을 뛰어넘고 있는 것이다. 이로써 성리학의 마지막 대석학으로 자리를 잡았고, 이로써 퇴계의 이理와 율곡의 기氣를 한 차원 높여서 융합하고 승화시켰으면서도, 기를 그 중심에 두었으므로 기호학파로 분류되는 것이다. 아쉬운 것은 이미 전술한 바와 같이 이 학문은 해가 지는 형세였다는 점이다. 그로 인해 조선조의 이기설理氣說 철학이 간재의 천재성에 의해서 한 차원 더 높게 발전했고, 또한 탁월해졌으나 빛을 못보고 묻혀 버렸다. 따라서 신학문을 주도했던 육당 최남선이나 만해 한용운, 소설가 이인직만치도 안 알려졌다.

간재의 행상行狀을 읽어보면, 세상이 어지러운 때를 당하여 비록 천하가 다 그르다고 해도 돌아보지 않았고, 온 세상이 알아주지 않아도 후회하지 않았으며, 의義를 행함이 빼어나서 크게 모두를 뛰어 넘어서 세유世儒들이 능히 미칠 수 없었다. 또한 도술도학을 하나로 통일하여 사문斯文의 대론大論이 정해졌다. 등의 극찬을 하고 있음을 볼 수 있다. 그럼에도 불구하고 안 알려졌음은 오로지 지는 학문을 한 때문이었다. 그리고 천하가 다 그르다고 하거나 알아주지 않아도 돌아보지 않았다는 표현은, 상가 집 개라는 평을 들었던 공자를 연상케 하는 대목이어서 간재가 얼마나 철학과 소신에 투철했는가를 알 수 있게 하는 내용이다.

지금 동양철학을 전공하고 있는 젊은 학자들의 논문을 조금 살펴보면서 느끼는 것은, 조선조 말의 이기설의 다툼을 소개할 때나 면우곽종석의 영남주리학파학설과 한 세대 앞선 한주이진상의 영남주리학파학설을 소개할 때, 반드시 간재 선생의 학설과 대비하여 결론을 내리면서 옳고 그름을 판가름하고 있다는 사실이다. 이를 보면 간재 선생의 학문이 한 차원 높았고, 또한 항상 그 중심에 서 있었음을 알 수 있다.

간재 선생은 거유답게 60여 권의 저서도 남겼으므로 유학자 중 가장 많은 저서도 남겼다. 이를 모두 번역한다면 100권이 훨씬 넘을 것이다. 이를 율곡 선생의 저서와 비교해 본다면 율곡 선생의 번역서가 총 1권뿐임을 상기할 때, 선생의 저술이 얼마나 방대한 양인가를 알 수 있다.

간재 선생은 유명한 제자들도 많이 두었다. 초대 대법원장인 김병

로와 제3공화국에서 국회부의장을 역임한 윤제술, 1960년대의 참의원 부의장 소선규 등이 모두 그 제자로 알려져 있고, 특히 윤제술은 신동아 잡지에서 스스로 간재선생의 제자였음을 밝히는 글을 썼기에 간재의 제자였음을 알았다.

이에 혹자는 간재가 살아 있을 때 윤제술의 나이가 겨우 15세도 안 된 소년이었음을 이유로 제자임을 부인하기도 하나 10여 세의 나이로도 넉넉히 제자는 될 수 있는 것이므로 그런 주장은 매우 부당한 것이다. 다만 청소년이었으므로 간재의 10대 수제자에는 낄 수 없었음은 필자도 인정한다.

그리고 일부 과격인사들은 선생이 한 말에 의병활동이나 적극적인 독립운동을 거부하고, 수많은 제자들을 앞에 놓고 강론만 펴고 있었다 하여 인신 공격성 비판을 하고 있으나 이는 간재의 학문이 너무 출중함에 따른 시기에 불과하다. 이를 보면 여기에도 지지 않고 이기려는 사람의 지배욕이 작용하고 있음을 볼 수 있으며, 이는 심히 잘못된 비판인 것이다.

왜냐하면, 선생은 결코 일제에 협력하거나 도움을 받은 바 없었고, 세계 만국평화회의 때는 연서로 청원도 했다. 그 후 조선이 망하자 무언의 항의 표시로 위도 근처의 왕등도에 숨었다가 다시 계화도현재 연류되어 김제시에 속함로 옮긴 것이다. 그런데도 제자들이 구름같이 모여들었으므로 차마 이들을 버리지 못하고 성리학을 강론한 것이다.

그러므로 인도의 간디가 행한 비폭력 저항운동보다도 한 차원 높은 저항을 했다. 선생은 그 자세와 지조를 끝까지 지킨 채 1922년에 고결한 생애를 마쳤는데도 부유腐儒라는 오명을 씌워 비난한 것은 인신공격이 지나쳤고, 시기가 지나쳤으며, 지배력과 지배욕, 그리고 지지 않으려는 본성의 남용이 지나쳤다. 이때, 선생의 부음을 듣고 전국에서 모여든 문상객만도 6만 명이 넘었고, 영구를 호송한 제자들만도 2천 명을 넘었다 한다.

이러한 사실은 당시의 동아일보와 기타 기록들로 확인되는데, 국민들이 얼마나 간재 선생의 높은 학문과 기개를 떠받들고 있었던가를 알게 해주는 훌륭한 증거가 된다. 그러한 성대한 장례는 율곡 선생이나 퇴계 선생은 물론 기타 어느 성리학자도 갖지 못한 전무후무한 일이다. 다만 필자가 조금 아쉽게 생각하는 것은 선생의 학설도 사람의 본성을 논함에 있어서 성리학의 한계를 한 치도 벗어나지 못했다는 점이다.

하지만 당시의 학문은 철학과 천문학, 지구과학, 생물학, 물리학, 세계사와 국사, 철학, 정치학, 경제학, 법률학 등의 신학문을 멀리 하고 있었기 때문에 어쩔 수 없는 환경이었음을 이해해야 한다. 따라서 모든 신학문분야의 독서가 사실상 불가능했던 당시로써는 어쩔 수 없는 현실이었다고 이해하고 있다.

다만 필자의 생각으로는 四단설의 측은지심隱之惻心과 수오지심羞惡之心, 겸양지심謙讓之心과 시비지심是非之心의 네 가지 마음은 모두 칠정七情인 희喜, 노怒, 애哀, 구懼, 애愛, 오惡, 욕慾과 함께 명백한 같은 마음心으로 이해되는데도, 이를 굳이 이와 기로 나누고 있다는 점이다. 이로 보아 이理는 마음이 아니라 본성이 이理이고, 마음은 기氣로 보는 간재 선생의 주장이 맞는 것 같다. 이를 보면 당초 율곡 선생의 주장인 칠정 속에 사단이 들어 있다는 학설이 오히려 맞는 것이다.

우리는 여기서 서구의 철학과 동양 철학을 비교할 필요가 있다. 동양철학은 천하 만물우주이 태극이며, 음양으로 이루어졌다고 주장한다. 또한, 이기설에서는 이理와 기氣로 이루어졌다고 하므로 결국은 태극을 지칭한다. 그런데 서구의 철학은 우주의 본질을 정신과 물질로 나누고 있고, 철학의 핵심을 관념과 경험론으로 다투고 있을 뿐, 이기설로 다투지는 않았다.

과연 천하 만물이 태극이며, 음과 양, 그리고 이와 기로만 이루어졌을까. 우선 모든 생물을 보자, 생물의 기본은 세포다. 이 세포엔 핵核이 있다. 하지만 같은 생물인데도 바이러스는 핵이 없으나 박테리아에는 핵이 있다. 그러면서 음양이 없으며, 따라서 번식은 짝짓기에 의한 번식이 아니라 분열로서 이루어지고 있으며, 영양이 충분하면 기하급수적으로 번식하고, 없으면 도로 합친다. 똑같은 생물인 나무도 은행나무 등을 제외하곤 암수가 따로 없고, 모든 나무가 모두 번식한다. 영양소도 질소 ,인산, 가리, 고토, 규산, 철분 등 각종 금속, 등 18개 원소로 구성되어 있고, 사람이나 일반 동물도 비슷하다. 따라서 태극설과 그에 터 잡은 이기설과 음양설은 처음부터 맞지 않는 주장이다. 또한 해는 양이고 달은 음이라는 주장도 터무니없는 주장이다. 왜냐하면 달의 지름은 태양의 400분의 1에 불과한데 어찌 태양과 동격의 음이 될 수 있는가. 그리고 지구의 지름에 비해서도 4분의 1이므로 달을 해와 대등한 위치에서 판단하거나 지구와 대등하게 보는 것은 모두 과학의 무지에서 온 결과다.

또한 5행 설은 천하 만물이 금金, 목木, 수水, 화火, 토土로 이루어졌다고 주장하나 18개 이상의 원소로 이루어진 것이므로 터무니없는 주장들이다. 그러므로 동양철학은 근본서부터 잘못되어 있는 것이다. 이러한 점은 서구의 철학도 마찬가지다. 왜냐하면 세상 만물이 정신과 물질로 되어 있는 게 아니기 때문이다. 그것은 앞서 지적한 바이러스와 박테리아를 보거나 사람과 그 외의 모든 생물을 보더라도 정신과 물질로 나누어서 조직된 것이 아님을 알 수 있다.

또한 똑같은 동물인데도 사람에게만 정신이 있고, 기타 생물은 없는 것처럼 생각하는 것도 큰 잘못이지만 정신이 따로 있는 것처럼 생각하는 것도 틀린 주장이다. 이러한 사실들을 근본적인 관점에서 보면 이기설의 다툼이 왜 공리공담空理空談으로 귀결되는가를 이해하게 될 것이다.

따라서 이와 같은 이기설은 어느 주장이든 현대과학과는 맞지 않는 주장일 뿐 아니라 너무 추상적이면서 구체적 사실에 적용하기 곤란한 공리공담空理空談적 학설이어서 현대과학의 발달에 따라 자연스럽게 퇴장할 수밖에 없었다. 특히 앞서 말한 민주주의 사상과는 근본적인 대척점對蹠點에 서 있으므로 현재는 완전히 재기불능에 빠져버린 학문이 되어 버렸다.

이러한 사실들은 이기설뿐만 아니라 서양의 모든 철학도 똑같이 현대의 우주학과 물리학 그리고 지구과학 등에 그 자리를 빼앗겨서 지금은 맥을 못 추고 있다는 점에서 굳이 성리학의 이기설에만 그 책임을 물을 수는 없다는 점도 간과해선 안 된다.

특히 필자가 주장하는 식욕과 색욕이 지배력과 지배욕, 성취욕을 뒷받침하고 있고, 그 바탕은 생존과 종족 번식에 두고 있으나 사람의 지모와 이성으로 순화되어 오늘에 이르렀으며, 사람의 능력에 따라 성취욕은 진화했고, 앞으로도 더욱 발전할 것이라는 견해에 대해서는 전혀 언급한바가 없는 점은 똑같은 입장이다. 더구나 정약용 같은 석학도 일찍부터 이기설을 담론으로 삼으면서도, 공리공담 성과 백성들의 생활향상에는 전혀 도움이 안 된다는 것, 또한 실사구시 정신에 위배된다는 점 등을 들어 신랄히 비판하고 있었던 점을 간과해선 안 된다.

하지만 모든 성인들과 철학자들도 인간의 본성을 올바르게 밝히지 못한 터이므로 굳이 어느 학파나 기존 철학가들에게만 그 잘못을 추궁할 수는 없는 것이다. 따라서 현대학문에서 밝혀 주고 있는 사람에 대한 과학적, 객관적, 구체적인 학문을 접할 수 없었던 당시로서는 어쩔 수 없는 현실이었음도 간과해서는 안 된다.

4. 우주의 만유인력과 인류의 지배력은 무엇이 다른가

필자는 만유인력萬有引力, 중력重力과 사람의 지배력을 비교하면서 여러 가지로 생각해 봤다. 만유인력에 대해서는 일찍이 뉴턴이 그 원리를 명쾌하게 밝혀냄으로써 상당기간은 이의를 제기하지 못하고 있었다.

다만 오스트리아의 아인슈타인이 유명한 상대성 원리를 제창하면서 야간의 수정을 면치 못했으나 부동의 위치를 유지하고 있는 것이다. 그는 빛이 직선으로만 가는 게 아니라 태양과 같은 질량이 높은 곳을 지날 때에는 그 인력에 빨려들어서 휘어져 지나간다는 유명한 상대성 원리를 주장하면서 뉴턴이 밝힌 원리가 절대적이 아님을 밝힐 때까지 흔들림이 없었다.

뉴턴은 말하기를 우주의 천체들과 지구 상의 모든 물체 간에 작용하는 힘의 원리가 여러 원리로 나누어 있는 게 아니라 하나임을 밝혀냈다. 따라서 모든 물체에는 각기 잡아당기는 힘을 가지고 있으나 다만 자기 질량에 맞게 가지고 있는 것뿐이라고 주장했다.

그러므로 모든 물체는 만유인력중력의 힘으로 지탱하고 있고, 그 원리는 지구상의 물체 간에 존재하는 인력이나 우주의 별들 간에 존재하는 인력이 모두 똑같은 인력이어서 그 원리는 단 하나임을 밝혀냄으로써, 인류의 과학문화 발전에 획기적인 발자취를 남겼다. 그렇다면 이 같은 만유인력의 원리가, 모든 물체와 그리고 지구와 우주의 천체 간에만 존재하는 것일까.

이 점에 대하여 필자는 그렇지 않다고 본다. 그것은 우주 간에 존재하는 인력의 원리는 우리 인간 상호 간과 모든 물체는 물론, 생물 간에도 똑같이 존재한다고 보고 있는 것이다. 다만 우주간의 모든 천체와 지구 사이의 물질 간에는 만유인력이라는 물리적인 힘으로 존재하나, 인류 상호 간에는 만유인력이 아닌 지배력을 발휘하여 지배욕과 성취욕을 충족시키기는 힘으로 보고 있다.

여기서 살펴야 할 것은 인력引力과 지배력을 같은 성질의 것으로 보아야 하는가, 아니면 전혀 다른 것으로 보아야 하는가이다. 필자는 이에 대해서도 본질적으로는 똑같은 것으로 보고 있으나 다만 하나는 물리적인 힘이고, 하나는 물리적인 힘과 정신적인 힘이 합쳐져서 생겼으므로 얼핏 다르게 보일 뿐이라고 본다.

그것은 만유인력도 대상물을 자기 지배권 내에 잡아두려는 지배력에 불과하고, 지배력과 지배욕도 지배력을 행사하여 상대방을 자기 지배권 내에 잡아 두려는 것에 불과하기 때문이다. 그 때문에 모든 분쟁의 원인을 살펴보면, 국가 간이나 개인 간의 모든 다툼이 지배욕과 성취욕의 충족을 위한 지배력의 행사로 충돌과 마찰이 생기는 것으로 보고 있다. 따라서 전쟁과 평화, 투쟁과 화해, 사랑과 증오, 즐거움과 슬픔 등 모든 행동의 근원도 결국은 무엇인가를 달성하려는 지배욕과 성취욕의 충족을 위한 지배력의 행사, 그리고 그에 대한 반작용, 즉 저항하고 응전해오기 때문에 발생하는 것으로 보고 있는 것이다.

이를 깊이 새겨보면, 다툼이나 경쟁은 지배하고 성취하려는 욕구와 이와 대결하여 자기도 지지 않고 이겨서 지배하고 성취하려는 욕구가 서로 부딪쳐서 발생하는 현상에 불과하다고 보고 있으므로, 모든 근원은 지배력을 기반으로 한 지배욕과 성취욕에서 우러나온다고 보고 있다.

사람들이 왜 지배하려는 욕망을 가지게 되었을까. 그것은 두말할 것 없이 인류가 영속하여 생존하려면 계속하여 줄기차게 번식을 해야 하고, 그러려면 지배력과 지배욕의 강한 뒷받침이 있어야 실현될 수 있기 때문이었다. 따라서 왕성한 번식을 위해서는 강력한 지배력이 없으면 지배욕도 없어지거나 허약해져서 결국은 종족 번식을 성취해보려는 성취욕도 없어지거나 허약해져서 종족 번식의 목적을 충족시킬 수 없기 때문이다.

5. 성취욕은 군주들에게 많은 후궁을 두어 번식을 추구했다

인류가 모든 것을 지배하여 무엇인가를 이룩해 보려는 지배욕과 성취욕, 이를 뒷받침하는 지배력은 어떠한 성질을 가지고 있을까? 다시 말하면 지배력과 지배욕, 성취욕은 선인가 악인가, 그렇지 않다면 제3의 중성인가가 매우 중요하다. 따라서 이는 중요한 연구과제가 아닐 수 없다. 또한 그 실현방법에 있어서도 어떠한 수단과 방법 등으로 실현시키고 있고, 달성시키고 있는가를 살펴보아야 한다.

먼저 지배력과 지배욕, 성취욕이 선인가 악인가부터 살펴보기로 한다. 이 지배력과 지배욕, 성취욕이 그와 맞서는 반反지배력과 지배욕, 반성취욕의 대결로 인류 상호 간에 전쟁과 투쟁이 지속되어 온 점만을 살펴본다면, 이 지배력과 지배욕, 성취욕은 선이 아닌 악일 수도 있다. 하지만 평화와 사랑, 그리고 화해와 공존을 통하여 상호 협조하는 방법으로 간접 지배하여 성취하려는 형태, 즉 우회하여 지배하는 형태로 경쟁하여 본래의 목적을 성취하면서 선을 실현하고 있는 모습을 보면 분명히 선이다. 또한 지배욕과 지배력이 정의를 실현하는 것을 보아도 역시 선이다. 이를 보면 지배력과 지배욕, 성취욕의 원모습은 쓰기에 따라 달라지는 것이므로 본바탕은 중성이다. 따라서 합리적으로 발현시키면 선이 되고, 비합리적으로 행사하면 악이 되는 것이다.

역사적으로 볼 때에도, 인류가 겪은 대표적인 지배욕과 성취욕의 최고 실현 형태는 앞서 말한 대로 군주제도와 황제제도였다. 이들 제도 중에서도 가장 적나라하게 지배력과 지배욕, 성취욕을 만족시켜온 군주들을 살펴본다면 중국의 황제들이었는데 이들이 선정을 베풀면 선이었고 폭정을 자행하면 악이었으므로 본바탕은 중립적인 권력이었다.

하지만 그들은 가장 강한 지배력과 지배욕, 성취욕의 화신이었고, 군사력지배력을 이용하여 지배욕을 충족시켜 왔다. 그러면서 지배욕과 성취욕의 충족을 미화하고 합리화하기 위해 스스로는 하늘의 아들이라며 천자天子라고 자칭하거나 하늘에서 내려왔다고 했다. 한 걸음 더 나아가 하늘로부터 인류를 다스리라는 명을 받았다는 이른바 천명설天命說을 주장하기도 했다.

어떤 군왕은 유덕한 자만이 천명을 받을 수 있다는 유덕수명설有德受命說을 내놓기도 했다. 하지만 이들 주장들은 현대적 과학의 지식으로는 전혀 이해가 안 되는 주장들을 하고 있었다. 이와 같이 갖가지 교언巧言과 궤변詭辯으로 지배력을 행사하면서 지배욕과 성취욕의 남용을 합리화시키고 있었으나 우리는 그대로 받아들일 수는 없는 것이다.

그런데도 그들은 하늘의 명을 받들어서 백성들을 다스리고 있으므로 신성불가침의 존재라고 주장하면서, 인류역사상 가장 오랫동안 혹독하고도 잔인하게 지배력을 행사하면서 지배욕과 성취욕을 만끽하고 있었다.

그들은 지배욕과 성취욕을 충족시키기 위한 방법으로 자국의 백성들만을 지배해 온 게 아니다. 그들은 주변국가 들에게도 복종을 강요하면서, 지배욕과 성취욕을 충족시키고 있었다. 만약 주변국이 이에 순응하지 않고 반항하면, 군사를 출동시키는 방법으로 지배력을 행사하여 굴복시켜서 지배욕과 성취욕을 충족시키기도 했다. 그 때문에 주변 국가에서는 싸우다가 망하거나 아니면 항복하여 그 명령에 복종할 수밖에 없었다.

그런 참담한 비극을 당하지 않으려면 사전에 복종할 것을 약속한 후, 매년 조공을 바쳐야만 했다. 그리고 조공의 내용물에는 각종 귀중품과 금은보화만 있는 게 아니라, 인질과 처녀들까지 포함되기도 했다. 이러한 사실을 놓고 살펴본다면, 그들이 지배욕과 성취욕을 충족시키려는 목적의 밑바탕에는 생존의 수단인 식욕과, 번식의 수단인 색욕이 숨어 있었다. 그런 방법으로 식욕을 충족시켜 왔으나 위장의 소화기능에 한계가 있으므로 일정량만 필요했기에 큰 문제가 안 되었다. 하지만 색욕의 충족을 위해서는 그렇지 않았다.

그런 대표적인 예를 든다면 당의 현종과 같이 4만 명이나 되는 후궁을 둔 예도 있고, 진시황과 같이 패망한 나라들의 후궁까지 인수하여 만 3천 명의 후궁을 거느린 예도 있다. 또한 한 무제처럼 7~8천 명의 후궁을 둔 예도 있고, 진晉의 무제 사마염처럼 적국을 정벌하여 5천 명의 미인을 더 모집하여 근 만 명의 후궁을 둔 예도 있으며, 거의 무명의 제왕들도 만 명 이상의 후궁을 둔 예가 있었다.

하지만 통상의 황제들은 후궁을 삼천 명, 기록들이 삼천 명으로 되어 있으나 많다는 표현이다. 공자의 제자가 삼천 명, 맹상군의 식객 삼천 명, 삼천갑자 동방삭, 백제 궁녀 삼천 명 등이 같은 뜻이다 또는 수백 명씩 둔 예를 찾아 볼 수 있는 것이다.

이와 같이 많은 후궁을 둔 것은, 지배욕과 성취욕의 본질이 대량으로 자기의 종족 번식을 성취시키려는 목적에서 생긴 것이므로 지배욕과 성취욕의 목표인 종족 번식을 통한 영생이었고, 생물학적인 생명의 연장이었으나 현재는 존재하지 않을 뿐이다.

하지만 똑같은 군주국가라도, 서양의 군주들은 만 명 이상의 후궁을 둔 예를 찾아볼 수가 없다. 다만 서양의 군주 중에도 프랑스의 루이 15세처럼 남의 유부녀를 빼앗아서 색욕을 즐긴 예는 있었다. 이러한 비슷한 예는 다른 군왕들에게서도 많이 찾아볼 수 있는데 그는 녹원이라는 국왕 전용의 매음굴을 설치해서 18세 미만의 농촌 출신 미인들을 끌어들인 후 색욕을 만족시켰던 군왕이기도 했다.

그런가 하면 러시아의 표트르 1세처럼 사람이든 물건이든 러시아 땅에 있는 것은 모두 자신의 소유물이고, 여자도 남편이 있든 없든 자신의 소유물이라고 생각하는 황제도 있었다. 그런 지배욕과 성취욕 때문에 그는 선진국인 프로이센을 방문하면서 400명의 시녀들을 끌고 갔을 때, 그를 따라갔던 시녀 중 거의 백 명의 시녀들은 아이들을 하나씩 안고 따라가면서 즐거워했다는 기록을 보면 참으로 놀라운 일이 아닐 수 없다.

중국의 황제 중에는 비정상적으로 후궁을 맞이하여 후환을 남긴 예가 너무나 많다. 예를 들면 한이 없으나 대표적인 예로는 당나라의 고종을 들 수 있다. 그는 자기 아버지인 태종이 죽은 후, 그 후궁이었던 무씨를 후궁으로 맞이했다. 그녀는 태종이 재위할 때 재인才人으로 궁중에 들어왔고, 태종이 위독할 때 옆에서 시종을 들던 여인에 불과했다. 재인은 광대인데도, 그녀가 재인으로 있으면서 그 미모와 아름다운 몸매로 태종의 아들인 고종을 현혹시켜서 그와 사귀었다.

그 후 태종이 죽자, 그녀도 궁중의 법도대로 비구니가 되어 절에 들어갈 수밖에 없었다. 그 때문에 이별하게 된 고종은 많은 미모의 후궁들을 두고 있었음에도, 그녀의 아름다움에 홀딱 반해 있었던 터라 끝내는 그녀를 잊지 못하고 이를 환속시켜서 후궁으로 삼았고, 최종에는 황후로 승격시켜서 왕자까지 낳게 되었다.

그녀는 고종이 죽기 전부터 여러 태자를 갈아 치우는 위력을 보였다. 심지어 자기가 낳은 아들까지도 태자로 앉혔다가 갈아 치우는 만용을 부리기도 했다. 그 끝에 중종으로 하여금 고종의 대를 잇도록 했다. 그러나 중종과 며느리인 황후 여 씨가 자기의 뜻을 어기고 친정 식구를 재상으로 임명하여 실권을 장악하려 하자, 아예 중종을 폐위시키고 스스로 황제가 됨으로써 당나라를 일시 멸망시켰다. 그때 그녀는 주周라는 새 나라를 세웠고, 재위 16년이라는 상당히 긴 세월 동안 황제 노릇을 했다.

이와 비슷한 예는 청나라 말의 서 태후를 들 수 있다. 그녀는 양가 가문의 출신으로서 몸매가 날씬하고 눈이 아름다워서 그에 취한 황제가 후비로 승격시켰는데 함풍황제의 아들로는 그가 나은 동치제가 유일한 혈육이었다. 그가 죽은 후 자기 아들이 황제가 되자, 이를 십분 이용, 가장 오랫동안 마음대로 권력을 휘두른 여인이었다. 그녀는 자기 아들인 동치제를 유폐시키는 만용도 부렸고, 개혁을 중지시키는 등 온갖 전횡을 다 함으로써 청나라를 패망의 길로 몰아넣었다.

그 외에도 한나라 고조의 황후인 여 태후의 이야기도 있으며, 이들 세 여성은 중국의 3대 악녀로도 유명하다. 이밖에도 진시황의 모친인 자초부인과 여불위의 이야기 등 너무나 많은 이야기들이 전해지고 있으나 이를 일일이 다 열거할 수는 없다. 다만 지배력의 정점에 선 황제들은 거의 제멋대로 여성들을 농락해 왔음을 보면, 지배력을 행사하여 지배욕을 살려서 성취욕을 충족시키려는 목적은 모두 종족 번식임을 알 수 있다.

하지만 동서양의 군왕이 모두 그런 게 아니다. 현명한 군주들은 조금 절제한 경우도 있고, 종족 번식도 만족스럽지 못한 경우가 있었으나, 그것은 각 군왕의 개인적인 사정에서 생긴 일에 불과했다.

이와 같이 많은 후궁을 둔 것은 색을 즐기면서 일반 사람보다 많은 종족 번식을 하기 위한 방법이었음을 부인할 수 없다. 이를 보면 인간의 자기생명의 연장욕구가 얼마나 강한 것인가를 알 수 있다.

그렇다면 중국의 군왕 중, 위에 든 몇몇 군주만이 유별나게 지배력과 지배욕, 성취욕이 강해서 그랬을까, 결코 그렇지는 않다. 다만 대표적인 예라서 서술해 본 것뿐이다. 이와 비슷한 예는 우리나라에 있었는데 그가 바로 연산군이다.

그는 신하들의 충언을 안 들었던 군왕으로도 유명했고, 두 번의 사화로 많은 학자들과 선비들을 죽인 것으로도 유명했지만, 많은 후궁을 둔 것으로도 유명했다. 그는 많은 후궁이 있었음에도, 채홍사라는 벼슬을 새로 만들어 지방에 파견하여 양가집 미혼처녀들을 강제로 모집 해다 놓고 매일같이 연회를 베풀면서 색을 즐겼다.

율곡이 지은 율곡전서 정선을 읽어봐도 연산군 때에 나라의 곡간이 비어서 새로운 세목의 세금제도를 많이 창설함으로써 백성들을 매우 괴롭혔다는 내용의 글이 보인다. 율곡 선생은, 그런 나쁜 제도가 조종의 법이란 이유로 아직도 폐지되지 않고 남아 있으니 큰일이라고 하면서 단호한 태도로 경장개혁해야 한다고 주장한 사실이 있었음을 보면 보통 심각한 수탈이 아니었음을 알 수 있다.

연산군은 결국 그런 폭정 때문에 반정으로 쫓겨났고, 그 외의 군왕들도 후궁을 많이 둔 것은 예외가 없었던 것이다. 그렇다면 인간이 자기의 지배욕과 성취욕을 충족시키는 방법으로써 가장 뚜렷한 현상은 여자를 많이 거느려서 번식을 추구했다는 게 기초적이고도 원시적인 욕구였다.

이런 사실은, 인간은 식욕과 색욕 중에서 색욕을 더 중시했고, 더 관심이 많았음을 말하는 것이다. 이는 종족 번식의 욕구가 보다 더 인간의 근원적인 욕구였음을 알게 해주는 중요한 단서가 된다.

따라서 식욕과 색욕을 놓고 어느 게 더 중요한 본능인가를 가려 볼 때는, 생물학적으로 보아 당연히 색욕이 더 중요하다. 그러한 사실은 많은 문학작품과 노래, 그리고 놀이들이 식욕을 주제로 한 것은 없고, 오로지 사랑색욕을 주제로 하고 있음을 보아도 알 수 있다.

이는 식욕이 단순히 생명을 유지시켜줄 뿐이나, 색욕은 우리의 생명을 연장시켜서 영생시킬 수 있는 유일한 방법이기 때문이다. 그럼에도 우리를 그대로 죽지 않고 영생시킬 수 있다고 주장하는 종교도 있다. 하지만 그런 주장은 생물학적으로 볼 때 종족 번식을 통한 자기 연장과는 비교도 안 된다.

6. 백성들은 지배력을 억제시켜 지배욕과 성취욕을 순화시켰다

인류의 적나라한 원시적인 지배력과 지배욕, 성취욕도 사람들의 교육을 통해서 차차 깨우쳐갔고 세련되어 갔다. 그게 다시 이성적인 판단으로 진화하면서 보편적인 생각으로 진화됨으로써 이제는 일부일처제가 보편화된 것이다.

이를 인류의 정치적 제도발전의 측면에서 보면, 1인의 통치자인 황제지배제도를 버리고 이제는 백성들이 직접 통치자를 선택할 수 있게 함으로써 역으로 통치자를 지배하는 방법으로 지배력을 약화시켜서 지배욕과 성취욕을 순화시키는 방향으로 발달시킨 때문이다.

이 때문에 인류의 역사는 1인의 황제가, 적게는 수십 명으로부터, 많게는 수만 명의 후궁을 두는 지배체제에서 이제는 일부일처제로 개선되어온 것이라고 해도 과언이 아니다. 그래서 현대에 있어서의 지배력과 지배욕, 성취욕의 정점에 섰다고 볼 수 있는 대통령도 1부1처로 만족해야 했고, 지배방법도 일방적인 지배가 아닌 상호지배이면서 오히려 봉사해야 하는 구조로 진화되어온 것이다. 그 때문에 현재의 지구 상에는 제왕 식 지배체제는 거의 자취를 감춘 상태다.

하지만 아직도 간접적으로 식욕과 색욕을 동시에 충족시킬 수 있는 대표적인 수단인 돈에 대한 욕구만은 그대로 남아 있다. 이는 돈의 지배력이 너무 강대하여 식욕과 색욕을 동시에 만족시키는데 가장 효과적인 수단이기 때문이다.

이로 보아 색욕의 뿌리, 즉 종족 번식의 뿌리가 얼마나 깊은가를 알 수 있고, 아직도 일반 국민들의 색욕에 대한 본원적인 욕구는 그대로 남아 있어서 매일과 같이 성추행, 성희롱, 그리고 성폭행에 대한 사고가 계속되고 있는 것이다. 이를 보면 아무리 교육을 시켜서 일깨워주고 또한 과학이 발달한다 해도 종족 번식과 관련된 지배력과 지배욕, 성취욕은 순화는 가능해도, 완전히 없앨 수는 없음을 알 수 있다. 그 때문에 우리는 매일같이 눈살을 찌푸려야 하는 환경 속에서 살고 있다. 하지만 이를 한 꺼풀 뒤집어보면 이 지배욕과 성취욕이야말로 인류 문화 발달에 크게 공헌한 본성이다.

이 본성 때문에 의욕도 생겼고, 투쟁도 있었으며, 그런 본성이 있었기에 인류는 영속될 수 있었다. 그로 인해 인류도 진화하고 발전되었으며 문명의 꽃이 피기도 했다. 따라서 그런 예를 든다면 대통령의 말이 바로 법이었던 그 무서운 시절에도 지배욕과 성취욕이 왕성한 인사들이 자기들의 가냘픈 지배력에도 불구하고 정의감에 불타서 궐기한 사실이 있는데 그게 바로 지배욕과 성취욕 때문에 가능했던 일이다.

그때 만약 그분들이 궐기하지 않았다면 민주회복을 위한 저항운동도 없었을 것이므로 우리는 끝내 민주화에 성공하지 못했을 것이다. 따라서 그러한 저항이 없었다면 현재까지도 군사력을 바탕으로 한 독재정치의 질곡 속에서 지금까지 신음하고 있을지도 모른다.

따라서 군사독재를 배척하고 이를 분쇄하려는 반체제 인사들인 민주투사들의 무서운 반지배력운동이 없었다면, 어찌 이 땅 위에 민주주의가 꽃필 수 있었겠는가. 그리고 우리 국민들이 어찌 민주우방으로부터 진정한 민주시민이 될 수 있는 훌륭한 민족이다, 라는 높은 평가를 들을 수 있었겠는가.

8 · 15해방 전의 일제가 엄청난 군사력을 통하여 우리의 자유를 빼앗고 인권을 유린하면서 지배해온 그 지배력도 같은 이론으로 설명할 수 있다. 그 당시 생명을 걸고 그들의 지배력을 꺾기 위해 저항했던 것도 따지고 보면 지배력과 지배욕이 강한 1% 내의 인사들이 정의감에 불타서 생명을 걸고 조국을 독립시키려고 투쟁했던 결과가 결국은 그들을 이겨내서 그 지배를 벗어나 억압된 자유를 되찾고 태평성대를 이룩케 한 것이며, 이는 정의감에 입각한 지배력과 지배욕, 성취욕의 저항이 가져온 선물인 것이다.

다시 말하면 그 당시 혹심한 탄압 속에서도 목숨을 걸고 대한 독립이라는 목표를 달성하려는 강한 지배력과 지배욕, 성취욕의 소유자들이 주검을 초월한 정의감으로 무장하여 저항하였기에 우리는 조국의 해방을 맞이할 수 있었다. 이에 대하여 연합국의 승전이 가져다 준 선물이라고 폄하할 수도 있고, 사실상 그런 면도 분명히 있기는 하지만, 우리의 독립운동이 먼저 있었기에 해방의 선물도 얻을 수 있었던 것도 숨길 수 없는 사실이다.

제11장
소년기 전후에 경험한 지배력,
지배욕과 정치인

1. 소년 전후에 경험한 지배력과 지배욕의 생생한 체험들

우리 인간에게 지배력과 지배욕, 성취욕이 어떤 형태로 어떻게 나타나고 있는가를 알려면 사람의 탄생과정과 성장기에 겪었던 체험들이 좋은 참고가 될 것이다. 왜냐하면 사람이 태아로 있을 때와 유아기, 그리고 소년기의 행동들은 성인成人들의 의식적인 행동과는 달리 순진무구純眞無垢하여 인간의 본성이 생긴 그대로 행동하기 때문이다. 사람은 누구나 다 어머니의 모태에서 성장하여 세상에 나오게 된다. 그리고 그 원초를 이루는 정자는 처음부터 3억이나 되는 같은 정자들과 심한 경쟁 끝에, 이기는 자가 난자를 선점하여 혼자만이 성장하여 생명연장이라는 목표를 성취하게 된다.

이를 보면 사람은 원초부터 경쟁을 통해서 살아남았음을 알 수 있다. 또한 생명연장이라는 역사적 사명을 띠고 태어났으며, 이를 달성하려는 강한 지배력과 지배욕, 성취욕을 부여받고 태어난 동물이다. 그때도 임신과 출산에 대해 쓴 글에 의하면 여성의 신체적 반응은 그 태아를 떼어버리려고 몹시 발버둥 친다는 사실이다. 우리가 보통 상식적으로 알고 있는 것은 모성은 잉태한 태아를 위해서 모든 것을 희생하면서 양육하고 있는 것으로 알고 있었으나 전문서의 내용은 그와 정반대여서 필자도 깜짝 놀랐다. 그런데도 태아는 모체의 떨쳐버리려는 몸부림과 싸워서 이를 이겨내고 살아남게 되는데, 그때 만약 지게 되면 유산이라는 형태로 모든 게 끝나버리는 것을 보면 그때부터 벌써 안지고 이기려는 것과 이겨서 지배함으로써 지배욕과 성취욕을 충족시키고 있음을 알 수 있다.

출산 때도 모태가 힘을 써서 골반의 좁은 문을 열어줌으로써 태아가 태어나는 것으로 알고 있었으나 사실은 태아가 골반을 뚫고 나오는 것이다. 그때도 산모는 조력만 할 뿐이라 한다. 태아가 골반을 향하여 머리를 돌리는 것도 어머니가 힘써서 되는 게 아니라 태아 스스로 하는 것이어서 출산을 돕고 있는 의사조차도 어쩌지 못한다 하니 얼마나 놀라운 일인가.

일반적인 출산의 상식은 태아의 첫울음은 첫 호흡의 결과가 울음으로 나타난다고 한다. 그러나 필자가 보기엔 앞서 밝힌 태아의 기질로 보아 태아 스스로 어려운 골반을 뚫고 살아나왔다는 지배력과 지배욕을 과시하면서 포효하는 게 첫울음이라고 보고 있다. 이때 조산 모가 얼른 돕게 됨으로써 지배력과 지배욕을 충족시켜주고 있는 것이다.

그러나 당사자는 이런 사실을 의식하거나 기억할 수가 없다.

하지만 어릴 때의 행동은 매우 순진무구하므로 인간의 본성이 생긴 그대로 행동하는 것이므로 그때의 행동이 본성의 본질을 가장 적나라하게 표현하고 있다. 유아기의 어린이는 먼저 어머니를 곁에 놓고 싶어 하면서 어머니로 하여금 자기만을 돌보아줄 것을 요구한다. 이것은 바로 지배력과 지배욕의 행사이고, 이는 곧 어머니를 지배하여 자기가 성장하려는 성취욕을 충족시키기 위한 방법으로 봐야 한다.

이때 어머니가 멀리 가면 기절할 것처럼 울어대는데, 이게 바로 지배력과 지배욕이 탈취당할까 염려되어 행하는 지배력의 행사다. 그것은 어머니가 옆에 있어야 마음의 안정을 얻어서 불안에서 해방될 수 있을뿐더러 생존에 필요한 젖을 제공받을 수 있는 것이므로, 울어댐으로써 어머니를 붙들어두려는 것이다. 이는 외적이 자기를 침해하여 생명을 위협할 때, 어머니만이 생명을 걸고 가장 신속하고 과감하게 투쟁해 줄 수 있는, 거의 유일무이한 존재이기 때문이다.

유아가 어머니를 확실하게 알아보는 때부터는 어머니가 눈에 안 보이면 무조건 까무러치게 울어대면서 어머니를 찾는다. 이도 또한 어머니가 자기만을 돌보아줄 것을 요구하는 울음이므로, 어머니를 지배하기 위한 지배력의 행사로 보아야 하고, 이로써 지배욕을 충족시키면서 생존과 성장의 성취욕을 충족시키고자 하는 행위다.

그때 어머니로 하여금 멀리 나가지 못하도록 하는 일련의 행위도 자기 생명을 보호받기 위한 행동으로 보아야 하므로, 모두 본성에서 비롯된 것이다. 심지어 아이가 빵긋빵긋 웃으면서 재롱을 피우는 것도, 어머니에게 귀엽게 느끼도록 하여 항상 옆에 있으면서 자기만을 위하고 자기 생명을 보호받기 위한 지배력과 지배욕의 발산현상이다. 이러한 일련의 사실들은 빨리 죽어야 할 노인에게는 얼굴에 온갖 주름을 생기도록 해서 보기 흉하게 변질시키는 것을 보면 알 수 있다. 이는 얼굴이 흉악하여 돌보는 사람이 없도록 함으로써 빨리 죽게 하려는 자연의 섭리이므로 하나의 자연 현상이다.

그 후 유아가 조금 성장하여 사물을 분별하게 되면, 자기가 가지고 있는 물건을 다른 아이가 빼앗아갈 때 울면서 도움을 청하는 것을 볼 수 있다. 이런 행동도 지배력의 부족을 보완 받아서 지배욕을 충족시킬 수 있도록 하기 위한 울음으로 봐야 한다. 유아기에서 조금 벗어나 4~5세가 되면 또래들과 잘 어울리거나 싸운다. 그때 힘이 약한 아이는 지배력이 약하여 지배욕과 성취욕을 충족시킬 수 없으므로 부모에게 역성을 들도록 울어대는데, 이런 행위도 지배력의 보완을 통한 지배욕의 충족을 위한 행위로 봐야 한다.

2. 본성의 버릇은 세 살 전후 바로잡지 못하면 평생 간다

이 같은 일련의 모태기와 영유아기嬰幼兒期 때의 모습은 거의 철저하게 자기 본위로 행동하고 있음을 알 수 있다. 그런 기질을 그대로 방임하면 속칭 말하는 호리자식이 되고, 안하무인격으로 성격이 형성되어 결국은 사회 적응력을 완전히 잃게 됨으로써 성격적으로 미숙한 인간이 되어버린다.

그 때문에 현명한 엄마는 아이가 떼를 쓰면서 울음을 터뜨리더라도 일부러 방임하여 스스로 지쳐서 그칠 때까지 참고 기다려서 인내심을 길러준다. 그리고 말귀를 알아들을 만한 때가 되면 그 때부턴 혼내면서 버릇을 고치도록 하고 그래도 안 들으면 매로 때려서라도 무엇이 옳고 그른가를 깨닫게 하여 버릇을 고쳐가는 것이다. 따라서 아무리 자녀들이 예쁘고 귀엽더라도 방둥이를 또닥또닥 하면서 귀엽다는 행동을 해서는 안 되며, 다만 마음으로만 귀엽다고 생각해야 한다. 심지어 밥 먹다가 성내며 밥 먹기를 거부하면, 조용히 밥상을 치우면서 모른 체해야 한다.

그때 만약 안쓰럽다는 생각만으로 달래서 먹도록 하면 또다시 그런 방자한 반항을 하는 것이다. 필자가 체험한 부친의 외사촌 동생이 있었다. 그 아버지인 부친의 외숙은 5만 평이 넘는 대부호로서 군내의 거의 으뜸가는 명망가였다. 그 때문에 사랑방에는 항상 수십 명의 식객이 있었다. 하지만 그 외숙은 자녀에 너무 무관심했으며, 방임하는 자세를 취했다. 그 결과 아들들이 거의 모두 성격 파탄자가 되었다.

그 중에도 후처의 셋째 아들은 그야말로 가관이었다. 어머니가 찾아가거나 누가 찾아가도 형수님 오셨느냐고 인사하는 게 아니라 "권풍이 각시 왔구나, 권풍이 각시 왔구나, 오늘은 무엇하러 왔는고" 하면서 놀려댔다. 그때, 그 모친은 혼내주는 게 아니라 웃어죽겠다고 하면서 웃고만 있었고, 그가 별별 욕을 다 해도 항상 너그럽기만 했다.

2세 전후부터 시작된 그 버릇은 끝내 인격 파탄자가 되게 했다. 그는 끝내 사회적응을 못 한 채 평생 패륜아적인 독신생활로 일관하다가 죽었다.

청나라 끝 황제였던 부의賻儀도 그랬다. 그는 3세 때 황제의 지위에 올랐기 때문에 세상 물정을 전혀 모른 채, 성장했다. 그는 황제의 지위에서 퇴위 당한 후에도 항상 황제의 호칭과 더불어 주변 인사들부터 황제의 예우를 받고 컸다. 그런 결과는 그로 하여금 황제의 환각과 착시 속에서 살게 했다. 그러한 결과는 어느덧 자신이 꼭 황제가 되어야 한다는 생각을 가지고 살게 되었다. 부의 평전은 그가 그런 헛된 생각에 사로잡힌 채 부질없는 망동으로 청소년기를 헛되게 살았음을 전하고 있다. 그는 그 때문에 몇 번의 쿠데타도 책동하다가 쓴잔도 마셨다. 이는 비록 황제의 자리에서 물러났으나 궁궐 안에서는 항상 황제라는 존칭을 받고 성장한 결과가 그런 비극을 낳게 한 것이다.

이를 보면 인도의 늑대 소녀 이야기는 결코 꾸며낸 이야기가 아니다. 두 소녀가 영 유아기와 10세 전후에 늑대와만 살았다면 능히 늑대와 같은 행동을 할 수 있는 게 사람이다. 그 때문에 자기 위주의 본성을 3세 전후부터 소년기에 바로 잡지 않으면 평생을 잘못 살아갈 수도 있음을 알 수 있고, 세 살 버릇이 여든 간다. 라는 우리의 속담이 결코 헛된 말이 아닌 진실임을 알 수 있게 하는 것이다.

아동교육은 일본 여성들이 잘 시킨다. 그들은 아이들을 키울 때 결코 남에게 폐를 끼치는 인간이 되어서는 안 된다고 하면서 일본어로 메이와꾸迷惑 하는 아이가 되지 말라고 가르치고 있다.

3. 학령기 이후의 지배력과 지배욕, 성취욕의 모습들

어린이가 학령의 나이가 되어 초등학교에 들어간 이후에도 다투거나 사귀면서 경쟁하게 되는데, 이런 일련의 행위도 지배력과 지배욕의 실현행위로 봐야 한다. 그런 행위가 보다 발달하고 수준이 높아지면 집단적으로 어떤 한 아이를 골림 거리의 대상으로 삼아서 왕따를 만들어 즐긴다. 이런 행위도 지배력을 행사하여 지배욕을 충족시키고 있는 현상으로 봐야 한다. 그 외에 상대방 아이의 별명을 지어내서 골려 주거나 헛소문을 내어 기를 죽이는 행위도 지배력을 발산시켜서 지배욕을 충족시키고 있는 행위로 봐야 한다.

필자는 어머니로부터 3~4세 때까지 어머니를 놓칠까 봐 항상 따라다녔고, 심지어 물 길러 가는 어머니의 치맛자락을 꼭 잡고 우물까지 따라다니면서 울어댔다는 이야기를 수없이 들었다. 또한 동네 아이들로부터는 "똘도랑 넘어 쥐새끼"라는 매우 달갑지 않은 별명으로 심한 골림을 받았다. 이는 내 소년 때의 이름이 주석이었기 때문이기도 하지만 지배력과 지배욕 때문에 생긴 현상이다.

그런가 하면 어른이나 청소년들로부터도 "너 머리 깎자"라는 놀림을 많이 받았다. 이는 필자가 머리를 깎을 때마다 낡은 이발기계의 고장으로 생머리를 뽑히는 아픔을 견디지 못하고 도망 다녔기 때문이지만, 나를 왕따 시켜서 자기들이 앞서가려는 지배력과 지배욕을 충족시키려는 데서 생긴 것으로 보고 있다.

한술 더 떠서 초등학교의 첫 번째 시험에서 낙방한 필자를 두고,

"네 아버지 이름이 무어냐, 운식이요, 네 이름이 무어냐, 권풍이요"라고 대답했다고 지어냄으로써 "제 애비 이름과 제 이름도 모르는 바보"라는 별명까지 붙여서 호된 조롱거리를 만든 것도 자기들은 더 똑똑하고 잘났다는 지배력과 지배욕의 충족을 위한 표현이었다.

이런 사실은 입학시험 때 전혀 그런 문답이 없었고, 또한 들은 사람이 있을 수 없는 게 뻔했지만, 왕따를 만들어서 지배력과 지배욕을 충족시키려고 일으킨 일들이다. 그보다도 초등학교 1학년 2학기가 갓 시작된 후다. 그때 산수를 배우면서 셈 풀이를 하게 되었다. 다만 셈하는 방법이 종래처럼 뺄셈과 덧셈을 단순하게 15 더하기 23이 몇인가의 셈식이 아니라, 18 더하기 □가 43이라는 역산문제가 나왔다. 그때 1학기부터 공부를 매우 잘하여 부급장을 하던 채인석이 그 문제를 풀지 못하고 쩔쩔매고 있었다. 그는 내가 푼 정답이 적힌 노트를 빌려 달라고 하므로 별생각 없이 빌려줬다.

그는 정답을 보고 모두 베낀 후, 그 노트를 교실 바닥에 놓고 발로 짓이기고 있었다. 나는 깜짝 놀라면서 왜 그러냐면서 바로 집어 들었다.

이런 행위도 공부를 잘해서 지배욕을 충족시켜오던 아이가 그 욕구를 훼손당한 데 따른 지배력과 지배욕의 탈환작전으로 보아야 하고, 이로써 지배욕을 충족시키고 있다고 보아야 한다. 그는 당시 자기 부친이 면서기를 하고 있었고, 2만여 평의 논을 자작하는 부자였다. 또한 그 할아버지는 교육열이 대단하여 손자들을 철저히 사전교육을 시키고 있었다.

그 때문에 손자들 삼 형제는 입학 전부터 일본 글을 다 알고 있었고, 모두 반에서 1, 2등을 휩쓸었다. 그래서인지 먼 훗날에 그들 중에는 외

무고등고시를 거쳐 외국대사가 나왔고, 일본 동경대학 교수도 나왔다. 우리는 그런 소년들의 행위를 어떻게 봐야 할 것인가. 이는 타고난 본성이 지기 싫어하고 이겨보려는 지배력과 지배욕의 발산이며, 또한 그런 욕구들이 망가진 데 따른 탈환 작전이라고 보는 것이다.

2학년 3학기당시는 겨울방학 후 3학기제도 있었음의 봄철이었다. 2학년 초부터 필자는 예능과목들을 제외한 과목들은 썩 잘하기 시작했다. 그 때문에 필자의 기를 꺾으려는 아이가 또 나타났다. 어느 날 아침에 운동장에서 조회 후 교실에 막 들어서는 필자에게,

"다나까田中, 일제 때 성임가 다카다高田와 연애하는 것을 보았다."

라는 폭탄선언을 하는 아이는 채영석이었다. 이러한 행위는 분명히 지배욕의 충족을 위한 지배력의 행사였고, 그는 그러한 특이한 지배욕과 지배력 때문에 후일에 3선 국회의원을 할 수 있었다고 보고 있다.

다카다는 그때 여급장을 하고 있었다. 하지만 10세의 소년과 소년가 무엇을 알아서 연애했다는 말인가. 채영석은 필자의 사건보다 앞서서 부급장을 하고 있는 채인석이 고안순과 연애했다고 지어낸 바도 있다. 그로 보면 채영석의 지배욕과 지배력은 남다른 데가 있었다. 하지만 너무나 어처구니없는 모략이므로 웃어넘길 수도 있었으나, 필자는 비위가 없어서 그렇지 못했다. 이런 고약한 모략을 소년들이 웃어넘기기엔 좀 벅찼을 것이다.

필자는 그 후부터 4학년 말까지 연애대장이라는 호된 골림을 받아야 했다. 다만 필자는 아무리 골림을 심하게 받아도 머리를 책상에 처박고 조용히 꾹 참고 있었을 뿐 어떤 반응도 안 보였다. 하지만 채인석은 골림을 받으면 고안순을 인정사정없이 패주고 있었다. 그것은 필

자가 보아도 매우 안타까운 일이었다. 그러한 반응은 연애를 안 했다는 증거를 보이기 위한 행동이었을 것이다.

결국 다카다高田는 이를 견디지 못하고 4학년 말에 자진 퇴학했으므로 필자는 그 고통에서 해방될 수 있었다. 채인석도 5학년 때 그 부친이 서둘러서 월반시켰으므로 그로부터 해방될 수 있었다. 우리 둘은 똑같은 골림을 받았으나 그 대처 방법만은 정반대였는데 그 차이가 바로 세상을 살아가는 방법과 진로를 달리하는 결과를 낳았다. 그는 정규 대학을 나왔고, 또한 가정환경도 좋았으며, 특히 아우들이 대사나 동경대 교수를 했는데도 그만은 인내심의 부족으로 거의 빛을 보지 못하고 낙오자가 되었다.

그 후 3학년 때는 아오끼靑木 이경희 여선생에게 달걀을 사다 바쳐서 음악의 음부시험에서 일등했다는 모략을 채영석이 또 했다. 그는 그때 교단에 올라가서 악을 쓰다시피 하면서 떠들었다. 6학년 때는 급장 최재봉이 바로 앞에 앉아있는 필자를 찔벅거리는 방법으로 컨닝해서 100좀 맞았다고 외장치기도 했다. 그는 그때 필자에 대한 시기는 포기하고 있었다. 이를 보면 그가 얼마나 지배욕과 지배력이 특이하게 강했던가를 알 수 있다.

그는 나보다 나이도 아래였고 체구도 작아서 싸움의 상대가 안 됐다. 하지만 그 옆에는 같은 마을에 사는 7명의 떼 죽이 있었다. 그 때문에 필자가 그를 때려 주려고 하면 집단으로 덤볐고, 그는 그걸 믿고 그랬다. 필자는 그때 우리 마을의 홀로여서 어쩔 수 없이 꾹 참을 수밖에 없었다. 세 살 위인 부급장 백 모도 그랬다. 필자가 산수와 일본국어 등 기본과목이 자기를 앞서기 시작하여 담임인 교장선생과 아오끼 여

선생으로부터 귀염받는 듯하자 이를 심히 시기하고 압박했는데 이것
도 지배력과 지배욕 때문이다.

나는 그를 모면키 위해 음악시간이면 일부러 큰 막대로 책상을 치
면서 수업을 방해해서 백의 마음을 사려고 애썼다. 어느 날은 수업시
간이 아닌데도 그 여선생을 심하게 골려 먹었다. 참다못한 그 여선생
은 교장선생에게 이를 알려서 필자는 뺨을 두 대 맞은 후, 첫 눈 오는
날, 운동장에서 한 시간을 꿇어앉는 벌을 받았다.

사실은 6년 동안 귀염받은 때가 있었다면 그 일본인 교장선생시모무
라 다까로下村鷹郎이 유일했는데도 그랬다. 벌이 끝 난 후, 교무실의 난
로 옆에 앉혀져서 몸을 녹이도록 거듭 채근하는 것을 보고 필자를 벌
준 것은 본의가 아니었음을 알 수 있었다. 당시는 교무실만 난로가 있
었다.

이런 일련의 행위는 모두 지기 싫어하고 꼭 이겨서 지배해보려는
지배욕 때문에 생긴 일이라고 봐야 한다. 하지만 선생님 중에도 지배
욕이 특별히 강한 선생님이 있었다. 이웃 마을에 사는 황마사하라昌原
선생이 그런 분이다.

한마디로 그 황 선생은 극도로 유지들의 잠녀들만 편애했는데 그것
도 지배력과 지배욕 때문에 그런 것이다. 그런 지배욕은 아무 잘못도
없는 필자를 불러내어 대나무가 갈기갈기 찢어질 때까지 고문하게 했
다. 이는 반 아이들을 기죽이기 위해 일부러 필자를 표적으로 삼아서
고문한 것이다.

그는 해방 후, 곧 서울 모 대학에 진학한 후, 1949년 초 남로당의
105인 사건을 일으켰다가 실패했고 곧 총살당했다. 이런 일련의 사건

들도 모두 인간의 지배력과 지배욕 등이 가져다준 비극이고 조급증이 낳은 결과였다.

사실은 4학년 진급 후, 한 달도 안 되어 예고 없이 실시된 전 과목시험에서 1등을 했고, 5월 27일의 해군 기념일의 작문 짓기에서 최우수 작문으로 뽑혀서 원고지에 정리 후 소국민신문少國民新聞에 게재를 의뢰하는 영광(?)도 얻었으나 고문당한 것이다. 그는 필자가 1등한 때문인지 부급장으로 승진시켜주었으나, 반년도 안 되어 고문을 가한 후, 다시 원점으로 돌려놓았다.

그런 일련의 행위도 그 황 선생이 남달리 지배력과 지배욕, 성취욕이 강했기 때문에 생긴 비극이다. 이 같은 행위는 우리 학급 학생들의 수업 거부사건으로 가뜩이나 자기의 지배력과 지배욕, 성취욕에 크게 상처를 입은 데 따른 만회작전이었다. 그 외에도 어릴 때 시합하면서 생떼를 쓰는 일, 편 가르기를 하는 일, 편견과 억측, 중상모략, 오기와 심술부리는 일, 지기를 싫어하는 일, 시기 질투 등 인간이 갖고 있는모든 감정의 근원도 지배력과 지배욕, 성취욕 때문에 일어나는 일이며, 그 근원은 종족 번식에서 비롯된 것이다.

4. 지배력과 지배욕의 강·약이 인생의 행로를 결정 짓는다

우리는 국가 간이나 대통령과 장관 등 고위공무원, 그리고 정치인들과 정당과 그 대표 등은 물론, 일반 시민까지도 상대로부터 어떤 중요 안건을 미리 통보받거나 보고받은 내용에 대해서는 곧잘 이해하면서,

"내게도, 우리나라에도, 우리 당에도, 알려주어서 잘 알고 있다."

라고 말하며, 무시당하지 않았음을 과시하는 경우를 볼 수 있다. 하지만 이러한 행위도 지배력과 지배욕 때문에 생긴 현상에 불과하다. 이는 자기의 지배력과 지배욕의 건재를 인정받았으므로 협조적이거나 비난하지 않는다. 하지만 똑같은 사안이라도 미리 알리지 않고 언론에 먼저 보도하거나 제3자에게 먼저 발설하면 심히 불쾌하게 생각하면서 비난한다. 이런 일련의 행위는 타인을 지배해서 지배욕을 충족시킴과 동시에 무엇인가를 이룩해보려는 성취욕이 바탕에 숨어 있기 때문에 생기는 현상이다.

일반적으로 정치인들이 어릴 때부터 유별나게 지배욕과 성취욕이 강한데 이를 어떻게 보아야 할까. 결론부터 말한다면 결코 나쁜 것은 아니다.

다만 거짓말을 지어내서 남의 기를 죽임으로써, 자기의 지배욕을 충족시키려 했다면 그것이 나쁠 뿐이다. 그러므로 초등학생이 공부를 잘해서 또래로부터도 칭송을 받는 것은 정상적인 행동일 것이다. 따라서 지배욕이 강했다 하여 무조건 비난하는 것은 옳지 않다. 다만 그게 너무 지나치면 사회적으로 해악을 낳고 적응력까지 잃게 되어 일생을 파탄으로 마감할 수도 있으므로 깊은 성찰이 있어야 할 것이다.

따라서 터무니없는 거짓으로 모략하는 행위는 마치 대통령이나 국회의원이 정치를 잘하여 국민들로부터 지지를 받으려 하지 않고, 국민을 탄압하거나 상대방을 중상모략하고, 허위로 죄를 만들어서 숙청

하는 방법으로, 지배력을 행사하면서 지배욕과 성취욕을 충족시키려는 행위와 똑같은 것이어서 그런 행위는 마땅히 비난받아야 할 것이다.

필자가 초등학교 졸업 후, 어언 31년의 세월이 흘러 1978년 가을이 되었다. 필자는 그때 군산항만청의 총무과장으로 근무할 때다. 당시 채영석은 유신 2기의 국회의원에 입후보하고 있었다. 이에 한 표가 아쉬웠던 그는 어느 날 필자의 사무실을 찾아왔다. 그 때 필자는 첫마디에,

"너 출세하고 싶으면 남을 극하는(이기려는 성격부터 고쳐야 한다."

라고 강하게 충고하면서 지배욕의 과잉을 비판했다. 그때 그의 대답이 명답이었다. "내가 그런 기질도 없었으면 국회의원은 고사하고, 시골 면장이나 했겠냐. 그래도 그런 기질 때문에 국회의원 입후보라도 했다. 좀 도와다오." 나는 그 응수에 더 나무라지 못하고 마음속으로는 "맞다 맞아, 그런 지배욕과 성취욕이 몸에 남달리 충만해 있기에 끝내 기가 살아서 국회의원에 입후보했구나, 그 말도 일리가 있다"라고 되새긴 일이 있다.

그는 그 선거와 1981년도의 선거에서 거듭 낙선의 고배를 마셨다. 특히 두 번째 입후보할 때는 필자가 공직을 잠깐 떠난 때였으므로 그를 지원해야 했으나 김길준 변호사가 입후보했으므로 그를 도와 옥구군 총책이 되어 당선시킬 때여서 지원치 못했다. 그런 그도 1988년도의 국회의원 선거에서는 장관과 서울시장을 역임한 거물 정치가 고건 후보를 누르고 당선돼서 화제를 뿌렸다.

고건 후보는 당시에 우리 고장뿐만 아니라 전국적으로도 청백리로서 널리 알려져 있었고, 또한 유능한 정치가로서 기대가 컸던 인물이었음에도, 재선의 고비를 넘기지 못하고 낙선의 고배를 마셨기 때문

에 채영석 의원의 당선보다 고건 후보의 낙선이 더 화제가 되었고 충격도 컸다.

고 의원은 그릇도 크려니와 극히 합리적인 정치인이었으므로 장차는 고려 태조 왕건이 삼한 통일의 위업을 이루었듯이 남북통일의 대업을 이룰 수 있는 큰 인물이 되어줄 것으로 기대하고 있었기 때문에 충격이 더 컸다.

하지만 그는 그 후에도 장관과 서울시장, 국무총리 등 최고위직을 두루 역임했을 뿐 아니라 한 때 대통령 후보로서 최고의 지지를 받고 있었던 인물이었음을 상기한다면 그런 기대는 결코 과잉 기대는 아니었다. 그러한 사실들을 종합해서 판단해 본다면 필자가 왜 큰 충격을 받았는가를 이해할 수 있을 것이다.

5. 고건 전 국무총리의 회고록에서 군산항 개발의 공로가 빠졌다

이 글에서 어차피 고건 전 총리를 언급했으므로 숨은 이야기를 더 해볼까 한다. 필자는 원래 고건 전 총리를 직접 상면조차 한 사실이 없다. 하지만 1985년 3월, 필자는 해운 기술원 후에 산업연구원 군산 소장으로 있으면서 "군산항 개발을 위한 소견"의 소책자를 출간, 2,000여 부를 무상으로 배포한 사실이 있다.

그것은 군산항은 금강에서 흘러오는 토사의 매몰로 항만의 적지가 아니므로 이를 폐항廢港시키고 고군산 군도의 신시도에 새로운 항만을 조성해야 한다, 라는 여론이 비등하고 있었기 때문이었다. 특히『전북일보』등에서는 이를 대대적으로 보도하고 있어서 모두가 그 말이 옳다고 생각하고 있었고, 이상하게도 이에 이의를 다는 사람이 없었다.

그 때문에 글을 써서라도 이를 바로잡아야겠다고 생각하고 글을 썼다. 그때 가장 안타까웠던 것은 항만에 종사하는 하역업체 종사원들과 선박 대리점 등에 종사하면서 비교적 해운을 안다는 사람은 물론, 군산항만청에 근무하는 공무원들조차도 모두 그 주장에 이의를 다는 사람이 없었고, 그저 그런가, 하고 생각하고 있어서 더 그랬다. 그 후 우연히 고건 의원을 어느 변호사 사무실에서 만난 김에 그 초고를 드리면서 한번 읽어보시고 항만개발에 참고하시라고 했다. 그때 고건 전 총리는 군산지역을 대표하는 제9대 국회의원이었으며, 지역 개발에 심혈을 기울이고 있을 때였다.

그 글의 요지는 항만은 항상 수요지에 가까울수록 좋은 것이며, 그 때문에 유럽 등에선 내륙 항이 오히려 크게 빛을 보기도 한다고 하면서, 항만이 그 수요지와 멀수록 육상수송비의 증가로 해운의 장점이 감소하여 경쟁력이 떨어지는 것이라고 주장했다. 따라서 고군산군도의 신시도에 신항만을 건설한다 함은 육송거리를 최소한 30km 이상 연장시켜서 해운의 장점을 현저하게 떨어뜨리게 된다는 사실을 지적했다.

그러므로 현재로선 현 군산 외항일대를 준설하여 항로를 개설하고 부두를 축조하면서 거기서 나오는 토사를 이용, 공단을 조성한 후, 그곳에 항만을 축조함이 가장 좋은 방법이라는 내용이었다. 하지만 그러한 주장은 당시 신시도항 건설에 들떠 있었던 군산지역 주민들에겐 찬물을 끼얹는 내용이었다. 그 때문에 필자는 지역주민에게 실망을 주지 않기 위해 현 외항 밖의 비응도에서 신시도, 신시도에서 다시 부안 격포를 연결하는 제방을 쌓으면 약 400평방 km약 1억 2천만 평의 땅이 생기는데 이곳을 부안의 산 흙으로 매립한다면 단일공단으로서는 세계 최대의 공단이 될 수 있다고 주장했다.

그런 연후에 그곳을 공단으로 개발한 후, 그곳에서 필요로 하는 수출입화물을 처리하기 위해 신시도에 신항만을 건설하면 토사의 매몰도 없고, 장소도 넓어서 부산항보다도 더 좋은 항만이 될 수 있다고 주장했다. 따라서 현재의 항만의 수요로 보아 신시도의 항만 개발이란 천만부당하며, 예산의 낭비와 수요 예측의 잘못으로 국가에 크게 해독이 미치게 될 것이며, 이로써 오히려 지역 발전에 장애가 될 수도 있다는 주장을 편 것이다. 그때 다행히도 고건 의원께서 그 주장을 긍정적으로 대함으로써 필자에겐 큰 힘이 되었다.

그 후, 1억 2,000만 평의 공단을 조성한다는 주장은 새만금의 제방을 쌓는데 이론적 근거가 되었다. 그때 착공 이전에 농수산부에서는 두 루트를 통해서 필자에게 구체적인 개발안이 있는가 하고 물어온 일이 있으나 농수산부에서 건설할 경우, 공업단지 조성보다는 농경지 개발이 우선시될 것이란 생각 때문에 필자는 반대했다.

지금도 건설부에서 건설했더라면 좋았을 것이란 생각에는 변함이 없다. 왜냐하면 농림부에서의 건설은 항상 농업용지를 전제한 건설이 될 수밖에 없고, 건설부가 건설할 때만이 비로소 공업단지 조성이 가능하다고 보고 있었기 때문이다. 그때 필자의 소견은 단일공단으로는 세계에서 제일 큰 공단조성을 주장한 것이지, 농지조성을 위한 주장은 아니었다.

그 때문에 농림부의 조성계획을 탐탁하지 않게 생각했다. 그런데도 조금 위안이 되는 것은 필자의 주장을 계기로 제방을 막아서 약 400평방 km의 국토가 넓어졌다는 것과 장차 어느 땐가는 필자가 처음 주장한 공업단지 조성을 하게 될 것이란 희망으로 위안을 삼고 있을 뿐이다.

그러나 필자의 군산외항 중심의 개발안은 당시의 군산항 건설사무소장이 적극 반대했다. 그 이유는 토사의 매몰이 너무나 극심하므로 항만의 적지가 될 수 없으며, 현 항만을 확장할 경우, 이로 인한 준설비등의 예산증대를 이유로 적극 반대하고 있었고, 이게 당시의 항만당국의 고정관념이었다.

여기에서 꼭 딛고 넘어가야 할 게 있다. 그것은 군산항의 토사가 몇백 년에 걸쳐서 쌓인 게 아니라 최소한 몇만 년에 걸쳐서 쌓인 토사였고, 특히 과거의 준설 토는 가까운 해상에 버리고 있었으므로 조석간만의 작용과 조류, 그리고 파도 등에 의해서 환류하고 있었다는 점이다. 이는 결국 준설업자의 영원한 밥그릇이 되는 고식적인 준설작업에 불과했다.

하지만 필자의 주장은 준설토를 바다에 버리지 말고 육지화해서 공단 화함으로써 토사를 근원적으로 제거하고, 항로도 깊게 할 수 있다고 주장했다. 그 후 실제로 진행된 준설작업을 보면 외항공단을 약 20평방 km약 600만평로 조성시켰다. 이를 용적으로 계산해보면 평균 높이를 6m로 추정할 때 약 36,000입방미터의 토사를 준설했고, 1년에 순수하게 내려왔던 토사량을 5만 톤 내외1년 유동량은 10만 톤 추정로 추산할 겨우, 약 7,000년간 흘러내린 토사를 제거한 셈이다.

하지만 필자의 주장이 관철되려면 우선 건설사무소장의 주장부터 극복해야 했다. 결국은 고건 의원의 주재하에 이를 토의하게 되었다. 당시 고의원의 말씀은 건설사무소장과 필자의 소견이 정반대여서 누구의 말이 옳은지 잘 모르겠으니 같이 한번 토의해 보자고 해서 자리가 마련된 것이다.

어느 날, 고 의원은 점심에 건설사무소장과 관리과장, 필자를 초대했다. 그때 필자는 해도와 관계자료 등을 준비했고, 또한 글 쓸 때보다도 적극적인 생각을 가지고 있어서, 그 도면 등을 펼쳐놓고 장장 두 시간여의 격론을 벌였다. 그때 필자의 주장이 건설사무소장을 조금 난처하게 하자 고의원이 적극적으로 건설소장을 두둔해 주면서도 결론만은 필자의 주장이 맞는 것 같다고 했다.

그때 고의원은 필자의 소견이 타당할 것 같다고 하면서도, 건설소장의 자존심을 살리는 데 최선을 다 하고 있어서 크게 감명받았고, 또한 큰 그릇임을 절감했다. 한마디로 전임 장관의 티나 여당 국회의원의 티는 전혀 내지 않았고, 부드러움과 경청으로 일관하면서 간간이 의견을 제시하는 데 그쳤다. 결국 그 모임의 결론은 필자의 주장을 받아들였고, 그 결과 군산항 개발계획은 근본적인 수정을 가하게 되었다.

하지만 그 수정안이 곧바로 시행된 게 아니다. 그 후 고건 의원은 교통부와 해운항만청에 직접 들어가서 국장급이상 공무원들을 설득하여 그 안을 확정시키는 데 심혈을 기울여야 했다. 왜냐하면 그 당시 본부 국장들 중에는 반대의견을 가진 분들이 있어서 상당한 진통이 있었기 때문이다.

하지만 고건의원의 너무나 진지한 자세와 상관의 예우를 위해 반대 의견을 제시하지 않았다는 H 국장의 후일담을 들어보더라도, 고건 의원이 아니었으면 군산항의 개발안은 다시 원점으로 돌아갈 뻔 했구나 하는 생각을 지울 수가 없는 것이다.

그 후 그 개발계획은 당초 필자가 주장한 안보다, 더 적극적으로 대응해서 방사제를 쌓는 등 확장된 안으로 시행되었다. 따라서 폐항시켜야 한다거나 유지시킨다 해도 토사 매몰 량의 과다로 2만 톤급 이상 선박의 입출항은 사실상 불가하다는 군산항이, 현재는 5만 톤급 선박이 자유자재로 입출항 할 수 있게 되었고, 이로써 인천항과 똑같은 규모의 대형선의 출입항이 되었다. 또한 지금은 20세기와 달라서 토사의 완전 제거방식의 준설이어서 시간이 갈수록 토사는 감소되고 있으므로 더욱 좋은 양항으로 발전할 수 있게 되었으며, 그와 함께 외항 일대가 공단으로 조성됨으로써 일거사득―擧四得 공단조성, 토사제거, 13m수심 부두조성, 신항로개설의 효과를 얻을 수 있었다.

이 같은 결실을 얻게 된 보다 근본적인 원천은 먼저 고의원이 농수산부장관 재직 시에 금강하류에 하굿둑을 축조함으로써 금강 상류로부터 흘러내려오는 토사를 원천적으로 봉쇄한 게 그 실마리가 잡힌 것이다. 그리고 현재는 그 하구 둑이 장항선의 철도노선 노릇까지 함으로써 충남 서부와 전북서부의 발전에 획기적으로 기여하고 있다.

또한 준설장비가 종래의 한 삽씩 퍼 올리기 식의 장비에서 펌프 식 고성능의 장비로 발달함에 따라 그 성능이 거의 10배 이상으로 향상된 게 큰 힘이 됐다. 그것은 벌흙의 준설이 양수하는 에너지를 조금 넘는 수준으로도 가능하게 됨으로써 큰 돈 안 드리고도 준설을 할 수 있게 되었고, 그와 함께 그 흙으로 매립한 땅을 공단으로 조성시켜서 군산지역 발전에 획기적인 발전을 가져오게 한 것이다.

이로써 부두 조성과 항로 준설, 그리고 공단조성의 공정이 일관작업으로 실행됨으로써 종래의 토사 매몰 항이 오히려 토지보상비가 필요 없는 양질의 공단 조성이라는 큰 수확까지 거두게 된 것이다. 그런데도 이러한 업적이 전국적인 사업이 아니어서 그런지 우민又民 전 고건 총리의 호의 회고록엔 빠져 있으므로 팔자가 보완해서 밝히는 것이다.

이때 필자는 항만과 국가발전의 상관관계를 보다 확실히 밝히기 위해 해운항만지해운항만청 전문잡지, 1986년도 겨울호에 "항만과 국가발전"이란 글을 섰고, 이 글은 가장 값어치 있는 내용으로 평가되어 큰 타이틀로 보도되었으며, 이는 곧 군산외항의 개발을 뒷받침하면서 그 타당성을 간접적으로 긍정케 하는 내용이기도 했다.

그리고 그 글에서 두 쪽을 할애하여 우리나라는 지형과 하천의 특성, 우기의 집중, 산악의 과다, 하천의 급류, 해안선의 짧음, 중량화물의 부재 등을 이유로, 운하의 갖가지 장점에도 불구하고, 우리나라에는 운하의 타당성이 없다고 결론지은 바 있다. 이 주장은 이명박 전 대통령이 후보로 거론되면서 4대강 개발과 경부 갑문운하 건설을 주장할 때보다 20년이나 앞서서 주장한 내용이다.

필자가 그와 같은 글을 쓸 수 있었던 것은 소년 때부터 지리와 역사를 좋아했고, 더구나 보통고시에 지리과목이 있어서 점수 보충용으로 깊이 공부했으며, 특히 해운행정에 오래 종사하면서 해운이 국가 발전에 어떻게 도움이 되고 있는가를 깨닫게 된 때문이다. 그를 계기로 해운이 얼마나 국가 발전에 기여하고 있는가를 군산지역 40여 개 기관의 간부들에게 널리 알리기 위해 브리핑 하면서 더욱 깊이 공부한 게 큰 힘이 되었다.

그 때문에 2006년도에 이명박 후보가 경부 갑문운하 등을 주장할 때, 필자가 가장 강력하게 운하건설의 부당성을 주장하면서, 당시 가장 유력한 대통령후보로 거론되고 있었던 고건 전 총리와 박근혜 후보에게 그 글을 보내주기도 했다. 그때 박근혜 후보를 대표하여 TV 토론에 나온 노승민의원은 해운 전문가의 말이라면서 필자의 이론으로 경부 갑문운하의 부당성을 반대하고 있었다. 또한 각 신문사에도 그 글을 보냈으나 『매일경제』만 조그맣게 보도해주었고, 『한겨레』신문만은 큰 관심을 표시하고 있었다.

필자는 고건 전 총리와 관련하여 남다른 생각을 하게 된다. 왜냐하면 공직자로서 그만치 공과 사를 엄별하면서 그야말로 청렴결백했던 우민又民이었고, 또한 호까지 백성을 배려하는 마음을 보였던 대망의 인재가 어찌 국회의원에 낙선했으며, 또한 대망의 대권도전을 왜 포기했을까를 생각하게 되는 것이다. 한마디로 말하면 필자가 보기엔 고건 전 총리는 지배욕권력욕, 권력의지이 부족했고, 이게 원인이 되어 지배력까지 약화시킨 게 그런 결과를 낳지 않았는가 하는 것이다.

하지만 이상적으로 말하면 지배욕은 부족하지만 거꾸로 봉사정신이 강했으므로 당선은 어려워도 당선만 되면 그때엔 오히려 나라에 크게 유익한 지도자가 될 것으로 예상했으므로 오히려 더 바람직한 지도자 상이었다. 다만 당선되기까지가 어려운 게 민주주의의 선거제도여서 그런 민주주의의 결점들 때문에 그 같은 불운이 됐다고 본다.

그리고 청렴결백은 분명한 선善이긴 하지만 정치계의 흙탕물엔 맞지 않는 면이 있다. 후에 말하겠지만 고 김대중 전 대통령은 돈 때문에 본의 아닌 비난을 많이 받는 것을 듣기도 하고 보기도 했다. 하지만 그런 흙탕물을 뒤집어쓰는 담력 때문에 정치를 해낼 수 있었고, 그래서 사람이 많이 모이기도 했고 딸기도 했다.

하지만 청렴결백은 도덕적으로 분명한 만고불변의 선이고 정의였지만 흙탕물 세계인 정치계와는 맞지 않는 면이 있는 것이다. 따라서 사람이 모이거나 따를 수는 없게 하고 있고, 다만 뜻있는 사람들로부터 존경과 찬탄을 받는 데 그치게 된다는 것을 배웠다.

또 하나는 우민 스스로 밝혔듯이 천시와 지리가 맞지 않았던 점도 하나의 중대한 원인이었다. 그것은 진보세력의 10년 집권은 보수 세력으로 하여금 이번엔 꼭 바꿔야겠다는 생각을 굳히고 있는 때여서 그 아성을 깰 수 있는 때가 아니었다. 필자가 이토록 길게 고건 전 총리를 말하는 것은 이상하게도 필자가 체험한 사람 중에 채영석 의원은 가장 지배욕과 지배력이 강했던 대표적인 사람이어서 필자의 뇌리에 지을 수 없는 기억을 남기게 했던 사람이고, 그런 지배욕 때문에 3선의 영광을 누렸다.

하지만 고건 전 총리는 그와 반대로 지배욕권력욕과 지배력이 너무 고상하여 대망의 뜻을 못 이룬 것 같아서 길게 쓰는 것이다. 그 외에도 선친이셨던 고형곤 박사의 성장지인 월하리 하갈 마을은 필자가 성장했던 영창리 신기촌과는 불과 2km도 채 안 되는 바로 이웃 마을이었고, 채영석도 비슷했던 위치여서 세 집의 위치는 정 삼각형의 각 꼭짓점에 있다. 이것도 한 인연인가, 라는 생각이 들어서 글 쓰는데 한몫을 하고 있다.

그리고 호남지방에서 굳이 인물을 찾는다면 정치적으로는 김대중 전 대통령이 으뜸이겠으나 행정적인 면 등에서는 고건 전 총리를 앞설 수 있는 인물이 없었고, 또한 그 때문에 한때 국민의 기대도 가장 컸음을 상기하면서, 왜 고 건 전 총리의 낙선이 더 화제였는가와 왜 대망의 대권 도전을 포기했는가를 되새겨 보기 위해서 이 글을 쓰고 있는 것이다.

특히 대통령 예상후보로서 국민의 큰 기대를 받고 있을 때 앞서 밝힌 경부운하의 부당성에 대하여 여러 차례 글을 올렸고, 그 글이 운하를 이해하는 데 크게 도움이 됐다는 전언을 들은 바 있으므로 필자로선 오래 간직하고 싶은 이야기들이어서 쓰는 것이다.

채영석이 국회의원으로 당선된 1988년 가을의 선거는 호남지방만은 무조건적으로 평화민주당의 공천자를 당선시킨 때였다. 그는 그런 위력으로 당선의 영광을 안았고, 그 후 연속 국회의원에 당선, 3선의원의 영광도 누렸다. 이를 보면 "운運"을 생각하게 된다.

영국 처칠수상의 회상록에 의하면 1차 대전 때 참호 속에 있었던 그를 상관에 부르기에 두덜거리며 갔다 와 본즉 남아 있던 병사들은 모두 폭사해 있었다고 회상하면서, 운이 있는 것 같기도 하다고 회고하고 있다. 그와 비슷한 말은 산업의 귀재였던 삼성 그룹 고 이병철 회장도 운運과 둔鈍, 근根 끈기을 성공의 3대요소라고 말한바 있다.

하지만 필자의 생각은 채영석이 어릴 때부터 남다른 지배력과 지배욕, 성취욕이 강했고, 또한 필자의 체험상 그보다 더 강한 지배욕권력욕의 소유자는 전혀 보지 못했으므로 운보다는 그 지배욕과 특이한 지배력을 긍정해 보는 것이다. 따라서 그에 대한 결론은 그가 지배욕권력욕과 특이한 지배력이 남달리 강했기에 삼선의 영광을 누렸다고 보는 게 보다 정확할 것이다. 필자는 그가 죽기 20일 전쯤 그로부터 초등학교 동창회 날 여러 가지 할 이야기가 있으니 모교에서 만나자는 제의가 왔기에 만나게 되었다.

그때 그는 동창회가 끝난 후 필자에게, "어이 친구, 학교 뒤 후원이나 한 바퀴 돌아보세"라고 하기에 그러자고 하면서 같이 돌았다. 우리는 그 때 마치 젊은 연인이나 되는 것처럼 손을 꼭 잡았다. 그때 그는 왠지 손이 섬뜩할 정도로 몹시 차가웠다. 나는 깜짝 놀라면서,

"네 손이 굉장히 찬데 혹시 속병이라도 있는 게 아니냐"라고 묻자, 그는 "아니 괜찮아"라고 말 하면서, "어이 친구, 그간 여러 가지로 친구에게 미안 했네"라는 사과 투의 말을 하고 있었다. 나는 "별소리 다 한다"라고 일축하면서도, 그의 수명이 멀지 않았음을 직감했다. 왜냐하면 사람의 몸에 병이 생겨서 죽음이 멀지 않았을 때는 자기도 의식하지 못하는 사이에 반드시 기가 숙어지면서 남을 꼭 이겨보려는 지배력과 지배욕, 그리고 성취욕이 없어지고 착한 마음씨가 생기기 때문이었다.

이는 사람의 몸이 허약해지면 자연히 물리적인 지배력도 없어지지만 그에 따라 지배욕과 성취욕도 없어지면서 마음이 몹시 선량해지는 것이며, 이런 경험을 너무나 많이 했다. 그는 필자를 몹시 괴롭혀서 청소년 시절의 일기장엔 온통 그 이름뿐이다. 하지만 만년에는 확 달라졌다.

그는 동창 중 유일하게 필자를 찾았고, 여러 선거운동원 앞에서 필자를 자기와 함께 천재라고 자칭하기도 했다. 또한 총동창회의 수석

부회장으로 지명했고, 초등학교설립 제60회 기념비에는 전면에 필자의 이름을 자기 이름과 똑같은 크기로 좌우에 나란히 새겨 넣는 파격을 보이기도 했다.

그는 필자를 민주당의 도의원 후보로 추천하겠다는 제의도 했고, 공천심사위원장도 맡기기도 했다. 하지만 모든 게 필자와는 맞지 않은 직책이고, 또한 경제적인 어려움으로 수락할 수 없었다. 이런 일련의 경위를 살펴보면 어릴 때 필자를 왕따 시킨 게 마음에 큰 부담이 된 것 같다. 그리고 마지막엔 사과한 것으로 보아 사람은 그 누구도 죽음을 앞두면 착해진다는 사실이 진실임을 알 수 있는 것이다.

6. 죽음을 앞두거나 병약해지면 착하고 선량해 진다

석가모니가 극히 허약하여 밤낮 눕기만 하다가 자기 아내의 임신사실을 듣고 벌떡 일어나서 세상을 버리고 출가했다. 그 결과 그는 왕자로서 부귀영화를 버렸다고 칭송받으면서 초인적인 사람으로 추앙받는다. 하지만 그가 깨달은 것은 사람이 죽으면 금수로 태어나고 짐승이 죽어서 다시 사람으로 태어난다는 윤회전생의 사상이었고, 고행과 명상에 힘쓰면 해탈의 경지에 이르게 되어 부처가 된다고 가르쳤다.

그는 인연의 사슬을 끊어서 무욕의 세계에 들어가는 게 해탈이고 그러기 위해선 고행을 해야 한다고 주장하다가 명상도 한 방법으로 제시했고, 그로써 부처가 될 수 있다고 가르치고 있었다. 하지만 그 같은 주장과 현상은 그가 병약함에 따른 지배력과 지배욕의 상실 때문에 생긴 비극이라고 필자는 보고 있다.

그런 사상은 오늘날의 생물학에 비추어보면 윤회전생이나 해탈이란 하나의 미신에 불과했고, 또한 그 자체가 극히 비과학적인 관념상의 유희에 불과했는데도, 그는 진리를 깨달았다고 외친 것이다.

공자의 제자인 안회顔回가 그토록 착했던 것도 병약했기 때문에 지배력이 약해지고 이에 따라 지배욕과 성취욕도 없어진 데서 생긴 현상이며, 그 때문에 그토록 착해졌을 뿐, 다른 아무것도 아니다.

채영석도 깊은 병에 걸려서 그토록 착해졌고, 그는 결국 그로부터 20일쯤 후에 유명을 달리했다. 이러한 사실을 보더라도, 사람에게는 남을 이겨서 지배함으로써 무엇인가를 이룩하려는 지배력과 지배욕, 성취욕은 생명의 활력소活力素인 건강과 직결되어 있음을 알 수 있다.

또한 건강은 생명력과 번식력을 담보하는 원천이며, 이 같은 번식력과 생명력은 사람만이 가지고 있는 게 아니라 모든 생물이 다 가지고 있는 것이다. 다만 사람의 번식력은 매우 진화되고 성숙되어서 일부일처제로까지 순화되어 있을 뿐이다.

사람이 젊다 함은 번식욕의 왕성을 보장해 주는 조건 중에 으뜸이 된다. 하지만 이를 뒷받침해주는 지배력, 즉 힘, 건강의 뒷받침이 없다면 지배욕도 위축돼서 결국은 성취욕도 엄두를 내지 못한다. 하물며 나이가 들었고, 건강까지 악화됐다면 그 지배력은 땅에 떨어져서 영에 가깝고 그에 따라 지배욕도 없어지게 된다.

그는 건강의 악화로 지배력과 지배욕, 성취욕을 거의 포기케 한 상태였으며, 그런 상태였기에 진심으로 사과한 것이다. 앞서 필자는 건강과 힘이 지배력과 지배욕, 성취욕, 특히 번식욕의 바탕이고 그게 활력소임을 거듭 밝혔다. 그게 약해지면 지극히 선량해진다는 주장도 거듭한 바 있다.

그러한 예는, 김일성 주석이 속병이 깊어져서 지배력이 약해지고, 그에 따라 지배욕과 성취욕도 약해졌으므로 김영삼 대통령과의 남북 정상회담의 제의에 선뜻 합의한 것이다. 이때 그는 지배력건강의 약화로 지배욕과 성취욕을 버릴 단계에까지 이르렀으므로 선량해졌다. 그에 따라 지배욕과 성취욕의 약화는 어쩔 수 없는 현실이 되었기 때문에 회담도 수락하고 유훈으로 핵무장을 하지 마라, 라는 말도 남긴 것이다.

이로 보아 지배욕과 성취욕은 기가 왕성하여 건강할 때, 즉 지배력이 왕성할 때 나타나는 현상임을 거듭 밝혀 둔다. 그때도 필자는 김일성의 기가 숙음을 보고, 죽음이 멀지 않았음을 예측하고 있었다.

왜냐하면 사람이 죽음을 앞에 두면 그 말이 착하게 되고 까마귀도 죽으려면 그 울음소리가 처량해진다는 글이 생각났기 때문이었다. 그런 말은 논어와 채근담 등에, 인지장사 기 언야 선人之將死其言也善하고, 오지장사 기 명야 애鳥之將死 其鳴也哀라고 나와 있는 것이다.

필자는 그 때문에 김일성이 지배욕과 성취욕을 버리고 착한 마음씨로 변한 걸 보고 죽음이 멀지 않았음을 점친 것이다. 그때 우연히도 그런 말을 여러 사람 앞에서 말했는데 그 예측대로 20일도 안 되어 사망했다. 필자는 그 때문에 몇 사람으로부터 예언자 같다는 말도 들었다. 사람의 말 가운데 유언을 매우 중시하는 것도 따지고 보면 그러한 인간의 마지막 본성을 올바로 이해한 데서 생긴 것으로 본다.

제12장
공자는 군왕의 지배력과 지배욕의 순화에
실패했다

1. 공자는 병兵을 부정, 지배력과 지배욕을 순화하려
했으나 실패했다

사람은 어느 사람이든 무엇인가를 이룩하기 위해 노력한다. 그리고
그 결과를 자기 마음에 꼭 맞게끔 만들려고 무한히 노력하고 있고, 또
한 다른 사람들을 마음대로 움직여서 무엇인가를 이룩하려고 발버둥
치기도 한다. 사람들은 그 과정에서 타인에게 피해를 줄 수 있으나 즐
거움을 주면서 스스로는 보람을 느낄 수도 있다.

다만 그 영향을 끼치는 범위가 좁거나 넓고, 깊거나 얕을 뿐이다. 그
러한 영향을 가장 광범위하게 끼치고 있는 사람들을 꼽아본다면 원시
에는 제사장과 추장들, 그리고 영주들이 있었다.

그 후, 사회가 조금 진보하여 국가라는 형태의 사회가 등장하면서

조직적인 지배력을 장악한 사람들이 속속 등장했다. 그중에서 가장 영향력이 컸던 사람들을 찾아본다면 단연코 군왕과 황제들일 것이다.

그런데 이 황제들과 군왕들처럼 지배력의 정점에 서서 지배욕을 충족시키면서 성취욕을 충족시켜온 사람들은, 많은 경우 백성들의 입장을 배려하지 아니하고 자기의 지배력을 행사하여 지배욕과 성욕만만을 충족시키기 위해 온갖 짓을 다하고 있었다.

그들은 한 걸음 더 나아가 타국과 전쟁을 일으켜서 무고한 백성들을 죽음으로 내몰거나 무모한 토목사업을 일으켜서 백성들을 몹시 곤궁하게 만들기도 했다. 그 과정에서 말을 잘 안 듣는 신하들과 백성들은 유배를 보내거나 투옥하여 위협하기도 했고, 때로는 목숨을 빼앗는 방법으로 협박하여 지배력을 강화함으로써 지배욕과 성취욕을 충족시키기도 했다.

이보다 더한 것은, 역모라는 죄를 뒤집어 씌워서 3족씨족, 처족, 외족을 멸해버리는 무리수를 쓰기도 했다. 이와 같이, 잘 다듬어지지 않은 투박하고 생경하기만 한 지배력과 지배욕, 그리고 부질없는 성취욕을 순화시키는 일은 군주제도가 보편화되면서부터 커다란 사회문제로 등장해온 게 인류의 역사이기도 했다.

군주들이 행사하는 지배력과 지배욕, 성취욕을 어떻게 순화시키고 어떻게 견제하여야 하는가와, 어떻게 그 피해를 최소화시키느냐 하는 문제는 굳이 인권사상과 민주주의사상을 가지고 있는 선각자가 아니더라도 큰 관심과 함께 그 실천방안이 모색되고 있었다. 이런 사실들을 보면, 우리 인류들은 일찍부터 지배력과 지배욕, 그리고 성취욕을 순화시키기 위해 많은 노력을 기울여 왔고, 그 노력은 문자의 발명과 인쇄술의 발달에 궤를 같이하면서 더욱 빠른 속도로 발달해온 것도 사실이다.

그런 선각자 중에도 공자의 노력은 참으로 탁월했고, 또한 눈부신 바가 있다. 당시 뭇 군왕들은 백성들을 떠받들지 아니하고 오로지 자기의 지배력에 마취되어 지배욕과 원시적인 성취욕, 즉 번식욕의 충족을 위해서 많은 후궁을 거느리는 방법으로 색을 즐기고 있었다. 공자는 뭇 군왕들이 그와 같은 잘못된 방법으로 지배력과 지배욕, 성취욕을 남용하고 있었으므로 이를 억제시켜서 백성들을 편안하게 살 수 있는 방법의 하나로 왕도정치를 강력히 주장했다.

그러려면 지배력을 억제하는 방법으로 권력행사를 자제하여 행사케 함으로써, 백성들을 편안하게 하는 게 왕도정치라고 생각했다.

그는 그를 위해서 자기만족에 도취하고 있는 군왕들을 찾아다니면서 자기의 높은 이상을 제시하면서 열심히 설득했다. 그는 군왕들에게 자기의 정치적 이상을 피력해 보이면서, 자기를 채용하여 왕도정치를 펴게 함으로써 백성들을 편안케 하는 올바른 지배력의 행사방법을 시험해 보라고 호소하고 다닌 것이다. 그는 근본적으로, 국가의 필요성과 군왕의 군주제도를 전혀 부인한 사실이 없다. 오히려 그는 임금을 정성스럽게 섬길 것만을 가르치고 있었으며, 군왕이 잘못하면 몇 번이고 간하라는 주장만 거듭하고 있었다. 그러면서 임금에게 간하다가 숨어 버린 백이伯夷와 숙제叔齊에 대해서는 인仁을 행한 사람으로 매우 높이 평가하기도 했다.

그는 아무리 나쁜 군왕이라도 간하다가 안 듣는 경우, 버리고 다른 방법을 강구해보라고 가르치지 않고 끝까지 참아야 한다면서 끝내 성심으로 섬길 것만을 주장했을 뿐, 군왕을 내쫓아야 한다는 주장은 전혀 한 사실이 없다. 하지만 국가의 지속과 황제나 군왕의 지배력과 지배욕을 가장 강력하게 보장해주는 병兵에 대해서는 매우 날카롭게 부인하는 태도를 보이기도 했다. 그는 제자들과의 문답에서, 국가존립에 꼭 필요한 것에는 병과 식食, 신信의 세 가지가 있는데 그중 세 가지를 다 가질 수 없을 때는 무엇을 가장 먼저 버려야 합니까, 라고 묻자, 그는 서슴없이 제일 먼저 병兵을 버려야 한다고 대답했다. 어떤 책엔 무기를 버려야 한다고 해설했으나 논어의 원문은 분명히 병이다.

다음 버려야 할 것은 식량이라 했고, 마지막까지 지켜야 할 것은 신뢰라고 주장한 것이다. 이 말을 바꿔서 새겨본다면, 병이 군왕의 지배력을 가장 직접적이면서도 가장 효과적으로, 그리고 가장 강력하게 보장해 주고 있는데도 이를 부인한 것을 보면, 그는 결과적으로 지배욕의 순화와 성취욕의 순화를 강조한 것이다. 다음에 버려야 할 것도 신뢰를 말하지 않고 식량을 버리라고 한 것을 보면, 더욱 놀라운 일이 아닐 수 없다. 그것은 지배력을 행사하는데 가장 핵심적인 게 병이고, 이를 가장 효과적으로 지탱해주고 있는 게 식량이었다.

그 식량은 곧바로 병력 유지의 필수 조건인데도, 식량을 버리라고 한 것은 가히 혁명적인 주장이 아닐 수 없다. 그는 신뢰만이 왕도정치를 이룰 수 있는 가장 핵심적인 요소이고, 지배력의 핵심인 병력의 배제가 곧 지배욕과 성취욕을 순화시킬 수 있는 한 방법이라고 믿고 있었던 것 같다. 우리는 병이 국가의 지배력을 유지하는 데 얼마나 중요한 역할을 하고 있는가를 안다면, 공자가 주장한 말의 참뜻을 이해할 수 있을 것이다.

예를 든다면, 동학혁명 때 관군이 동학혁명군에 패해서 전라도 전체가 동학군에 장악됨으로써 조선조의 지배력이 사실상 마비되었으므로, 그 지배력의 보완을 위해 청나라에 병력의 지원을 요청한 것이다.

조선조가 망한 것도 깊이 따지고 보면 조선의 병력이 일본의 병력을 당해낼 길이 없어서 망했고, 일본이 망한 것도 미국의 군사력을 당해내지 못해서 항복했다. 청국도 일본의 병력을 이기지 못하여 조선의 종주권을 빼앗겼고, 러시아도 일본의 군사력에 압도되어 조선을 포기했다.

그 때문에 이념의 화신인 마오쩌둥까지도 권력은 병사의 총구에서 나온다고 설파한 것이다. 그러한 사실은 4·19혁명을 보면 그대로 나타난다. 그때 만약 군이 중립을 지키지 아니하고 이승만 정부 편에 서서 데모대에 총 뿌리를 겨누었다면, 4·19혁명은 성공하기 어려웠을 것이다.

반면에 광주민주항쟁은 병이 전두환 편에 섰기에 그 항쟁이 실패하면서 많은 인명 피해만 낳은 것이다. 또한 6·3사태도 병이 박정희를 지지한 덕택에 진압될 수 있었고, 5·16군사 쿠데타도 병력 때문에 성공할 수 있었다.

그런 사실들을 본다면 병력은 지배력의 핵심이고 지배력이 없으면 지배욕과 성취욕을 충족시킬 기회조차 만들 수가 없는 것임에도, 그런 무서운 병력을 공자는 가장 먼저 버려야 한다고 주장했다.

그렇다면 국가의 지배력은 병력만이 있는 것일까. 결코 그렇지는 않다. 그 지배력에는 경찰력도 있고, 검찰도 있으며, 공무원도 미력하나마 지배력의 한 부분이다. 특히 현대에는 국가의 경제력이 군사력과 더불어 가장 위력적인 지배력이 되고 있다. 하지만 뭐니 뭐니 해도 아직은 국가에 있어서의 지배력의 핵심은 병이고, 이 병이 모든 지배욕과 성취욕의 충족가능성을 뒷받침해주고 있는 것이다. 그런데도 공자는 대담하게도, 병을 제일 먼저 없애자고 주장했다.

2. 공자는 군주의 횡포를 막으려 했으나 너무 온건했다

우리 지구의 역사상 많은 여러 성인과 철학자, 학자와 정치가, 선각자, 종교가 등이 인류의 문화 발달에 혼신의 힘을 다 기울이다가 사라진 경우가 많으나, 그중에서도 공자가 가장 위대했음은 누술한 대로다. 그는 어느 사람처럼 착각에 빠져서 자기가 하느님의 독생자라고 주장하거나, 메시아라고 주장한 사실이 없다.

그 점에서 다른 성인들과는 전혀 달랐다. 또한 붓타는 한없는 고행과 명상의 길을 택하면 부처가 될 수 있다고도 했고, 마음속에 부처가 있다고도 했다. 그로써 극락세계에 갈 수 있으니 혼인하지 말라고 주장해서 결과적으로 인류의 존속자체를 부정하는 주장을 내세운 것이다. 하지만 공자의 사상과 주장은 항상 실현이 가능할 수도 있는 이상적인 국가관과 군왕의 모습을 제시하고 있었다. 그는 사람이 마땅히 걸어야 할 길을 올바로 일깨워 주고 있었으므로 그런 점에서 다른 성현들과는 비교할 수 없는 남다른 면모를 보이고 있었던 것이다. 그는 제자들과의 문답에서 괴상한 것과 힘센 것, 그리고 난리와 귀신怪, 力,

亂, 神 등을 말하지 않았다. 그는 그만치 과학적이었고, 또한 보이지 않아서 알 수 없는 형이상학적形而上學的인 문제에 대해서는 철저하게 입을 다물었고 아는 체도 하지 않았다.

그는 하나하나의 사물에 대하여 깊이 파헤쳐서 살펴보고 새겨보는 격물치지格物致知의 방법을 제시하면서, 이치를 따져서 진리를 얻어내는 데 혼신의 힘을 다하라고 가르쳤다. 그는 스스로 72명의 제자를 두었다고 밝힌 바와 같이 많은 제자를 두기도 했다. 그 제자들과 나눈 대화의 일부가 논어論語라는 이름으로 오늘날까지도 전해 내려오면서, 많은 사람들로 하여금 그 진가를 다시 확인해주는 위대한 선각자이기도 했다.

그 때문에 그와 그 제자들의 활동 상황 등이 사기史記에도 올라 있는 것이다. 그런데 그냥 올라있는 게 아니라 공자 자신은 제후와 똑같은 반열로 대우받아서 세가 편世家編에 수록되는 영광을 누렸다. 그는 그 후 당나라 때에 이르러는 문선왕文宣王이라는 존호까지 얻게 되어 군왕의 반열에 오르는 영광도 누렸다.

공자가 노나라에서 수년 동안 대사구大司寇라는 범죄를 다스리는 벼슬을 하여 올바른 정치를 한 것은 사실이나, 일부 주장에 의하면 그 자리는 장관자리보다 아래였다고 주장하는 사람도 있다. 그런데도 그는 세가의 반열에 오른 것이다. 또한 제자들까지도 국가의 동량재로 활약한 인사들만이 누릴 수 있는 열전列傳에 올라 있는 것이다.

그 때문에 사기를 읽어보면 논어에서 볼 수 없었던 제자들과의 얽힌 많은 이야기들을 더 깊이 알게 해주고 있다. 또한 자연스럽게 안회와 자로, 그리고 자공과 자하 등 많은 제자들의 활동상과 대화들을 들을 수 있게 해주고 있으며, 그 사람됨을 알게 해주고 있는 것이다. 그는 군왕들이 가지고 있는 일방적인 지배력의 행사와 지배욕과 성취욕의 충족을 위한 지배방법을 버리도록 강력히 호소하면서 신信의 중요성을 가르쳤고, 아울러 인仁과 의義, 그리고 예禮와 지知를 가르쳤다. 후일 맹자가 강력히 주장하고 정이와 정호, 주자가 부연해서 내세운 4단설 등은 공자가 그때 강력히 부르짖으면서 내세웠던 사상들을 보다 구체적으로 부연한 것에 불과하다.

그때 공자는 군왕들이 가지고 있는 지배력과 지배욕, 성취욕을 어떻게 하면 순화시켜서 백성들을 편안케 할 수 있는가와 인류의 보편적 가치로 승화시킬 수 있는가에 대하여 깊이 생각하고 고민했다. 그는 지배욕과 성취욕, 그리고 그를 뒷받침하는 지배력의 무력화無力化를 통한 이상향理想鄕을 실현시키는 방법으로 예禮와 신信, 인仁을 가장 강력히 내세운 것이다. 그 예와 신, 인은 백성들의 안녕과 인류애의 실현이라는 이상을 보다 구체적으로 실현시키기 위한 방안의 하나로 제시한 것은 분명하다.

이러한 노력에도 불구하고, 유교는 황제들과 군왕들이 갖고 있는지배력의 축소와 지배욕과 성취욕의 순화에는 완전히 실패했다. 그같이 실패한 원인은, 군왕들이 자진하여 덕치德治를 베풀면서 스스로 지배력을 축소시켜서 지배욕과 성취욕의 충족을 스스로 자제하도록 권장하는 데 그쳤기 때문이다.

이 점에서 그는 맹자가 주장한 백성이 첫째이고, 둘째가 사직이며, 셋째가 군왕이라는 민본주의 사상과, 폭군은 마땅히 정벌되어야 한다는 폭군방벌론暴君放伐論에도 미치지 못하는 소극적인 자세를 보이고 있었다. 이게 군주들의 호감을 사서 끝까지 정책적인 보호를 받는 결과를 낳았고, 존경받는 성인으로 남을 수는 있었으나, 민주주의 사상의 발전에는 한계를 긋는 사상이 되어버린 것이다.

그러한 온건론에도 불구하고, 군왕들과 황제들은 공자의 주장에는 귀를 기울이지 않으면서도 눈에 전혀 보이지 않고 있지도 아니한 부처와 극락, 그리고 존재하지도 않은 하느님을 내세우는 말에는 무조건 복종했고, 또한 벌벌 떨면서 철저히 굴종하는 자세를 보이기도 했다.

그러한 사실에 비추어 보면, 공자가 힘써 추구한 지배력의 축소와 지배욕과 성취욕의 순화는 실패할 수밖에 없었다. 그러한 구체적인 예로서는 우리나라 등 동양에서는 아이들이 철이 들면 서당에 가서 천자문을 배우고 곧이어서 소학을 배우면서 논어와 맹자까지 배워서 유교 사상을 몸에 익히게 했는데도 실패한 것이다.

더구나 관리들의 채용을 위한 과거시험에는 논어가 필수 과목이었는데도, 왜 공자의 가르침대로 세상이 변하지 아니하고 오히려 지배력과 지배욕, 그리고 성취욕은 군왕과 양반들을 중심으로 더욱 강화되었는가를 이해하기가 힘들게 하고 있는 것이다. 하지만 그런 결과도 인간의 본성을 바로보지 못한 데서 생긴 비극으로 귀착되는 것이다.

공자는 왜 성심으로 군왕에 대하여 충성忠誠할 것만을 강조했는가. 그것은 군왕에게 쓰임을 받아서 자기의 이상을 실현시키려 한 생각 때문에 생긴 비극이었다.

그는 남성 중심의 지나친 효 사상을 강조한 결과 효는 절대적 도덕으로 승화되었다. 그 결과 시묘侍墓살이를 양반의 필수생활로 정착시키게 했다. 조선조 성종 때, 최부崔簿가 왕명에 의해 추세경차관推刷敬

差官 도피 범인 색출관으로 임명되어 제주도에 갔다가 부친의 부음을 듣고 무리하게 돌아오던 중, 모진 폭풍우를 만나 중국 동남부에 표류된 후, 6개월 만에 구사일생으로 돌 아 온 사실이 있다.

그 후 왕명에 의하여 표해록漂海錄을 지어 올리느라고 제대로 복상을 못 입었고 시묘살이도 못했다. 그럼에도 당시의 조신들은 그를 부친의 시묘살이 도 안 하고 복상도 안 한 불효자로 낙인찍으면서 파직해야 한다는 극단적인 효 사상을 주장했다. 이는 곧 공자의 효 사상이 얼마나 사대부들의 의식을 세뇌시키고 있었는가를 말해주는 좋은 증거다.

또한 여성들을 남성의 종속물로 비하시키는 듯한 가르침을 함으로써 여성의 남성 종속화에 크게 힘을 보태주기도 했다. 공자가 왜 남성 중심의 가부장제도의 강화에만 몰두하고 왜 왕권의 강화에만 골몰했는가. 특히 왜 효도를 그토록 강조했는가를 깊이 살펴보면 공자사상의 한계를 보는 듯해서 마음이 무거워진다. 이것은 공자가 어릴 때 아버지를 일찍이 여의었기 때문이었다. 또한 여성을 비하한 것은 그의 처가 공자의 제자들과의 담론하는 것을 극히 싫어하는 모습을 보였기 때문에 모든 여성이 다 그런 줄 알고 비하하게 되었고, 그 결과 자기의 처까지 내쫓았음을 알 수 있다.

그는 그 때문에 성인이나 철학자 중 유일하게 아내를 내쫓은 사람으로도 유명하다. 실제로 여성들은 그런 강론 식 담론을 좋아하지 않으며, 왜 그런가는 다음 장에서 다시 재론하게 될 것이다. 이러한 현상은 조선조 말의 성리학의 거두였던 간재艮齋선생의 예에서도 볼 수 있다.

어떤 분의 말에 의하면 간재 선생이 제자들을 데리고 강론만 일삼으면서 어머니를 몹시 고생시켰다는 이유만으로 그 아들이 간재 선생을 비판하더라는 말을 전해 듣고 매우 놀란 일이 있다. 그러한 사실은 바로 삶을 중시하느냐, 아니면 이상을 중시하느냐에 귀결되는 것이기는 하나 그토록 많은 제자들이 하늘같이 모셨다는 간재 선생도 가정 내에서는 그렇지 않았구나 하고 필자도 놀란 것이다.

3. 왜 노후의 아내는 남편을 냉대하고 담론을 싫어할까

필자는 12세 전후, 마을의 유일한 『동아일보』 독자였던 50대 어른으로부터 당시 중국 중경에 있는 한국 임시정부이야기와 김구 선생에 대한 많은 이야기를 들은 바 있다. 그리고 미국 군함의 우수성과 엄청난 선박척수, 항공모함의 우수성과 건조능력, 척수의 압도 등의 이야기도 즐겨 들었다. 그분은 왠지 겨우 12세에 불과한 필자에게 그런 위험스럽고도 고급스런 담론을 매우 즐겼다.

그것은 아마도 필자가 "왜요", "그랬어요. 그래서요" 하고 잘 되물었기 때문일 것이다. 하지만 그 부인은 끄덕하면 찾아와서 "일은 않고 웬 쥐 알만한 새끼를 데리고 쓸데없는 소리를 하고 있어"라고 야단치면서 자기 남편을 끌고 갔다.

아마도 공자의 처도 고급담론만 일삼는 공자孔子에게 비슷한 자세로 불만을 표출했을 것이며, 그래서 아내를 내쫓고 여성 폄하의 생각도 갖게 되었을 것이다. 그런 현상은 플라톤의 처도 그랬고, 톨스토이의 처도 비슷했으며, 악처로도 유명했다. 또한 생업에 종사하면서 막

노동을 하는 노동자들도 그런 고급담론을 몹시 싫어하므로 그래서 이들도 소인으로 폄하됐을 것이다.

하지만 여성과 노동자들이 삶을 중시하면서 극성을 피웠기에 인류가 굶어죽지 않고 존속할 수 있었다. 만약 모든 사람들이 공자처럼 고급담론만을 일삼았다고 가정해보자. 결과는 뻔하지 않는가. 이로보아 담론이나 싸움만 좋아하고 생업을 멀리하는 남성만 있고, 거꾸로 생업에 힘쓰는 노동자들과 여성들이 없었다면 인류는 진즉 멸망했을 것이다. 이에 우리는 성性과 관련된 남녀 간의 특성을 깊이 살펴볼 필요가 있다.

이에 대한 지그문트 프로이트의 주장을 보면 사람의 어릴 때의 모든 행동을 성과 관련짓고 있고, 심지어 아버지를 미워하고 죽인 후 어머니를 차지하려는 오이디푸스 콤플렉스도 모든 남성이 다 갖고 있다고 주장한다. 하지만 그 주장은 근본부터 틀렸다. 왜냐하면 그는 맏아들로서 그 어머니와 연령차가 적었고, 또한 그 모친의 육체미가 남달랐기 때문이다.

그때 그는 어머니의 벗은 모습을 보고 크게 성욕을 느끼면서 모든 남성이 똑같다는 속단하에 그런 주장을 한 것이므로 소재 자체가 잘못된 것이다. 저 앞서 밝힌 바와 같이 모자간의 연령차가 많거나 중노동에 시달린 어머니, 기타 건강이 안 좋은 어머니들이 훨씬 많은 것을 상기한다면 그런 엉뚱한 성욕이 생길 수가 없다. 또한 그는 여성을 학대하는 새디즘과 꿈도 성과 관련되었다고 주장한다. 하지만 필자는 새디즘에 대해선 조금 이해하지만 꿈은 터무니가 없다고 생각하는 것이다.

그는 한마디로 사람에겐 의식과 무의식의 세계가 있고, 무의식의 세계는 수면 아래에 있는 빙산과도 같아서 더 큰 데도 사람이 의식치 못할 뿐이며, 사람의 행동은 무의식에 더 지배받는다고 주장한다. 과연 그 말이 맞는 말일까. 그런 주장은 어릴 때는 모르겠으나 성년 후의 생활과는 맞지 않는다.

그는 사람의 심리를 이드본능와 자아, 초자아超自我로 나누면서, 이드는 맹목적이고, 자아는 이기적이며, 초자아는 전체를 보면서 행동할 줄 아는 이타적인 이성으로 분류하고 있다. 그러면서 그는 이타와 이기가 서로 견제함으로써 사람의 올바른 행동이 가능한 것이라고 주장한다.

하지만 인간의 지배력과 지배욕, 성취욕이 인간행동을 결정하고, 그 바탕은 종족 번식에 기초하고 있다는 필자와 같은 주장은 한마디도 한 바 없다. 또한 필자의 경험은 아버지를 죽이고 어머니를 차지하려한다는 주장도 너무 지나친 주장이고, 또한 극히 일부의 예를 제외하곤 터무니없는 주장에 불과한 것이었다.

필자는 여기서 오이디푸스 콤플렉스와 관련한 경험을 소개해 보겠다. 필자의 초등교 5학년까지는 전시여서 겨우 1학년 때만 운동회가 있었다. 그런데 필자에겐 유별나게 두통병이 많았다. 그때도 며칠 연습하다가 심한 두통 병이 생겨서 학교를 쉬었다. 운동회 날이 되었다. 필자는 너무나 운동회가 보고 싶어서 병이 다 낫지 않았는데도 학교를 찾아갔다.

그때 학부형 석에 앉아서 담임인 마쓰모토 우메꼬松本梅子선생이 짧은 스커트치마를 입고 호각을 휙휙 불면서 뒷걸음으로 우리 반 아이들을 인도하는 것을 보고 얼마나 멋있게 보였던지, "마쓰모도" 선생이 어머니였으면 얼마나 좋을까" 하고 골똘히 생각한 일이 있다. 하지만 아버지를 죽이고 어머니를 빼앗아서 살고 싶단 생각은 꿈에도 한 일이 없었다.

그 때문에 프로이트의 학설은 틀린 것이다. 그리고 꿈도 많이 꾸어 보았으나 성과 관련 없는 꿈이 훨씬 더 많았다. 따라서 성과 관련된 행동으로서 아들과 부모간이나 꿈과 관련시키는 것보다는 부부간의 젊은 때와 노후를 비교하는 게 더 정확한 답이 될 것이다. 따라서 부부간의 간격이 변화하는 모습을 살펴보면 성이 얼마나 중요한가를 다시금 깨닫게 해준다.

노후 남성들의 이야기를 종합해보면 세상에서 가장 무서운 게 아내란다. 왜 그럴까, 그러나 조금만 깊이 생각해보면 정답이 곧 나온다.

그것은 여성도 남성과 같이 자기의 DNA를 연장시킬 수 있는 젊은 때는 서로가 상대에 대한 수요가 많아서 부부애를 이루고 잘 산다. 하지만 배란기를 벗어나면 자기의 DNA연장은 불가하므로 남편이 필요치 않게 됨으로써 냉대해지고 구박까지 하게 되는 것이다.

노인학에서는 이런 현상을 노후에는 여성에게 남성 호르몬 분비가 많아져서 억세어지는데 반하여 거꾸로 남성에게는 여성 호르몬 분비가 많아져서 부드러워지므로 성격이 그리 변한다고 말한다. 하지만 필자의 생각은 전혀 다르다. 한마디로 노후의 여성에게는 남성이 불필요해져서 냉대하게 되고, 남성은 70~80대까지도 정자를 배출하고 있어서 DNA의 연장이 가능하기 때문에 아직도 아내가 필요하여 학대하지 않는 것으로 보고 있다.

인간이란 상대에 대한 수요가 있으면 친절해지고, 없으면 냉대해지기 마련이다. 필자는 어느 일본 동경대 교수였던 분의 딸이 쓴 글 중에 아버지를 학대하는 어머니를 보고, "고결하셨던 학자였고, 명 교수였던 아버지를 어찌 저토록 구박하고 학대할 수 있는가"라는 피맺힌 절규의 글을 읽고 충격을 받은 일이 있다. 이런 현상은 정도의 차이는 있으나 모든 사람이 다 겪는 현상이다.

더구나 노후의 여성은 남성호르몬의 분비 증가로 지배욕이 강해졌는데도, 거꾸로 아들을 며느리에게 빼앗겨서 그 상실감까지 더해졌는데도 별거하는 며느리를 학대할 수 없게 되자, 그게 이젠 남편으로 전이하고 있는 현상이라는 생각을 가지고 있다.

이를 보면 인간의 본성이 얼마나 번식과 깊은 관계가 있는가를 알 수 있다. 우리는 이를 이해하고 미리 대비해야 한다. 따라서 노후의 여성은, "나도 통속적인 속물의 여성이 되어가는 것 아닌가"라고 항상 반성하면서 부부애를 유지하도록 노력해야 한다.

또한 남성도 "내가 젊어서 너무 군림했던 게 아닌가, 이제라도 잘해 주어야지"라고 반성하면서 할머니에게 헌신하여 노후의 불행을 막아야 한다. 번식이 가능한 때의 여성의 부드럽고 헌신적인 자세가 인류를 존속시켜왔다면, 번식이 불가능하여 남자가 필요치 않으므로 냉대하는 자세로 전환한 것을 자연의 섭리로 이해하고 꾹 참아야 할 것이다. 또한 공자는 물론 모든 남성이 어머니를 통하여 태어났고, 어머니의 젖으로 성장할 수 있었음을 되새겨서 생업을 중시하는 여성을 너무 폄하해서는 안 된다.

효孝와 관련해서도 필자의 생각은 또 다르다. 사람은 누구나가 다 부모를 일찍 여의면 유별나게 부모를 사모하고 그리워하게 된다. 공자도 사람인지라 그랬다. 그 때문에 그는 유별나게 효를 강조한 것이다.

그런 결과는 부모가 죽은 후에 묘 옆에서 3년 동안 살아야 하는 시묘侍墓살이를 사대부의 행동강령으로 정착시키는데 크게 기여했으나, 이로써 인류의 문화생활을 크게 퇴화시키기도 했다.

이러한 비극은 한말에 수만 명의 의병을 거느리고 의병활동을 하던 의병장 이인영이 그 스스로 팔도 의병들을 집합시켜 놓고서도 부모 사망이란 부음을 들은 후에 그 부하들을 놓아둔 채, 홀홀히 무기를 버리고 집에 돌아가서 상을 치룬 후, 시묘살이를 했던 비극의 원인이 되기도 했다.

공자가 노나라에서 대사구를 지낼 때, 부모에 불효한다는 이유로 자식을 고발한 사건에 관하여, 고발한 그 아버지부터 구속하여 혼낸 사실이 있다. 이로 보면 공자의 효 사상이 무조건적인 효사상은 아니었음을 알 수 있으므로 지나친 효사상은 공자의 본뜻을 왜곡하고 있는 것이다.

그로 보면 지나친 시묘살이는 공자의 한쪽 주장만을 너무 지나치게 따른 것이다. 그는 군왕제도라는 틀 안에서 지배체제와 지배력, 지배욕, 성취욕, 등을 순화시켜서 백성들을 편안케 하면서 완전한 도덕사회를 실현시키고자 노력했으나 실패했다. 그는 군왕들이 가지고 있는 지배력을 억제시키고 지배욕과 성취욕을 순화시키는 개혁에 온갖 정력을 다 쏟았다. 그러나 그는 군왕들의 자비심에만 기대하면서, 이상국가理想國家실현에 노력했을 뿐이었기에 실패한 것이다.

이러한 결과는 한나라 무제 때에 이르러 유교와 그 경전들이 국가의 관리들을 선출하는데 있어서 필수과목으로 채택될 수 있게 해 주었다. 하지만 그의 사상은 군왕에 대한 섬김과 충성만을 강조했을 뿐, 군왕들이 갖고 있는 지배력과 지배욕, 성취욕을 완전히 박탈하는 사상을 제시하지는 못했다.

이와 같이 공자의 사상은 백성들이 주인이 되는 민주혁명의 사상과는 거리가 멀었으므로, 유교사회에서는 민주혁명 사상이 싹틀 수가 없게 했다. 그와 반대로 서구에서는 일찍이 "군주는 살해되는 일은 있어도 교육되는 일은 없다"거나 "권력은 스스로 내버리는 사람은 없다"는 사상이 보편적 사상으로 승화되면서 결국은 그게 혁명사상으로 발전할 수 있었으나 동양은 그와 정반대였다.

한마디로 공자의 사상과 행동반경은 군주제도를 끝까지 옹호했다. 그는 군자가 오직 두려워하는 것은 천명天命과 대인大人, 그리고 성인聖人뿐이라고 말했고, 백성들이 두렵다는 말은 하지 않았다. 이게 바로 서구사상과 동양사상과의 차이점이 되었다. 따라서 지배력과 지배욕, 성취욕의 억제는 서양에서 일어난 민주주권 사상 때문에 성공할 수 있었다.

제13장
민주화는 군주의 지배력과
지배욕의 억제에 성공했다

1. 지배력과 지배욕의 억제는 영국에서 시작되었다

공자가 군왕들의 지배력과 지배욕을 억제하고 순화시켜서 왕도정
치를 실현해 보려던 이상은 완전히 실패했다. 하지만 그 지배력과 지
배욕의 억제로서 군왕의 절제를 통한 바른 정치를 해보려는 실천운동
은 영국에서 시작됐다. 물론 그보다 10세기도 더 앞선 시대에 그리스
에서 민주주의가 시행된 일이 있다고 역사는 전한다.

하지만 그리스의 민주주의는 나라의 면적과 인구가 작았을 뿐 아니
라 그 후의 중세기의 암흑기에는 완전히 자취를 감춘 바 있었으므로,
영국과 미국, 프랑스에서 이루어진 민주주의 혁명운동은 그 계승이
아니다. 그간 이 제도는 1천여 년이 훨씬 넘게 단절된 상태였으므로
현 민주주의제도가 그리스의 민주주의를 이은 제도라고 볼 수는 없는

것이다.

영국에서 처음으로 군왕의 지배력 행사에 제동을 걸면서 군왕들의 지배력과 지배욕의 억제를 위해 투쟁을 시작한 것은 1215년의 대헌장 Magna Carta사건 때부터다. 당시 영국의 존 왕이 실정을 거듭하면서 백성들을 괴롭히자, 제후들이 들고일어나 61개조의 특허장을 존 왕에게 제시하여 조인케 함으로써, 과세와 재판 등에 대한 군왕의 지배력과 지배욕을 현저하게 억제시켜서 농민들을 제외한 모든 사람들의 인권을 보장시킨 사건이 발생한 것이다. 그 후 이 대헌장 Magna Carta은 국정의 지표가 되고 영국 헌법의 성서가 되었으며, 그 후 어느 군왕이라도 이를 위배하면 귀족과 일반 백성들의 저항을 받게 되었다.

이런 과정에서 국회가 창설되고 그 국회에는 제후, 승려, 귀족, 도시의 대표자들이 참석하게 되었다. 특히 하원은 차차 범위를 확대하여 지주와 신흥 시민까지 참가하는, 현대적 국회로 발전될 수 있었다. 그 후에도 군왕 중에는 영국의 제임스 1세와 프랑스의 루이 14세처럼, 왕권은 하느님이 주신 것이라 하여 이른바 왕권신수설王權神授說에 도취하여 지배력을 마음껏 행사함으로써, 지배욕과 성취욕을 만끽하려는 제왕들도 나타났다.

그 때문에 다시 백성들과의 충돌이 크게 발생했고, 급기야는 1628년에 이르러 찰스 1세 때에 제3의회가 중심이 되어 찰스 1세에게 "권리의 청원Petition of Right"을 제출했다. 그때 제출된 중요 골자는 의회의 승인 없이는 조세, 증여, 공채, 헌금 등을 부과할 수 없다는 것과, 백성들을 법률상 근거 없이 체포하거나 감금할 수 없다는 등의 내용이었다.

이런 내용들은 한마디로 군왕의 지배력을 약화시킴으로써 백성들의 인권과 재산상의 권리를 보장하는 내용이었으므로, 찰스 1세는 반대했으나 끝내는 역부족하여 서명함으로써 대헌장 다음 가는 근본법이 되었다.

그 후에도 찰스 1세의 실정은 거듭되었고, 더구나 스코틀랜드와의 분쟁에서 패하여 많은 배상금 등을 지불해야 할 입장이 되었다. 이를 위해 그는 1640년에 영국의 제5회 의회를 소집했다. 그때 왕과 귀족들 간에는 큰 충돌을 일으켜서 왕의 측근들이 반란죄로 감금되거나 사형에 처해졌고, 왕의 특별재판소와 황실 청, 특설 고등법원 등이 폐지되었다.

또한 돈세 등 여러 세금의 징수를 금지당했고, 의회는 왕의 소집 없이도 3년마다 독자적으로 자유롭게 열 수 있도록 함과 동시에 의회의 동의 없이는 의회를 해산하거나 정지할 수 없도록 했다.

찰스 1세는 이에 격분하여 무력으로 의회를 해산하려 했으므로, 의회 측도 군사를 모집하여 대항함으로써 1642년에는 드디어 내란이 일어나서 8년간이나 계속되었다. 이때의 백성들의 중심세력은 산업자본가와 근대적 지주를 기반으로 하는 청교도였으므로, 이를 청교도혁명이라 말한다. 이때 의회군은 명지휘자인 올리버 크롬웰에 의해서 지휘되었으며 1648년에는 드디어 내란이 평정되었다.

그러나 혁명군 측에 내분이 발생하여 시끄러운 가운데, 구속된 찰스 1세가 탈출한 후 스코틀랜드 군과 연합하여 다시 쳐들어왔다. 이때 독립파는 크롬웰을 중심으로 다시 뭉쳐서 대결한 결과, 찰스 1세는 또다시 패전했다. 드디어 그는 1649년에 사형 당함으로써 영국의 왕정은 일시 단절되는 현상이 발생한 것이다.

2. 군왕의 지배력과 지배욕을 꺾은 자, 거꾸로 독재자가 되다

찰스 1세가 처형되자, 곧 공화정을 선포하고 이어서 군사력을 배경으로 한 크롬웰의 독재가 10년간 지속되었다. 그 후 크롬웰이 죽고, 그 아들이 집권했으나 너무나 무능하여 곧 물러났다. 이때 지주층과 귀족, 그리고 산업자본가들의 의견에 따라 또다시 찰스 1세의 아들인 찰스 2세를 왕위에 복귀케 함으로써 그가 다시 영국을 장악하게 되었다. 여기서 우리는 중요한 사실을 발견할 수 있는 것이다.

그것은 권력의 핵심인 지배력과 지배욕은 그것을 쥔 자가 스스로 버리거나 자진해서 내놓지 않는다는 사실이다. 또 하나는, 지배력과 지배욕, 성취욕을 억제하려는 저항도 본질에 있어서는 똑같은 지배욕, 성취욕에 터 잡은 지배력에 불과하다는 사실이다. 그 때문에 저항한 당사자도, 기회만 오면 똑같은 지배력을 행사하면서 지배욕과 성취욕의 화신이 되어 지배욕과 성취욕을 충족시키려 한다는 사실이다.

크롬웰은, 한때 군왕의 독재 권력을 타도하기 위해 최전선에서 싸운 혁명가였으며 개혁파였다. 또한 왕이 무소불위로 행사하는 지배력과 지배욕, 성취욕을 거세시키기 위해 생명을 걸고 싸운 사람이었다.

그럼에도 그가 군왕을 잡아 죽인 후에는 군사력이라는 지배력의 뒷받침을 받고 10년간이나 독재를 했다는 사실이다. 그가 찰스 1세와 생명을 걸고 한참 싸울 때는 그 누가 크롬웰 스스로가 독재자로 변질될 것을 상상이나 했겠는가. 이게 바로 인간이 가슴 깊이 간직하고 있는 지배욕과 성취욕의 실상인 것이다.

그 때문에 인간의 본성은 바로 지배욕과 성취욕으로 뭉쳐져 있고, 그 본성은 지배력만 확보할 수 있다면 누구나가 다 지배욕과 성취욕을 만끽하려 한다고 주장하는 것이다. 이러한 사실은 외국의 예로서는 나폴레옹의 1세와 3세가 그랬고, 레닌과 스탈린, 그리고 마오쩌둥도 다 그랬다.

국내에서는 이승만 박사가 그랬고, 박정희가 그랬으며, 김일성도 똑같이 그렇게 변질해버리는 것을 우리는 두 눈으로 똑똑히 보아왔다. 이분들은 한결같이 적의 강한 지배력과 지배욕을 분쇄시키기 위해 사선을 넘나들면서 일본과 싸운 사람들이다.

한마디로 이승만 박사와 김일성 주석은 일본의 무서운 지배력과 지배욕을 억제시키고 또한 그 지배력을 말살시키기 위해, 목숨을 걸고 싸운 사람들이었고, 특히 김일성은 무모할 만큼 대담한 게릴라전을 펼쳐서 세상 사람들을 깜짝 놀라게 했다. 박정희도 불의와 타협하지 않으면서 강직한 군 생활을 하면서, 기득권 측의 부패에 따른 불법한 지배력과 지배욕, 성취욕을 말살시키기 위해 목숨을 걸고 쿠데타를 일으킨 사람이다.

그런 그가 2년 안에 군에 원상 복귀하겠다고 공약했으나, 끝내는 국민의 선거권까지 박탈하면서, 영구집권을 꿈꾸는 독재자가 되었다. 또한 자기의 말이 바로 법이 되는 긴급조치를 1호부터 9호까지 남발하면서 무고한 민주주의자들을 투옥하고 탄압했다. 그 때문에 그는 자기가 신뢰했던 부하로부터 사살당하는 비운을 맞기도 했다. 그렇다면 북한의 김일성 주석은 어떤가. 그도 빨치산 운동을 통하여 일본경찰들에게 일대 통격을 가함으로써 그들의 간담을 서늘케 한 전설적인 무장 투쟁가였다.

하지만 그는 그런 공로에도 불구하고 한 번 권력을 잡은 후에는 그 권력의 맛에 취해서 전대미문의 장기집권에 독재까지 자행하면서 북한 동포들을 굶주리게 했다. 그는 한술 더 떠서 권력을 세습까지 시켰다. 이를 생물학적으로 보면 자기의 연장에 불과한 김정일로 하여금 계속하여 집권케 한 것이므로, 결국은 자기가 계속하여 집권하고 있는 것에 불과한 것이다.

이로써 김정일로 하여금 지배력을 영구히 장악케 함으로써 지배욕과 성취욕을 가장 만끽하는 사람이 되어 버렸다. 그런데 더욱 놀라운 것은, 김정일도 그 아버지를 닮아서 권력을 또다시 세습시킴으로써 똑같은 과오를 범하고 있는 것이다.

그런 결과는 북한 백성들로부터 자유와 창의력, 그리고 무엇인가를 이룩해 보려는 각자의 지배력과 지배욕, 성취욕을 완전히 말살시켜 버렸다. 또한 그들은 인간다운 삶과 인간의 존엄성을 빼앗음으로써 백성들을 완전히 짓밟아 버린 것이다. 그들은 이로써 북한주민들로 하여금, 각자 자기 능력대로 발전할 수 있는 능력을 억제함으로써 무엇인가를 성취할 수 있는 기회를 박탈해버린 것이다.

또한 그들은 자유와 인권, 그리고 창의가 얼마나 중요한 것인지조차 깨닫지도 못한 채 가난과 굶주림에 떨고 있는 것이다. 이로 인해 북한은 이 지구 상에서 가장 희극적인 나라가 되어가고 있는데도 그것조차 모르고 있는 것이다. 이런 사실을 종합하여 판단해본다면 어떤 혁명가나 독립운동가도 그 바탕은 지배력과 지배욕, 성취욕이 작용해서 일으킨 혁명이거나 독립운동이었음을 깨닫게 해준다. 따라서 권력 지배력이 너무 비대하여 독재화할 기미가 보이면 반드시 미리 거세해야 한다는 진리를 우리들에게 알려주고 있는 것이다.

3. 영국은 다시 민주화의 대장정에 일어섰다

다시 말을 바꾸어서, 영국의 혁명사와 독재형태를 살펴봄으로써 인간의 지배욕과 성취욕이 얼마나 끈질긴가와 누구나 다 지배력만 확보하면 지배욕과 성취욕을 충족시키기 위해 어떻게 변질되는가를 살펴봄으로써, 우리의 타산지석으로 삼을까 한다.

영국은 크롬웰이 죽고 얼마 후, 제임스 2세로 다시 지배력이 넘어갔으나 그 치세도 또다시 전제정치로 치달아서 비난받았다. 이 때문에 다시 백성들이 들고일어나자, 그는 1688년에 왕인王印을 템스 강에 버리는 추태까지 벌이면서 프랑스에 망명했다. 이때는 피 한 방울 안 흘리는 무혈혁명이 이루어졌으므로 이를 가리켜 명예혁명이라고 칭하며, 새로이 왕으로 추대되는 윌리엄과 메리는 의회로부터 공동으로 왕관을 받으면서 의회가 제출한 권리의 선언을 승인했으며, 이를 권리장전Bill of Rights이라고 한다.

그 내용은 입법은 물론, 거의 모든 국권행위가 의회의 승인이나 동의 없이는 불가토록 규제하고, 아울러 언론 자유와 상비군의 유지도 의회의 동의 없이는 못하게 함으로써 왕의 지배력을 억제하여 지배욕과 성취욕의 순화에 성공한 것이다. 이러한 과정을 보면 인간의 지배력과 지배욕을 억제하는 일과 성취욕을 순화시키는 일은 관념적인 이론이나 교육으로 이루어지는 게 아니라는 사실을 알 수 있게 하는 것이다. 이는 기득권자들이 갖고 있는 지배력보다 훨씬 더 강력한 반 지배력의 엄청난 저항만이 현 지배권자의 지배력을 거세시킬 수 있을 뿐임을 알려주고 있다. 또한 이러한 혁명은 학술적인 이론이나 집권자의 자비로 이루어지는 게 아니라는 사실이다. 그 후, 학술적으로 존 로크의 "군왕이 권력을 남용했을 때, 인민들이 권력의 회수를 위해 혁명적 수단을 취하는 것은 당연한 권리이며 의무"라는 사상이 등장하였다. 곧이어서 몬테스큐는 "법의 정신"에서 3권 분립을 주장하면서, 3권 분립만이 전제정치를 방지할 수 있고 백성들이 자유를 누리게 할 수 있다고 주장했다. 그 후에도 여러 사람의 주장에 의해서 민주주의의 정당성과 타당성이 강조되는 이론이 마련되었다.

그 후 루소가 등장하여 민약론, 인간불평등기원론 등을 통하여 사회 계약설에 의한 인민 주권설 등을 주장함으로써 군주의 지배력과 지배욕, 성취욕의 억제를 통한 순화작업은 이론적으로도 커다란 진전을 보였다. 그러나 아직도 군왕이 갖고 있는 지배력과 지배욕 · 성취욕의 억제와 순화는 완벽하게 완성된 것은 아니었다.

4. 미국 독립과 민주화는 프랑스 대혁명을 유발시켰다

1770년대에 접어들면서 새로운 국면이 벌어지기 시작했다. 그것은 미국의 독립과 이와 병행하여 이루어진 민주혁명이며, 그 후 뒤따라 일어난 프랑스의 대혁명이었다.

미 대륙의 13개주를 중심으로 한 독립은 순조롭게 이루어진 게 아니다. 당초 미 대륙에 이주해온 영국인들은 영국의 압제가 싫어서 이민해 왔다. 그럼에도, 이민해온 대륙사람들에게까지 각종 세금 폭탄과 인권억제의 행패가 계속되었으므로 자연스럽게 저항하는 기류가 만연되어 그 열기가 영국으로부터 완전히 독립해야 한다는 데까지 성숙했다.

처음은 부정적인 기류가 더 강했다. 그러한 우여곡절 끝에 독립의 기치를 높이 들었으나, 미 독립군은 무기와 식량 등에서 영국군에 비해 훨씬 열악했다. 이때 때마침 식민지 등을 놓고 영국과 다투어오던 프랑스가 영국을 약화시킬 목적으로 미 독립군을 적극 지원하면서 전쟁을 시작함으로써 사태는 반전되기 시작했다.

그에 힘입어 사기를 잃지 않고 끝까지 싸울 수 있었고, 결국은 독립을 쟁취하는 데 성공한 것이다. 그런데 이 독립군들은 새로운 정부 형태를 왕의 존재를 전제로 하는 군주제도로 할 것인가, 아니면 백성을 주인으로 하는 민주제도로 할 것인가를 두고 상당한 진통을 겪기도 했다.

그런 시련 끝에 백성들이 주인이 되는 민주정부를 선택함으로써, 우리 인류사상 처음으로 민주주의다운 민주정부를 수립할 수 있게 된 것이다. 물론 여기에는 이민 온 사람 중에 단 한 사람도 왕의 핏줄이 없었고, 또한 그간 군주제도하에서 많은 억압과 고통을 받아왔기 때문에 새 천지에서는 새로운 제도를 실시해야 한다는 혁명사상이 보편화될 수 있었고, 또한 대중화될 수 있었던 게 민주정부 수립에 큰 밑거름이 되었다.

미국이 무력으로 독립을 쟁취하면서 또 한편으로는 전대미문의 주권재민主權在民의 민주혁명까지 성공하자, 그 영향은 이를 지원한 프랑스에게 가장 강력하게 파급됐다. 그것은 프랑스가 미국의 독립을 지원하기 위해 선전포고까지 하면서 5년 동안이나 싸웠으므로, 독립운동을 할 때부터 프랑스 시민들의 화제는 자연스럽게 미 독립군의 활동 상황과 정부형태의 독특성에 화제가 집중되었다.

이에 따라, 프랑스에도 민권사상과 함께 민주주의에 대한 기대가 크게 일어나기 시작했다. 이때 마침 프랑스에서는 미 독립군 지원에 따른 재정 적자문제를 협의하기 위해 루이 16세는 어쩔 수 없이 3부회를 열게 되었는데, 그 해가 1789년 5월이다. 이를 계기로 지하에 잠복해 있던 민권사상이 수면 위로 떠오르게 되었고, 급기야는 제3신분인 시민 중심의 국민의회가 따로 조직되었다. 그 후 곧 국민의회는 헌법제정위원회로 개편되었다. 이와 때를 같이하여 혁명을 요구하는 소리가 신문, 연설 등을 통해 파리는 물론 전국에 퍼지면서, 백성들 간에는 열띤 토론이 벌어지는 현상과 함께, 근위병近衛兵왕 호위병이 반란을 일으키는 기현상까지 발생했다. 이에 루이 16세의 지배력은 현저하게 땅에 떨어져서 무정부상태로 변해갔다.

거기에 루이 16세가 곧 국민의회까지 해산시킬 것이라는 유언비어가 횡행하자, 드디어 파리의 민중들이 들고 일어나 시청을 점령한 후 자치행정조직과 함께 국민의용대를 만들었다. 이 과정에서 백성들의 동요와 흥분이 고조되어 드디어 폐병원廢兵院을 습격하여 무기를 탈취하고 끝내는 정치범을 가두고 있었던 바스티유 감옥까지 파괴한 후 정치범들을 석방했다. 이로써 루이 16세의 지배력은 사실상 종언을 고하게 된 것이다. 그때 루이 16세도 민심의 수습을 위해 갖가지 노력을 다했으나 이미 때는 늦어서 수습할 수가 없었다.

여기에 농민들까지 가세하여 폭동을 일으키면서 영주의 저택을 습격하는 사태까지 발생했다. 그와 함께 교회와 귀족들에게 바치는 조세와 부역을 거부하면서 독점과 매점을 일삼는 상인들의 집까지 소각시키는 사태까지 발생하자 프랑스 사회는 완전히 무법천지가 되어 버렸다.

사태가 이와 같이 악화되자, 의회도 놀라서 영주들이 가지고 있었던 재판권 등 모든 특권과 조세를 폐지하는 등의 결의를 함과 동시에 역사적인 인권선언人權宣言을 하기에 이른 것이다. 이 인권선언은 현대 헌법학에서도 가장 중요시하는 민주주의의 성전이다.

따라서 인권의 보장이 없는 국가는 바로 비 민주주의 국가로 낙인찍히게 되는 것이며, 따라서 민주주의 국가인가 여부를 가려내는 데 하나의 척도가 되고 있는 것이다. 그 내용과 골자는 사람은 날 때부터 자유와 평등의 권리를 가지고 태어났으며, 모든 주권은 인민에 있다는 것과 언론, 출판, 집회의 자유와 결사의 자유, 재산권의 자유 등 거의 완벽한 민주주의의 성전聖典의 내용들을 담고 있다. 하지만 아직도 루이 16세는 지배력과 지배욕의 유지에 미련이 남아 있어서 봉건적 특권의 폐지를 반대했다. 또한 인권선언을 승인하지 않았을 뿐만 아니라, 오히려 근위병을 강화하여 무력으로 의회를 탄압하려 했다. 이 말을 전해들은 굶주린 파리 시민들이 부인들을 중심으로 궐기하여 베르사유에 있는 왕궁에 난입했고, 거기에 머물고 있었던 왕과 가족들을 파리로 데려왔다. 이때 국민의회도 파리로 옮겨 옴으로써, 파리는 명실이 상부한 수도가 되었다.

이로써 루이 16세는 파리 혁명시민의 감시하에 놓이게 됨으로써 세가 몹시 불리해지자, 어쩔 수 없이 봉건적 특권의 폐지와 함께 인권선언을 승인하기에 이르렀다. 하지만 루이 16세는 기회 있을 때마다 반동하려 했다. 그러한 파란 속에서도 1791년도에 제정된 헌법은 아직은 입헌군주제로서 루이 16세를 인정하고 있었다.

그 후 헌법제정의회는 해산되고 새로이 1원제의 입법의회가 설립되었으나, 이 의회는 온건파인 푸이양 당과 공화주의를 신봉하는 지롱드 당, 자코방 당 등으로 분열되었다. 이때 영국, 오스트리아, 프로이센 등 주변 국가들은 처음에는 프랑스의 혁명을 동정의 눈으로 바라보다가 그 혁명의 불길이 자국에까지 번지려하자 집단적으로 혁명을 비난하는 성명을 발표했으며, 결국은 전쟁까지 발발시켰다.

그때에 혁명의 열기에 싸여있었던 프랑스 백성들은 용기백배하여 전쟁을 승리로 이끌어서 연합군을 물리치는 데 성공했다. 그 후에도 혁명의 열기는 더더욱 강해져서, 1792년에는 보통선거에서 선출된 의회국민공회가 조직되고 여기서 왕정폐지를 결의했으며, 끝내는 루이 16세와 그 가족들을 유폐시키기에 이르렀다. 이에 루이 16세는 밤에 몰래 오스트리아로 탈출하다가 발각되어 회송되어 왔고, 드디어 재판을 받게 되었으며 끝내는 사형을 선고 받고 파리의 혁명 광장에서 처형되었다.

이게 도화선이 되어 영국, 오스트리아 등 4개국의 대불동맹이 맺어졌으며, 그 이후에는 여러 차례의 전쟁도 있었다. 이런 과정에서 나폴레옹이 등장하게 되었고, 결국은 프랑스가 다시 왕정으로 복귀하는 불행한 사태가 발생한 것이다. 이는 인간에게는 기회만 있으면 지배력이 강한 자가 나타났을 때 반드시 지배욕과 성취욕을 충족시키기 위한 군왕이나 독재자가 나타나게 된다는 역사적 진리를 보여주고 있는 것이다. 그게 바로 프랑스의 제정으로의 복귀였고 산 증거였다.

5. 글로써 소년들을 세뇌시킬 수 있음을 뼈저리게 경험했다

여기서 필자가 꼭 하고 싶은 말이 있다. 그것은 루이 16세의 유폐와 사형에 관련해서다. 필자가 프랑스 혁명을 알게 된 것은 초등학교 4학년 때다. 그때 우리 반 80명을 위해 선배들이 벼를 베어서 번 돈으로 100권의 아동문고를 마련해 놓은 게 있었다. 그 아동 문고 중에는 서양사 물어西洋史物語라는 상·중·하로 된 세 권의 서양사 책이 있었다. 그 책 중 하권을 열어보면 첫 장에 프랑스 대혁명이 나와 있다.

당시는 일제 때였으므로 그 책이 일본말로 되어 있음은 당연했다. 또한 일본은 군왕제도 때문인지 프랑스 혁명을 좋게 서술한 게 아니라, 천하불한당 같은 폭력배들이 난리를 일으켜서 나라를 어지럽힌 사건으로 기술되어 있었다.

그러면서도, 혁명 끝에 나타난 나폴레옹만은 영웅으로서 잔뜩 치켜올리고 있었다. 그 중에도 루이 16세와 황후 등을 유폐시키면서, 갖가지 방법으로 학대하던 모습들을 너무나 비참하게 써놓고 있어서 그때 필자는 이것을 읽고 엉엉 울었다. 세상에 일국의 국왕을 그토록 개, 돼지 취급하다니, 그들은 인간이 아니라는 생각과 함께 혁명군이라는 무뢰배들에게 적개심이 부글부글 끓었다.

그 당시의 학생들은 누구나가 다 철저한 세뇌교육으로 일본천황에 대한 엄청난 경외심을 갖고 있었으므로, 필자만이 아니라 그 누구도 그 글을 읽었다면 격분치 않을 수가 없었을 것이다. 하지만 혁명의 목적이나 민권사상 등의 민주주의 사상과 그 장점에 대해서는 단 한 마디도 쓰여 있지 않았다.

그 때문인지 우리들은 장차 커서 천황폐하를 위해 마땅히 죽어야할 것으로 굳게 믿고 있었을 때인지라 당연한 것으로 생각했다. 하지만 그로부터 1년여 만인 1945년 8월 15일에 해방을 맞이한 후, 필자는 물론, 모든 학생들이 허탈감에 빠짐과 함께 그간 우리들이 일본 사람들의 세뇌교육에 얼마나 많이 속아왔는가를 깨닫게 된 것이다.

이를 보면, 북한 주민들이 왜 그토록 김일성의 3대 부자들에게 미쳐있는가를 알 수 있을 것이다. 이러한 세뇌교육은 북한에만 있는 게 아니다. 국내의 각종 종교계에도 비슷한 세뇌교육을 하고 있어서 그들은 정신적 세뇌교육의 희생물이 되어있다 해도 과언이 아니다.

6. 영·미·프랑스의 지배력 억제와 민주혁명의 발자취

프랑스 혁명의 성공은 곧 영국, 오스트리아, 프로이샌 등 주변의 여러 나라 왕실에 커다란 충격과 함께 위협을 주었다. 그들은 프랑스의 혁명 열기가 자국에까지 퍼지지 않을까 하여 이를 저지하기 위한 방법으로 여러 차례 동맹을 맺고 프랑스를 위협했으나 혁명 열기에 불타는 프랑스 군을 이길 수는 없었고, 매번마다 패전의 쓴잔을 마셨다.

그러다가 나폴레옹의 등장으로 새로운 국면을 맞이하게 되었다. 나폴레옹은 한때, 영국을 제외한 유럽 전 대륙을 지배하면서 호령하기도 했으나 러시아 원정의 실패와 뒤이은 나폴레옹의 유배, 다시 코르시카 섬에서의 기적 같은 탈출과 재기, 워털루 전서의 패배 등 파란을 겪은 끝에 나폴레옹의 100일 천하도 막을 내렸다. 이러한 결과는 유럽에 보수의 열풍을 몰고 왔고, 그 대표적인 예가 오스트리아 수상 메테르니히의 보수체제이며, 이에 프랑스의 혁명과 그 정신은 매몰되는 듯했다.

그 후 프랑스에선 7월 혁명이 있었음에도 불구하고, 결국은 다시 나폴레옹 3세의 제정 복귀로 귀결됨으로써 프랑스 혁명은 그 빛이 크게 바래고 있었다. 하지만 나폴레옹 3세의 남미에 대한 내정간섭을 계기로 먼로 미 대통령은 미주에 대한 내정간섭을 단호한 태도로 반대하면서 이를 저지시킴으로써 미국만은 민주주의가 굳건하게 건재하고 있음을 과시하고 있었다.

그 후 프랑스는 다시 2월 혁명을 거치는 등 파란은 있었으나 결국

민주화에 성공했다. 하지만 유럽대륙에서는 독일과 이탈리아의 통일이 이루어지면서 오히려 제정이 강화되어가고 있었으므로 민주주의는 영원히 재생할 수 없는 꿈으로 되어 가는듯했다. 특히 독일과 오스트리아 그리고 이타탈리아 간의 삼국동맹은 철옹성 같았고, 이에 러시아와 영국은 협상으로 맞서기는 했으나 이들 국가들도 똑같이 왕정정치였으므로 민주주의에 대한 희망은 보이지 않았다.

드디어 기회가 왔다. 1차 대전이 바로 그것이다. 그 후의 변화는 참으로 눈부신바 있는 것이다. 그때를 계기로 지배력을 행사하는 방법이 일방적인 지배에서 상호지배체제로 바뀐 것이다. 그것은 이미 사실상 민주세력의 대표주자가 되어있었던 미국의 참전에 힘입어서 연합국의 승리가 이루어지자 세계사의 흐름은 확 달라지기 시작한 것이다.

그 후의 인류역사는 미국의 지배구조와 인민주권행사 방법을 본받는 선거제도, 즉 상호 지배하는 민주제도로 개혁하는데 크게 영향을 주었다. 그 영향은 곧 군주제도의 타도와 군주세력을 추방하는데 그리 힘들지 않고 수행할 수 있었다. 그에 따라 군주세력과는 싸우기만 하면 백성들이 이기는 획기적인 시대가 찾아온 것이다. 이러한 혁명의 파급효과에 대한 세계사의 흐름은 20세기 중반의 우리 세대와 우리 아버지 세대들에게 엄청난 영향을 주었다. 그 때문에 한 때, 세계를 크게 놀라게 했던 1917년의 소련 공산주의 혁명도 미국의 혁명과 프랑스의 대혁명과 같은 무서운 파급효과가 있을 것으로 보았고, 그래서 공산주의 혁명의 열풍도 당연한 역사의 흐름이라고 보기도 했다. 그 때문에 금후의 세계는 소련의 혁명을 본받아서 잇따른 혁명이 계

속될 것이란 생각들이 우리 조국을 꽉 뒤덮고 있기도 했다. 그 영향으로 해방 후 한때는

" 사회중의 혁명의 도래는 역사적 필연."

이라는 말이 모든 주장을 압도하고 있었다. 또한 공산주의는 우리 인류가 지상천국을 이룩할 수 있는 마지막 기회일 것이라고 확신하기도 했다.

하지만 이러한 기대와는 달리 6 · 25 전쟁 때 3개월간, 역사상 한 번도 체험해보지 못한 북한의 혹독한 독재체제를 경험하고선 그 환상에서 확 깼다. 한마디로 그 체제는 지상낙원이 아니라 완전한 생지옥임을 깨닫게 된 것이다.

이에 따라 사회주의 도래는 역사적 필연이란 말도 없어졌다. 그 후, 1990년에 동독이 서독체제로 통일이 이루어지면서 공산주의에 대한 평가는 더욱 달라졌다. 그 후 폴란드와 기타 동구권 공산국가들의 몰락과 함께 민주혁명의 성공이 있었고, 이어서 공산주의의 종주국인 소련조차도 무너지자 백성들의 생각은 확 달라지기 시작했다. 더구나 공산주의의 비효율과 비능률, 그리고 권력의 집중에 따른 부정부패와 퇴영적인 국가쇠락이 알려지자 세계인들은 깜짝 놀라기도 했다.

그 후 소련이 해체되었고, 이어서 국명도 옛 러시아로 복귀하면서 우크라이나와 백러시아 등 많은 나라들이 떨어져 나갔으며, 또한 사유와 자유, 영리의 추구를 용인하는 새로운 민주체제로 변혁되자, 공산주의는 하나의 허구이고 또한 미신이었음이 밝혀진 것이다.

하지만 중국은 그보다 앞서서 인민공사제도의 집단농장에서 오히려 농산물 생산이 크게 감소하자 덩샤오핑 등의 결단으로 일부 농민

들에게 전업농지 제도를 시험해 본 바, 이곳에서는 예상을 뛰어넘는 생산성 향상이 확인되었다. 그 경험으로 덩샤오핑이 주석으로 등장하자 곧 농민 공사제도를 혁파하는 대개혁이 이루어졌다. 이어서 대외적으로도 외자를 도입할 수 있는 개방이 이루어짐으로써 오늘의 중국이 있게 된 것이며, 이를 가리켜 덩샤오핑의 개혁개방정책이라고 호칭한다.

이에 공산주의의 교조주의적인 이론이 퇴조되고 자본주의의 골간인 사유와 자유, 영리를 보장하는 체제로 변혁된 것이다. 이를 보면 미국의 민주주의의 혁명과 프랑스의 대혁명만이 참다운 의미의 민주시민혁명이었음을 알 수 있다.

미국과 프랑스의 혁명은 군주들의 지배력과 지배욕을 잘못 행사해왔던 지배세력을 완전히 교체하는 대혁명이었고, 나아가 자유와 평등, 그리고 인권과 인간의 존엄성까지도 완전히 보장하는 대혁명이었으므로 이 혁명만이 참다운 혁명이었다는 평가를 받을 수 있게 된 것이다.

이러한 사실들을 종합하여 평가할 때, 지배력과 지배욕, 성취욕 그 자체는 인류의 본성이므로 생리적이면서도 본능적인 것이어서 이를 훼손하는 공산주의는 실패할 수밖에 없었다. 또한 지배자들의 자세 여하에 따라 지배력과 지배욕 등은 선용될 수도 있고, 악용될 수도 있다는 게 정답임을 알 수 있었다.

그러므로 그런 인성을 단순하게 선악론善惡論에만 얽매여서 선이다. 또는 악이다, 라고 평가할 수는 없게 되었다. 따라서 새로운 지배력과 지배욕, 성취욕에 터 잡아서 행한 혁명에 대한 평가는 그들 지배자들이 어떤 목적과 수단으로 어떠한 방법으로 어떻게 행사했는가와 그 결과가 우리 인류에게 무엇을 남겼느냐에 따라 비판을 받거나 칭송을 받을 수도 있는 것이다.

소련 혁명가들의 당초목적 자체는 나무랄 수 없었다. 다만 독단적이고도 강압적으로 혁명을 수행함으로써 처음부터 백성들의 진정한 지지를 못 받았고, 그 때문에 시종일관하여 일당 독재정치로 치달은 잘못이 있는 것이다.

그 때문에 자연히 사람의 본성을 무시하게 됨으로써 결과적으로 개개인의 창의적인 능력을 발휘할 수 있는 기회가 박탈됨으로써 비능률과 비효율의 극치를 이루게 했다는 점이다. 그 결과 백성들 모두를 가난에 빠뜨린 것이다. 거기다가 일당 독재를 하면 견제와 감시자가 없어서 당연히 부패가 예견되었는데도, 이를 감시하면서 잘못하면 갈아치울 수 있는 제도적 장치가 전혀 없었다.

그것은 바로 선거제도와 비판할 수 있는 언론자유 등이 전혀 없는 것을 말하며, 그런 결과는 곧 공산당의 특권화와 부패가 극심해질 수밖에 없었음을 증명하며, 이게 곧 소련 붕괴의 근본적인 원인이었다. 다만 공이 있다면 공산화를 두려워하는 자본가들과 그 아류들로 하여금 겁을 먹게 하여 사회보장제도를 시행하는데 방해하지 않고 협조를 이끌어 내게 함으로써 오늘날의 사회보장제도의 정착을 성공케 한 점이다.

이는 마치 해방 후 조선공산당의 무상몰수 무상분배의 주장 때문에 지주들로 하여금 유상몰수 유상분배의 대한민국 농지개혁을 찬성할 수밖에 없도록 분위기를 조성시켜서 이게 곧 사전에 걸림돌을 제거한 공로와 비슷하다 할 것이다.

제14장
인류역사는 지배력과 지배욕 및
성취욕의 순화를 위한 투쟁사다

1. 역사는 원시적인 지배력과 지배욕, 성취욕에서 이성적 욕구로 성숙되어가는 과정

인간이 인간을 지배하면서도 한편으로는 싸우거나 아니면 타협하면서 살아왔다. 그와 반면에 혁명 등을 통하여 피지배세력이 기존 지배세력을 역 지배하여 삶의 질을 개선시켜 오기도 했다. 이런 점을 감안한다면 우리 인류는 확실히 진화하고 있고 성숙하면서 발전하고 있다. 아마도 이런 점이 타 동물과는 극명하게 비교될 수 있는 장점일 것이다.

같은 포유동물인 곰과 원숭이 등의 생활상을 우리 인간의 생활상과 비교해 보면 진화된 모습을 더욱 분명히 깨닫게 된다. 그것은 우리에 겐 문자가 있고 말을 하며, 문화를 창조하고 나라를 조직하여 평화롭게 공동으로 번영해온 것도 큰 차이의 하나이지만, 원시적이면서도 본능적인 지배에서 이성적인 지배형태, 즉 진화된 지배형태로 발전해 온 게 더 큰 차이점이라고 할 수 있다. 그렇다면 이성적인 지배형태로 발전해온 과정은 어떻게 이루어져 왔는가. 그리고 그 발전의 증표에는 어떤 것들이 있는가를 살펴보자.

우선 곰들의 사냥하는 모습과, 잡은 물고기 등 노획물의 분배과정을 살펴본다. 곰들이 냇가에서 애써서 물고기를 잡았을 때, 다행히도 주변에 센 곰이 없거나 아무 곰도 없으면 그 물고기는 곧 잡은 곰이 혼자서 독차지하여 먹을 수 있다.

하지만 더 강한 곰이 주변에 있거나 비슷한 곰이 있을 때는 반드시 그것을 탈취해서 빼앗아 먹으려고 덤비기 때문에 둘 사이엔 혈투가 벌어진다. 이때, 힘이 약한 곰은 잡은 물고기를 빼앗긴 채 체념하고 돌아서 버린다. 이러한 행위를 사람이 살고 있는 우리 사회에 적용해보면 명백한 강도 행위에 해당된다.

따라서 그 곰은 강도죄의 처벌을 받아야 하고 배상까지 해야 한다. 하지만 곰의 세계에서는 오로지 힘센 게 제일이어서 그 물고기는 곧 힘센 곰의 차지가 되고 마는데도 어느 곰도 시비하지 않는다. 또한 처벌이나 손해배상이란 꿈도 꿀 수 없다. 이게 바로 원시적인 지배력, 즉 힘이 강한 자가 재물을 차지하면서 혼자서 왕성한 번식력을 뽐내게 되는 참 모습이다.

그 곰은 강한 힘을 가진 그 지배력 덕분으로 원시적인 지배욕을 충족시키면서 성취욕의 내용인 번식을 충족시키고 있는 것이다. 그 곰은 결국 힘 센 것만으로 정점頂點의 위치에서 스스로 노동이나 수렵을 하지 않고도 빼앗아 먹는 것만으로도 잘 먹고 잘살 수 있다. 이게 바로 힘에 의한 원시적 지배력에서 한 치도 벗어나지 못하는 동물의 참 모습이다.

이를 보면 동물들은 힘에 의한 지배력만 넉넉하다면 마음껏 지배욕과 성취욕을 충족시킬 수 있으며, 그에 대하여 옳고 그름을 어느 곰도 시비할 수가 없어서 약육강식弱肉强食의 질서만이 존재한다. 그 때문에 동물의 세계에선 강자의 원시적인 지배력만이 난무한 채 강한 자의 원시적인 지배욕과 성취욕을 충족시켜주는 환경에서 살고 있다. 따라서 그들 동물의 세계에선 정의가 지배하는 올바른 사회는 전혀 기대할 수 없는 것이며, 오로지 원시적인 힘에만 의존하는 질서가 존재할 뿐이다. 그러한 지배질서가 이종 간의 동물일 땐 훨씬 더한데 그런 예로는 호랑이와 사슴을 보면 알 수 있다.

그렇다면 우리 조상들은 어땠을까. 아마도 원시인들은 현재의 침팬지와 크게 다르지 않은 환경에서 살았을 것이다. 이에 대하여 공산주의자들은 구석기 시대에 원시공산주의 사회가 존재했으며, 그 당시는 착취도 없고 불평등도 없는 사회였다고 주장한다.

또한 그 사회에서는 공동생산과 공동분배가 원활하게 이루어져서 가장 이상적인 사회가 이루어졌으나 사유제도가 생기면서부터 불평등과 착취가 생겼다고 주장한다. 그러면서 그 원시 공산주의의 모습은 지금도 미개한 부족들의 생활에서 그 모습을 찾아볼 수 있다고 주장한다. 이 같은 주장은 과거 소련인 학자들이 지었던 책에서 공통적으로 발견되는 내용들이다.

필자도 그 주장에 대하여 굳이 전혀 틀린 주장이라고 부정할 생각은 없다. 하지만 그런 공산주의의 모습은 좀 더 인지가 발달하여 어느 정도의 합리적인 생각을 가질 수 있도록 이성理性이 눈을 뜬 이후의 현상이라고 본다.

따라서 활도 없고 창도 없는 철기 시대보다 훨씬 이전인 구석기 시대 이전의 원시인들은 앞서 밝힌 곰들과 비슷한 생활을 했을 것으로 본다. 또한 당시는 가장 무서운 무기라야 돌이었을 것이며, 개개인의 힘과 건강이 가장 으뜸가는 지배력이었을 것이다.

당시의 사람들은 힘센 자의 비위를 맞추기 위해 추장이나 부족장 제도를 용인했을 것이며, 그는 수많은 여성까지 거느릴 수 있는 특권까지 용인하면서 종족 번식을 마음껏 하도록 인내했을 것이다. 그 대신 백성들 간의 분쟁을 공정하게 조정해주고 옳고 그름을 바르게 판가름토록 하여 생산에 정진케 함으로써 오히려 생산력을 더 증대시킬 수 있게 했을 것이며, 그로써 모두가 행복해 질 수 있도록 했을 것이다. 그러면서 한편으로는 외적의 침입이 있을 때는 그 추장이나 부족장을 중심으로 백성들이 한데 뭉쳐서 싸워 이김으로써 부족장 제도의 우수성과 효율성을 확인하면서 그 위력에 탄성을 질렀을 것이다. 그 후 부족장이 여러 부족을 아우르면서 국가가 생겼고, 거기에 국왕제도가 생겼을 것이다. 이에 곧 왕에게 충성하는 게 보다 더 크게 안전과 행복을 누릴 수 있다는 의식으로 발전하면서 보다 안전한 왕의 자리를 유지시키기 위해 왕에 대한 충성을 가르치게 되었을 것이다.

그러므로 사람의 힘, 즉 완력이 지배력의 척도였고, 이 지배력이 있는 자는 자연스럽게 지배욕까지 충족시켰고, 나아가 가장 원시적 성취욕인 번식과 그에 따르는 색의 즐거움을 만끽했을 것이다. 그러다가 인지가 발달하면서 힘만이 아니라 지모와 용기, 그리고 탁월한 포용력과 리더십까지 갖춘 자가 군왕의 자리를 차지할 수 있는 진화된 국가 체제로 발달했을 것이다. 이와 비슷한 모습은 앞서 밝힌 침팬지들의 연합작전을 보면 긍정이 된다.

이같이 국가와 제도 등이 발달하면서 모든 백성들이 공동 번영할 수 있는 규범, 즉 법을 만들어서 지키게 함으로써 정당한 권리자를 보호하는 제도도 마련되었다고 본다. 그런 제도 때문에 사람의 세계에서는 힘센 곰의 탈취 행위와 같은 경우를 용인하지 아니하고 법을 만들어서 강도 행위로 규정함으로써, 당초에 합법적으로 채취하여 소유한 자를 보호하고 있다.

그뿐만 아니라 불법적인 폭력으로 먹을 것을 탈취해 갔다면 그 자를 강도죄로 체포하여 재판을 받게 하고 그 결과에 따라 때로는 무기징역까지 살아야 하는 중형을 받게 했다. 여기서 우리는 그 형벌이 인간의 본성상 무엇을 말하는가를 깊이 살펴본다면 본성의 본질을 이해하는데 크게 도움이 될 것이다.

그렇다면 사람을 교도소에 수감시키는 형벌은 과연 무엇을 말하는 것일까. 한마디로 인간의 본성인 지배력과 지배욕, 그리고 성취욕을 완전히 차단시키는 행위가 바로 수형생활인 것이다. 따라서 수형생활을 하게 되면 법령과 규칙에 따라 교도관의 명령에 복종해야 하고, 이어서 일체의 개인적인 지배력의 행사는 일체 금지된다. 또한 원시적인 지배력과 지배욕은 물론, 진화된 지배욕이나 가장 원시적 성취욕인 부부생활이 일체 금지된다. 이러한 측면은 군의 입대생활도 비슷하다. 하지만 군의 생활은 모든 국민이 일정한 연령에 달하면 일정기간만 지배력과 지배욕, 성취욕 등의 발산을 억제당할 뿐이며, 공휴일과 복무시간 외에는 자유가 있는 것이다. 이로 볼 때 지배력과 지배욕, 성취욕이 우리 인간에게 얼마나 귀중하고 필요 불가결한 욕구인가를 깨닫게 해 준다.

다만 아직도 그런 원시적 지배형태와 원시적 지배욕 등의 잔재가 남아 있어서 힘이 지배하는 깡패의 세계와 어린이들 세계에서는 힘이 센 자로부터 얻어맞고 자기 소유물을 빼앗겨도 어쩔 수 없이 울면서 참고 견디는 경우가 많다. 하지만 정상적인 어른들의 세계에서는 자기의 의사에 반해 소지하고 있는 물건을 폭력으로 빼앗겼을 경우, 사직당국에 신고고소, 고발만 하면 사직당국은 조사하여 사안에 따라 구속여부를 결정하고 곧 재판에 회부하여 형벌을 가하는 것이다.

이는 곧 모든 사람에게 그런 행위를 하면 처벌받는다는 것을 보여줌으로써, 누구든지 그런 행위를 하면 안 된다는 것을 인식시켜주는 일반적 예방의 효과와, 가해자로 하여금 다시는 그러한 행위를 못하게 경고하는 특별예방의 효과를 거두고 있는 것이다. 이같이 인류사회에서는 소유자와 탈취자의 이해관계가 얽힌 사안을 도덕적으로 일깨워주기도 하지만 법률로 엄격하게 규제함으로써, 안정된 생활을 보장하고 있는 것이다.

이는 우리에게 필요한 재화의 생산과 채취, 그리고 유통과 교환, 소비 등을 합리적으로 조정하여 생산과 소비 등의 효율성을 극대화시켜서 우리의 삶을 보다 더 알차게 할 수 있는 사회를 보장함으로써 우리 인류문화를 보다 발달시킬 수 있게 하기 위해서다.

이러한 합리적인 규제와 이를 장려하는 슬기는 어디에서 나왔는가. 그것은 일반 동물들은 갖고 있지 아니한 합리적인 사고력思考力에서 나온 것이며, 그 때문에 인간을 가리켜 이성적 동물이라고 말한다.

그 합리적인 사고력이란 무엇일까. 거듭해서 말하지만 이는 역지사지易地思之를 할 줄 아는 지적 능력과 이에 터 잡아서 보편적 방법으로 공동번영을 누릴 수 있는 방법을 이끌어 내는 능력을 말한다.

이러한 지혜가 모여서 도덕과 법을 만들어 모든 사람에게 지키도록 권장하고 강제함으로써 인류의 공동번영과 번식을 가능케 했다. 하지만 인간의 지배욕은 원래 폭력적인 지배력을 행사하는 방법으로 행사해 왔던 원시적인 사회가 있었다. 그 원시사회가 문화의 발달, 즉 도덕과 법률 등의 발달로 합리적으로 조정을 받으면서부터 힘없는 사람도 마음 놓고 살 수 있는 지배체제로 개선되었을 뿐이다.

2. 지배력과 지배욕, 성취욕에 본질적인 변화는 없다

지배욕과 성취욕은 전혀 변화된 게 없이 지금도 그대로 남아 있다. 다만 사람이 사람을 지배하여 성취하려는 욕구를 가장 잘 충족시켜주는 방법이 여러 가지 형태로 진화하여 존재할 뿐이다. 그 형태는 성취하려는 게 무엇이냐에 의해서 천태만상으로 존재한다. 예를 들면 사업가와 상인은 돈이고, 정치가는 국회의원이나 대통령 또는 장관이며, 공무원의 1차적인 성취욕은 승진이고 승진을 위해선 지배력, 즉 실력이 있어야 하므로 실력연마에 열심히 노력한다.

농민들은 다수확의 수익극대화가 일차적인 지배욕이고 성취욕이다. 어민은 어획량 극대와 고기 값의 안정이 일차적인 지배욕의 충족이 되고 이어서 성취욕의 밑바탕이 된다. 노동자는 자기기업의 번영과 보수의 증대가 일차적인 지배욕과 성취욕일 것이다. 운동선수는 경기의 승리가 일차적인 지배욕이며 성취욕일 것이며, 소설을 쓰는 자는 베스트셀러가 일차적인 지배욕과 성취욕의 목표일 것이다. 하지만 이들 욕구도 궁극적으로 캐보면 종족 번식의 욕구가 근저에 흐르고 있으며, 다만 현재는 합리적으로 순화되어 있어서 곧바로 깨닫지 못할 뿐이라고 보는 게 옳다.

그런데도 가장 단순한 방법으로 지배욕과 성취욕을 만족시켜주는 방법으로는 상대방으로부터 큰 절을 받는 등으로 복종의 의사표시를 수렴하는 방법도 있고, 그 외에 물질이나 돈으로 배상받는 방법과 충성을 맹세케 하는 등 여러 방법이 있을 수 있으므로 그야말로 천태만상이다.

여기서 가장 중요한 것은 지배욕과 성취욕의 목표를 너무 당면한 과제에 만 국한시키면서 이상적인 면이 없이 너무 현실적일 때는 그 이행만은 손 쉬워서 목표 달성만은 쉽게 이룰 수 있으나 별 볼일 없는 사람으로 취급당하게 된다는 사실이다. 그것은 곧 자기 자신의 발전뿐만 아니라 인류문화 발전에도 별로 기여치 못하기 때문에 생기는 현상이다.

예를 들면 국회의원 입후보자가 당선만을 지상목표로 하고 국민의 생활안정과 산업 발전, 나아가 동서의 화합과 인간의 존엄성, 자유와 평등, 그리고 조국통일 등의 보다 큰 사안에는 별 관심이 없고, 오로지 당선만을 노릴 때는 별 볼 일 없는 사람으로서 취급당하게 되는데 이는 곧 국가와 사회발전에 별로 기여치 못할 것으로 인식되기 때문에 생기는 현상이다.

그러므로 지배욕과 성취욕의 목표는 항상 높고 멀어야 하며, 이게 올바르게 진화된 지배욕과 성취욕의 참 모습이며, 이로써 최고 단계인 성숙된 지배욕과 성취욕을 달성시킬 수 있는 단계로 발전할 수 있게 된다.

따라서 대통령 당선은 그 수단에 불과할 때, 비록 파란은 있을 수 있어도 비로소 올바른 정치가로서 대성할 수 있다는 사실이다. 한마디로 대학입시를 공부하는 학생이 합격이 목표가 아니라 세계적인 과학자가 되어야겠다는 꿈을 가지고 공부할 때만이 성숙된 인격자로 성장을 기대할 수 있으며, 올바른 사람이 될 수 있는 것이다. 그러므로 지배욕과 성취욕의 목표는 항상 멀고 넓으며, 높아야 한다.

3. 민주화를 위한 투쟁도 지배력과 지배욕의 다툼이 본질

남을 이겨서 지배하려는 기질은 여러 형태로 나타나게 된다. 예를 들면, 1980년대에 열풍처럼 불었던 민주투사들의 투쟁도 그 밑바탕에는 지지 않고 남을 이겨서 지배하고 무엇인가를 성취해 보려는 욕구가 작용하고 있었다. 이를 가리켜 학문상으로 권력 지향적 행동이라거나 권력 의지라고 말한다.

그러나 그 밑바탕에는 지배력을 발휘해서 자기의 지배욕과 성취욕을 충족시키려는 의지가 내재되어 있었다. 다만 그 욕구는 원시적 지배욕이나 성취욕이 아닌 진화된 지배욕과 성취욕일 뿐이다. 이러한 사실을 보다 넓게 본다면 가장 성스러운 행동으로 비쳐지고 있는 항일무장 독립투쟁이나 평화적인 독립운동도 불의를 타파하고 정의를 실현한다는 성스러운 의지가 첨가되어 있을 뿐, 지배력을 발동해서 지배욕의 충족과 함께 조국의 독립을 성취해 보려는 성취욕의 충족을 위해 행하는 투쟁으로 보는 게 옳다. 또한 앞서 말한 민주투사들의 민주화투쟁도 지배욕과 성취욕을 충족하고자 했던 점에서 똑같은 욕구라고 보는 것이다.

이러한 사실은 지배력과 지배욕이 남달리 강한 자중에는 지배력만 넉넉하여 능력만 닿는다면 권좌에 오르려고 했고, 오르려고 또한 몸부림친 사람이 많았음을 보면 알 수 있다. 그러한 사실은 그분들이 애초에 그런 욕구를 전혀 안 가지고 있었다면 해방정국이나 민주화된 마당에서는 나서지 말고 숨어버렸거나 봉사만 했어야 했다.

하지만 그들 대부분은 모두 권력을 향하여 질주하지 않았는가. 물론 그렇지 않은 분도 있다. 하지만 그런 초인간적인 인사는 몇에 불과했고, 거의 다 기회와 여건만 닿는다면 권력을 향하여 질주하고 있었다.

다만 독립 운동가들은 민주투사보다 조금 고상한 지배욕과 성취욕의 소유자로 보는 것은 그들은 우리 동족이 아닌 자가 군사력으로 지배력을 발휘해서 불쌍한 우리 백성을 억압하고 착취하는 방법으로 지배욕과 성취욕을 충족시키고 있는 때였으므로 더 잔인했고 더 가혹했으며 더 무자비한 탄압이었는데도 불구하고 목숨을 걸고 투쟁했기에 좀 더 높게 평가하면서 존경스러워하는 것이다.

하지만 역시 한국독립의 달성이라는 목표의 밑바탕에는 지배욕과 성취욕이 작용하고 있었고, 그 본질은 일본인들의 지배력을 탈취하고자 하는 데 있었던 것이다. 따라서 조국의 독립이라는 보다 숭고한 지배욕을 위한 지배력의 행사였다는 점에서 현재의 불법지배자와 다를 뿐, 그 외는 똑같았으므로 인간의 근본적 본성인 지배욕과 성취욕의 범위를 벗어날 수는 없는 것이었다.

정치인들이 야당으로 있을 때와 여당이 되었을 때 그 말과 행동이 크게 달라지는 것을 자주 보게 되는데, 왜 그럴까. 그것도 지지 않고 이겨서 상대를 지배해 보려는 본성 때문에 생기는 현상에 불과한 것이다. 그 때문에 야당은 항상 반대만 하는 경향이 있고, 여당은 무조건 찬성만 하는 경향으로 흐른다.

노무현 정부 때 체결된 FTA자유무역협정의 국회 비준을 앞두고 당시에 여당의 핵심적인 위치에 있었던 인사가 극렬하게 반대한 것도 따지고 보면 지지 않고 남을 이겨서 지배함으로써 무엇인가를 성취해 보려는 인간의 지배욕과 성취욕이 그리 만든 것이다.

심지어 민사소송을 할 때 보면 피고로서 마땅히 책임을 지고 손해를 배상해야 할 사건을 "너에게 줄 돈을 변호사에게 줄지언정 너에게는 못 주겠다"라고 하면서 변호사에게 위임시켜서 배상액을 깎아내리는 경우를 자주 볼 수 있다. 이것도 상대방에게 지지 않고 이기려는 지배력과 지배욕의 한 모습이었다. 이런 사실만을 놓고 본다면, 지배하고 성취하려는 욕구는 가장 나쁜 기질이라고 단정할 수도 있다.

하지만 그런 기질 때문에, 그게 반면교사가 되어 인류의 이성적 행동이 발달해 온 것도 부인할 수 없다. 따라서 지지 않고 이겨서 거꾸로 지배하려는 기질이 사회적 약자를 위해 발휘할 때는 그야말로 현정파 사顯正破邪하는 정의의 투쟁이 되는 것이다. 반면에 강자를 위하고 악독한 독재자를 위해서 발휘할 때는 완전한 역사적 범죄행위가 된다.

그 때문에 무엇인가를 성취하고 지배욕의 충족을 위해 지배력을 행사하는 것은 물과 불같아서 잘못 쓰거나 과도하게 쓰면 홍수나 화제가 되는 것이나, 잘만 쓰면 우리 인류에게 꼭 필요한 영양소가 되어 생물의 성장과 문화를 창조하듯이, 지배력도 알맞게 써서 지배욕과 성취욕을 알맞게 충족시켜주면 그야말로 선약이 되는 것이다.

따라서 지배력과 지배욕, 성취욕은 꼭 필요한 것이며, 특히 진화된 지배력과 지배욕, 그 중에도 성숙된 성취욕은 반드시 필요하다. 하지만 놀라운 것은 이러한 지배력과 지배욕, 성취욕이 없어도 좋을 것 같은 교회나 사찰에서도 똑같이 나타나고 있다는 사실이다. 얼핏 보면 다 같이 하느님을 믿고 천국에 가서 영생하기만을 바라면서, 한쪽 뺨을 맞으면 남은 한쪽 뺨을 내밀어서 맞아야 한다는 식으로 지배력이나 지배욕, 성취욕과는 전혀 무관한 가르침을 받고 있는 그들이지만, 웬만한 교회에는 항상 분파가 생기고 있고, 이게 지나치면 서로 고소하면서 때로는 폭력까지 휘두르는 추태를 부리기도 한다.

이는 곧 지지 않고 이겨서 상대방을 지배해 보려는 지배력의 행사이며, 또한 무엇인가를 이룩해보려는 성취욕 때문에 생기는 현상이다. 이러한 지배욕과 성취욕의 문제는 동창회는 물론 퇴직자 모임에도 약간씩 있고, 종친회나 향우회 등에도 약간 있으며, 그 때문에 회장의 선출이 명예직 선출에 불과함에도 은근히 다툴 때도 있다.

다만 그 표현 방법이 극히 점잖아서 피부로 느끼기엔 없는 것처럼 보인다. 하지만 이해관계가 많고 정치적인 면과 사회적 대우가 크게 달라지는 정당대표 등의 선출은, 지지 않고 꼭 이겨서 지배욕을 만족 시킴과 동시에 무엇인가를 성취해 보려는 의욕이 너무 강하므로 상호 간에 치열한 다툼이 생기는 것이며, 특히 대통령이나 국회의원 선거 등에서는 사활을 건 싸움이 벌어지고 있다.

또한 각종 운동 경기에 있어서도 지지 않고 꼭 이기려고 발버둥을 치고 있고, 심지어 뒤에서 응원하는 자까지도 혼신의 힘을 다하여 응원하다가 이기면 기뻐서 날뛰고 지면 침울해 하는 모습을 보이고 있는데, 이것도 이겨서 지배하려는 지배욕과 성취욕의 잠재의식이 그리 만들고 있다.

이러한 모습들은 국가 간의 전쟁에서도 똑같은 양상으로 벌어지고 있다. 따라서 자기 나라가 적을 이기면 온 국민들이 들고일어나서 환희에 찬 승리의 노래를 부르면서 국가를 찬양하고 정치 지도자들을 찬양하는 등, 그야말로 흥분의 도가니 속에 빠져 버린다.

이러한 행위도 좀 더 깊이 살펴본다면 인간에게 이성이라는 게 과연 존재하는가, 라는 생각이 들기도 한다. 이런 경우 참다운 이성理性이 있다면 그 전쟁이 과연 정의로운 전쟁인가와 인류의 보편적 가치에 부합하는 전쟁인가 여부를 깊이 살펴보고 난 연후에, 그 정당성이 인정될 때에 한해서 축복의 행진을 했어야 했다.

그러나 인류역사의 흐름을 보면, 옛날엔 남을 지배하기 위해서는 수단과 방법을 가리지 말아야 한다는 주장이 강했다. 그게 차차 순화되어 지금은 이성에 터 잡아서 합리적인 방향으로 바로 잡아나가야 한다는 방향으로 진보된 게 사실이다. 우리 인류 역사상 가장 오랫동안 백성들을 지배함으로써 인간의 지배욕과 성취욕을 전형적으로 충족시켜오던 권력으로서 어떤 게 있었는가를 따져 본다면 그 지배력은 바로 왕권이었다.

하지만 이성에 눈을 뜬 백성들이 드디어 그 왕권의 지배를 거역하고 백성 스스로의 존엄성과 자유, 그리고 평등을 되찾기 위해 목숨을 걸고 왕권을 타도하는 대혁명을 일으킨 게 바로 프랑스 대혁명이었다.

이때부터 일반 백성들도 귀족이나 승려와 똑같은 지위에서 인간의 존엄성과 자유, 그리고 평등과 박애를 누릴 수 있게 되었다. 이러한 새로운 가치관과 혁명사상은 강력한 파급력을 갖고 있어서 다른 나라에도 급속도로 보급됨으로써, 세계는 백성들이 주인이 되는 민주공화국의 시대가 주류를 이루는 새로운 시대가 열리게 된 것이다.

4. 지배력과 지배욕, 성취욕을 박탈하면 어떻게 될까

앞서의 '제5장, 10. 지배력과 지배욕을 억제당하면 미쳐버린다'에선 지배력과 지배욕을 억압당했을 때의 인간의 본성과 정신질환과의 상관관계를 상론한바 있다. 여기서는 본성을 억압당했을 때가 아닌 박탈했을 때의 여러 모습을 상정해 보는 것이다.

누술한 바와 같이, 인류의 지배력은 거의 물리적인 데서 오는 경우가 많다. 또한 지배욕과 성취욕은 선도 아니고 악도 아니며 인류가 탄생할 때부터 타고난 것이었으나 우리가 미처 깨닫지 못하고 살아 왔을 뿐임은 누술한 바 있다. 그 때문에 어떤 군왕이나 독재자가 전대미문前代未聞의 지배력을 강력하게 행사해서 자기의 성숙된 지배욕과 성취욕을 충족시킴과 함께 어떤 역사적 업적을 남겼다 하더라도, 그 업적은 당연한 것이므로 과도하게 칭송해서는 안 된다.

따라서 그 평가는 오로지 치세 중에 백성들이 얼마나 인간답게 잘 살았는가와 중간 권력자들로부터 착취당하지 아니하고 억압당하지 아니한 채 편히 잘 살 수 있었느냐에 따라 태평성대였는가, 아닌가를 판단해야 할 것이다. 그에 따라 토목사업 등의 큰 업적으로 백성들의 생업에 크게 도움이 되었다 하더라도 참다운 성군이었다는 평가까지 받을 수는 없는 것이다.

이러한 예는 율곡이 세종대왕을 평할 때 "백성들의 부서富庶, 고루 잘 살음를 이루었다"라고 낮게 평가한 게 참고가 될 것이다. 그러므로 백성들의 참 지지를 받는 정통성을 갖춘 통치자가 아닌 독재자에게는 설사 많은 공적을 쌓았다 하더라도 후세에 또다시 그 같은 불행을 겪지 않기 위해서라도 높게 평가해서는 안 된다. 오히려 그런 경우는 그가 어떠한 방법으로 누구를 위해서 어떻게 그 지배력을 행사했느냐에 따라 호평을 할 수도 있고, 혹평을 받을 수도 있는 것이다.

그 때문에 아무리 큰 업적을 이루었다 하더라도 인권을 유린하면서 지배해온 권력자에게는 부서는 이룬 셈이다, 라는 정도의 낮은 평가도 과분한 평가가 될 수 있다. 그래야만 또 다른 독재자를 막아낼 수 있는 것이며, 그러한 냉정한 평가가 후세를 위해서도 좋은 것이다.

가정해서 만약 우리 인류로부터 지배력과 지배욕, 성취욕을 단순히 억압하는 게 아니라 완전히 없애거나 빼앗아버린다면 어떤 결과가 올까. 그런 경우는 사람의 본성을 완전히 없애는 것이므로 그리되면 우리 인류의 모든 의욕도 완전히 상실될 것이다.

따라서 우리 인류는 아무런 의욕과 희망이 없는 삶이 될 것이므로 무엇을 할지를 모르게 되어 방향감각을 잃게 될 것이다. 그때엔 사람들이 뿔뿔이 흩어져서 큰 혼란이 생길 것이며, 모든 질서가 다 파괴되어 그 사회는 완전히 지리멸렬支離滅裂 상태로 전락할 것이다.

또한 그때에는 지배하여 무엇인가를 이루려는 지배욕과 성취욕이 없어졌으므로, 활력이 없어지고 허무주의에 빠져서 우리에게는 자살이라는 비극밖에 찾아올 게 없게 된다. 이는 마치 우주의 모든 별들이 만유인력중력을 상실했다고 가정할 때, 별들의 운행은 모두 제멋대로여서 일대 혼란이 오는 것과 같은 이치다. 그뿐만 아니라, 우리들이 가지고 있는 적극적이고도 능동적인 활력까지도 없어져서 무기력증에 빠져버릴 것이다.

그러므로 원천적으로 지배욕과 성취욕이 필요 없는 완벽한 사회가 만들어졌거나 이루어질 경우는 더 발전할 필요가 없으므로, 오히려 인류는 완전히 퇴영退嬰의 길에 빠져서 스스로 멸망하게 될 것이다.

이 같은 이치는 미꾸라지들만이 살고 있는 곳에서는 무기력증에 빠져서 말라 죽어가는 이치와 똑같은 것이다. 하지만 거기에 메기가 있으면 이를 이겨내고 살아보려는 생명력의 약동이 있으므로 이게 오히려 활력으로 작용하여 더 잘 클 뿐 아니라 힘까지 넘치면서 살이 통통 찌는 이치와 같다.

따라서 인류가 신과 같은 존재가 되어서 무엇이든지 마음대로 할 수 있는 전지전능한 인간이 되어 버린다면, 인류의 문화가 발달하는 게 아니라 오히려 퇴보하여 결과적으로는 모두가 멸망하는 결과가 올 것이다.

그러므로 우리 인류가 지배력과 지배욕, 성취욕을 갖게 된 원인이 종족 번식을 위해 부여받은 것에 불과하다 하더라도, 결과적으로는 그게 오히려 인류문화발달에 크게 기여하고 있음을 이해해야 한다.

이 같은 이치를 역사적 사건과 결부하여 살펴본다면, 모든 혁명과 개혁, 그리고 저항과 투쟁을 통한 진보와 발전은 부족한 인간의 한계성이 선물해 준 것이다.

그러므로 그러한 발전도 지배력과 지배욕, 성취욕이 없었다면 불가능했을 것이라는 사실을 깊이 깨달아야 할 것이다. 그 때문에 지배력과 지배욕, 성취욕이 선인가 악인가의 문제를 따질 게 아니라 우리 인류에게 이미 엄연하게 존재하고 있는 본성임을 깨닫고, 건전하게 발현發顯될 수 있도록 보호해야 한다.

이를 위해서는 이를 억압하려는 어떠한 독재나 군주제도가 나오지 않도록 해야 하고, 나왔다면 투쟁해야 하며, 이로써 백성들 개개인의 창의력과 존엄성이 보장되고 그로써 인권이 철저히 보장되는 체제가 유지돼야 한다.

그 때문에 지배력과 지배욕, 성취욕의 화신인 어떤 혁명가가 백성들의 편에 서서 혁명을 일으키거나 강자에 저항하여 새로운 시대를 열어가는 개혁세력이 되어 보다 나은 인류의 행복을 창출해 냈을 때는 모든 백성들로부터 온갖 칭송을 다 받고 있는 것이다.

예를 든다면, 고려의 부패한 지배세력을 꺾고 새 왕조를 개창한 이성계와 정도전 등과 같은 개혁세력들, 연산군과 같이 오로지 원시적인 지배욕과 성취욕만을 충족시키고 있는 폭군을 내쫓은 반정공신들, 일제의 군사력이라는 지배력과 지배욕에 맞서서 싸웠던 수많은 독립운동가들은 좌·우를 막론하고 마땅히 칭송받아야 할 인물들이다. 따라서 이분들이 목숨을 걸고 약자의 편에 서서 지배력권력과 싸울 때만 해도, 백성들은 한없는 칭송과 격려를 아끼지 않고 있었다.

5. 정의롭고 강직했던 자도 시간이 흐르면 부패와 독선에 빠진다

티끌 없이 깨끗한 정의감에 충만하여 싸웠던 자라도 일단 투쟁이 성공하여 스스로 지배력을 장악함으로써 진화된 지배욕과 성취욕의 최고 정점인 대통령이 되거나 국가 주석의 자리에 앉은 후에는 자기도 모르는 사이에 차차 지배력과 지배욕, 그리고 성취욕에 도취되어 결국 서서히 녹이 슬어가는 것을 볼 수 있다.

이 때문에 어떠한 경우라도 10년 이상의 장기집권은 본인이나 백성들을 위해서 하지 말아야 하며, 이를 어길 때는 모두가 불행해질 수 있다는 만고불변의 진리를 깨달아야 한다. 따라서 10년이 넘을 때쯤에는 그가 오히려 혁명의 대상이 되거나 아니면 저항의 대상으로 전락한다는 사실을 우리는 마음깊이 되새겨야 하며, 이러한 사실은 일지기 미국 4대 대통령 제퍼슨도 지적한 바 있다.

이 같은 불행은 마치 물이 흐르지 아니하고 멈춰 있으면 썩는 이치와 같고, 철을 그대로 놓아두면 녹이 스는 이치와 같으며, 또한 아무리 건강한 사람도 세월이 흐르면 늙는 이치와 같다. 따라서 정의의 편에 섰던 그들의 지배욕과 성취욕도 세월이 흐름에 따라서 자기도 모르는 사이에 불의한 인간으로 변질되어 버린다는 사실을 명심해야 한다.

박정희가 매우 강직하여 불의와 타협치 아니하고 권력에 저항하면서 살고 있다가 군사력이라는 지배력을 이용하여 지배자로 등장한 후, 처음은 진화된 지배욕과 성취욕으로 조국의 근대화를 위해 애쓰고 있었다. 그로 인해 초기에는 모든 게 아직 녹슬지 않을 때여서 모든 게 신선한 면이 있었으므로, 백성들도 지지해 주었다.

특히 그는 군정까지 6여 년까지는 개혁과 국가 발전을 위해 열심히 노력했으므로, 상당수의 백성들이 그를 높이 평가해서 두 번째의 대통령 선거 때는 압도적인 지지를 보내주기도 했다.

그러한 그도, 3선 개헌 이후부터는 자신도 모르게 차차 지배력과 지배욕, 그리고 성취욕에 도취되어 녹이 슬어가는 쇠 같았다. 그 때문에 그 자신도 혁명과 저항의 대상이 되어간 것은 어쩔 수 없는 인간의 한계 때문이다. 이러한 사실에 비추어 보면, 대통령의 임기를 4년으로 하거나 5년으로 정하고 한 번에 한하여 재임할 수 있도록 제도화한 것은 인간의 본성을 기가 막히게 간파한 제도라 할 것이다.

이와 관련하여, 중국의 지배체제도 초기의 종신제 주석제도에서 국가주석의 임기를 10년으로 제한한 것은 만족할 만한 제도는 아니나, 인간의 본성을 잘 살핀 결과라고 본다. 이것은 아마도 스탈린의 종신 집권에 따른 문제점과 마오쩌둥의 종신집권이 중국의 근대화에 얼마나 나쁜 결과를 가져왔는가를 깊이 체험한 지혜가 아닐까 하는 것이다.

하지만 유독 북한만은 지금도 철저한 종신 임기제여서 참으로 안타까운 일이다. 이러한 종신제와 지배력의 세습은 오로지 그들의 지배욕과 성취욕만을 충족시켜줄 뿐이다. 이에 따라 백성들의 자유와 창의력은 완전히 묵살될 수밖에 없게 되고, 특히 인간의 존엄성은 완전히 무시되는 것이므로 어떠한 경우에도 용납할 수 없는 게 종신임기제이기도 하다.

더구나 그들은 지배력을 세습까지 시키면서 세뇌교육을 실시하고 강제수용소를 설치하여 공포정치를 자행하고 있으므로, 그야말로 인간의 본성인 지배력과 지배욕, 성취욕을 가장 나쁘게 왜곡시켜 행사하면서 지배욕 등을 충족시키고 있는 모습이다.

이러한 사실을 살펴볼 때, 아직도 그들은 인간의 본성을 완전히 무시했던 19세기 이전의 제왕적 사상과 특권의식, 그리고 고리타분한 신라 때의 성골의식에 까지 깊이 젖어 있음을 볼 수 있는 것이다.

제15장
지배력과 지배욕이 역사발전에
어떻게 기여했는가

1. 지배력과 지배욕이 역사발전에 어떻게 기여 했는가

역사적으로 보면 지배력과 지배욕, 성취욕은 거의 자기 이익만을 위해 발현發顯시키기는 일이 더 많았다. 그와 반대로 만 명에 하나정도로 세종대왕과 같은 현군도 있었다. 대왕은 평소 독서를 즐기면서 성현들의 말씀을 항상 되새기면서 나라를 잘 다스렸으므로 세계사에 내놓아도 전혀 부끄러움이 없는 가장 훌륭한 군왕이 될 수 있었다. 하지만 대부분의 군왕들은 독서를 멀리하면서 번식에만 급급하고 있었다.

이를 보면 독서를 즐기는 군왕 중에는 폭정을 일삼는 군왕이 없었다. 그 같은 이치로 독서를 멀리하면서도 현군이 된 사람도 없었다. 그리고 대부분의 군왕들은 나이가 들면 이 핑계 저 핑계를 대고 독서를 멀리했으므로 그런 자세로 국정을 수행한 까닭으로 현군이 될 수 없었다. 그 때문에 군왕이나 대통령 또는 주석 등이 집권하면서 독서를 멀리하면 무능하고 폭력적인 군왕이나 독재자가 되거나 무능한 대통령이 되기 쉽다. 이를 보면 유능한 정치가는 틈만 나면 독서했고, 무능한 자는 핑계만 대고 책을 멀리했다.

세종대왕 같은 성군을 보노라면 향후의 정치가는 실천력과 함께 독서를 즐기는 사람을 중심으로 골라 썼으면 하는 게 필자의 생각이다. 하지만 독서를 멀리 하면서도 국가발전을 위해 헌신하거나 정의롭게 권력을 행사하는 경우도 있었다. 그런 경우는 뭇 사람의 말을 경청할 줄 아는 사람에게서만 찾을 수 있었다. 그러므로 매양 독서에 힘쓰면서 나라를 잘 다스리는 그런 대통령을 얻는 게 가장 이상적이기는 하지만 그게 하늘의 별따기이므로 우리는 차선의 방법으로 경청할 줄 아는 지도자만이라도 선택해야 한다.

그런 경우가 어떤 때였는지 구체적인 예들을 들어서 다시 한 번 되새겨봄으로써 지배력과 지배욕, 성취욕의 오묘한 작용과 선용되는 모습을 밝혀보고자 이 책을 쓰고 있는 것이다. 그리고 그게 인류문화 발전에 얼마나 기여했는가와 어떤 방법으로 어떻게 도움이 되는 방향으로 쓰였는가도 밝혀서 후세에 귀감으로 삼아보고자 한다.

2. 닭이 닭을 쫓는 것과 지배력 간의 견제행위는 꼭 닮았다

필자가 젊을 때는 농가마다 20두 내외의 닭을 방계하고 있었다. 만약 닭을 키우지 않으면 철없는 이웃집 닭들이 내 집을 마치 제집 마당처럼 헤집고 다니면서 온갖 짓을 다 해댔다. 심지어 멍석에 널어놓은 벼를 그냥 쪼아 먹으면 좋으련만 심술궂게도 뒷발질로 벼를 차고 휘저어서 난장판을 만들면서 동료들까지 불러들여서 마당에 흩뿌려 놓는 등의 말썽을 부렸다. 그때, 사람이 힘써서 쫓아내보지만 그때 잠깐일 뿐, 곧 돌아와서 다시 어지럽혔다.

이러한 행위를 되풀이 하다보면 짜증이 나면서 사람의 능력만으로는 한계가 있음을 깨닫게 된다. 그래서 우리 집서도 똑같이 닭을 키우면서 방계해 보았다. 결과는 놀랍게도 닭들 끼리 잘 싸워서 사람보다 몇 곱이나 잘 쫓아내는 것을 보고 놀랐다. 그때 그들 닭들이 내 집 마당에 들어서기가 무섭게 미리 알아차려서 그 닭들의 벼슬과 머리를 입으로 쪼는 방법 등으로 잘도 싸워서 잘 쫓아내고 있는 것을 보았다.

그 때문에 내 집에서도 닭을 키우면 사람이 신경 쓰지 않아도 이웃집 닭들은 얼씬도 못함을 알게 되었다. 이게 바로 지배력 대 지배력의 대결을 통하여 백성들이 실리를 얻어 내는 오묘한 진리임을 알 수 있는 것이다.

사람의 지배력도 비슷하다. 유별나게 지배력과 지배욕, 성취욕이 강한 1% 내외의 사람들이 아니었으면 독재 권력을 못 몰아냈을 것이다. 그리고 누구든지 오래 집권하면 아무리 정의감이 강하고 강직한 자여서 진화된 지배력과, 지배욕으로 무장했던 자라도 세월이 흐름에 따라 차차 정실에 흐르면서 부패하고, 특권화해 간다.

또한 자유를 억압하고 인권을 탄압하면서 독재를 강화하여 영구집권까지 꿈꾼다. 이러한 예는 여러 번 보았지만 특히 북한의 김정은 3

대는 그 몇 배나 더하고 있음을 볼 수 있다. 하지만 북한의 토양이 너무 굳어 있어서 현재로선 어쩔 수 없는 게 탈이다.

닭의 본성을 말하면서 생각나는 것은 독립운동가 조소앙이다. 그는 말하기를, 닭은 때맞추어 울어서 새벽을 알리는 신信이 있고, 적과 만나면 반드시 싸워 이기는 용勇이 있으며, 머리의 벼슬은 문文이어서 문명을 즐기고, 먹을 것을 보면 동료를 부르는 신의義가 있다고 했다.

그를 보면 북한백성들은 굶어 죽어도 그들 족벌들만은 호화로운 유학과 호의호식을 하면서 자기중심의 권력행사를 자행하고 있는 독재자이므로 그들은 닭만도 못한 면도 있다. 이로 보아 속담에 "상전 배부르면 종 배고픈 줄 모른다"란 말이 결코 헛된 말이 아닌 것이다.

일정 때의 김일성이 장백산에서 굶주리며 빨치산 투쟁을 할 때는 오로지 조국의 자주독립과 백성들의 행복만을 위해서 투쟁한다고 다짐하면서 투쟁했을 것이다. 하지만 오늘날의 북한실정을 보면 오로지 자기집단과 자기만을 위한 정치를 하고 있는 것이다. 그런데도 일반백성들은 마음으로만 불평할 뿐, 감히 행동으로 나서지는 못한다. 이는 김일성 주석의 빨치산 때의 공이 너무 크고 이에 과장까지 되면서 권위를 강화시킨 게 큰 병폐가 되어버렸다.

다만 이 같은 결과를 가져오기까지는 세뇌교육의 힘이 가장 컸다. 반대로 대한민국은 비록 독재정치일 때도 교육만은 민주주의 교육을 시키고 있었기에 개인의 우상화는 없었고, 그로 인해 민주주의에 대한 신념이 그대로 유지될 수 있었다. 그 덕분으로 그런 토양이 그대로 유지되어 민주투사가 나올 수 있었고, 민주회복도 됐다.

3. 지배력과 지배욕이 강한 자만이 독재 권력을 꺾을 수 있다

독재자를 몰아내는 과정을 보면 독재자들과 똑같이 지배력과 지배욕, 성취욕이 강한 1%의 사람 중에서, 정의감이 남다르고 사생관이 뚜렷한 사람만이 분연히 일어나서 그들과 싸워서 결국은 그들을 몰아내게 되는 것이다.

한마디로 독재자를 내쫓을 수 있는 사람은 마치 닭만이 닭을 쫓아낼 수 있는 이치와 똑같은 이치이며, 이러한 사실은 우리 마음속에 깊이 새겨두어야 할 만고불변의 진리다. 따라서 거듭 말하지만 독재자와 싸워서 그들은 몰아낼 수 있는 사람들은 독재자들처럼 지배욕과 성취욕이 남달리 강한 1% 내의 사람들이다.

그 과정에서 이때도 백성들은 그 투쟁으로 인해서 조금 시끄럽고 불안해지면 두 세력들은 대화로 해결하라. 국가의 안보가 위태롭다 등의 말로써 오히려 그들을 비난했다. 하지만 막상 그 투쟁이 성공하여 독재자가 추방되고 민주주의가 회복되면 그때서야 백성들은 쌍수를 들고 대환영하면서, 그들을 민주투사라고 추켜세웠다.

그런 투쟁덕분에 일반 백성들은 인권을 존중받는 세상을 맞게 되었고, 인간다운 삶까지 보장받게 된 것이다. 이러한 과정을 통해 백성들은 자기들 스스로는 어떤 희생도 치루지 아니하고 보다 나은 민주주의를 선물 받게 되었고, 편히 앉아서 그 열매를 따 먹을 수 있게 된 것이다.

하지만 세월이 가면 그들 민주투사들도 또다시 부패하고 독재하면서 백성들을 괴롭히게 되므로 또다시 투쟁이 필요하게 된다. 이런 반복되는 투쟁이 결국은 민주주의를 반석 위에 올려놓게 되는 것이다. 그러한 예는 찰스 1세를 몰아낸 크롬웰이 그랬고, 이승만이 그랬으며, 박정희도 그랬다.

그러므로 이러한 투쟁을 통해서 악순환이 아닌 선순환을 하는 모습을 보면서, 아무리 정의감이 강한 자라도 그 본성의 밑바탕에는 지배욕과 성취욕이 뒷받침하여 일어선 것임을 명심해야 한다.

그러므로 어느 정치가라도 독재할 수 있는 싹수가 보이면 미리 그런 불행을 막는 게 희생을 적게 하는 가장 좋은 방법이므로 미리 예방하는 게 가장 현명한 대책이 되는 것이다.

4. 김두한의 종로투쟁은 지배력과 지배욕이 선용된 모습이다

일정시대의 실례다. 서울 종로에서 원시적인 지배력과 원시적 지배욕, 성취욕이 남달리 강한 깡패들이 한 구역을 장악하고 있으면서 그 안에 사는 상인들로부터 세금보다도 더 가혹한 자릿세를 받아내면서 상인들을 몹시 괴롭히고 있었다. 하지만 일반 상인들은 그러한 고통을 마음으로만 불평할 뿐, 그들 앞에서는 온갖 아양을 다 떨면서 아부하기에 급급했고, 따라서 고양이 앞에 쥐였다.

그때, 김두한은 아직 악에 물들지 않은 채 남 달리 강한 원시적 지배력과 지배욕, 성취욕을 갖춘 이례적인 깡패였다. 또한 그는 김좌진 장군의 후예답게 나름대로의 정의감에 불타고 있어서 이를 보고 분연히 일어나서 그들과 싸워서 결국은 그들을 몰아낼 수 있었다. 그런 연후, 그는 자릿세를 절반으로 낮춰줬고, 일본 상인들의 횡포까지 막아 주었으므로 상인들로 부터 대환영을 받았다. 그런 힘이 밑바탕이 되어 해방 후에는 좌익들의 폭력적인 무장 세력들을 꺾을 수 있는 터전이 마련되었던 것이다.

다른 예를 든다면 일정시대를 들 수 있다. 당시 일본 제국주의자들은 조직적이며 잘 훈련된 지배력군사력을 뒷받침으로 효과적인 억압을 하면서 그들의 지배력으로 우리 백성들을 잘 통제하여 지배욕을 충족시키면서 착취를 일삼았을 때의 이야기다.

그때 우리 백성들은 인권을 철저히 유린당하면서, 착취를 당하고 있어서 그야말로 지옥 같은 생활을 하고 있었다. 하지만 어느 누구도 감이 싸우려 하지 않았다. 따라서 당시의 선량한 일반백성들은 마음으로만 그들을 미워하면서 싫어하고 있었을 뿐, 그 지배력이 무서워서 꼼짝도 못했다.

그러면서도 누가 나서서 그들을 몰아내주기만을 바라고 있을 뿐, 그들 앞에선 역시 고양이 앞에 쥐었다. 하지만 지배력과 지배욕, 성취욕과 정의감이 남달리 강한 1% 내외의 사람들은 부모형제와 처자식은 물론, 자신의 생명까지도 헌신짝처럼 버린 채 그들의 총칼과 맞싸우면서 무수히 죽어갔다.

그래도 백성들은 내놓고 칭찬하거나 동조하지 못했다. 그때 혹시 그들이 찾아오면 숨겨주기는커녕, 오히려 일본경찰의 후환이 두렵다는 이유로 모른 체했다. 그토록 서글픈 독립운동이었으나 그들의 투쟁과 연합국의 힘으로 8·15해방의 문이 열리자 그때서야 그들을 열사烈士다, 의사義士다, 또는 독립운동가라는 이름으로 그들을 떠받들면서 칭송하고 환영했다.

5. 지배력과 지배욕을 역사의 순리대로 행사하면 정의다

이런 일련의 사실들을 뒤돌아보면서 지배력과 지배욕의 행사를 역사발전의 순리에 맞춰 행사하면 선이 되고, 반대로 거역해서 행사하면 악이 된다는 사실을 알 수 있다. 이를 외국의 예를 들어 밝혀본다면 같은 지배력의 행사라도 비스마르크처럼 독일민족의 통일을 위해 행사했다면 선이 되는 것이나 이웃나라를 침략하려고 행사한 일본군부와 이토 히로부미伊藤博文가 취한 무력행사는 악이 되는 것이다.

그런 논리는 일본의 도요토미 히데요시豊臣秀吉의 무력행사에 대해선 더욱 가혹하게 비판할 수 있다. 그것은 노골적인 침략행위이면서도 역사의 순리까지도 거역하고 있었기 때문이다. 따라서 이를 저지하기 위해 이순신 장군이 행사한 무력은 명백한 정당방위였지만 역사의 흐름상이나 침략행위를 분쇄하기 위한 전쟁이었으므로 더욱 더 명백한 정의였다.

그 같은 논리를 6·25전쟁에 대입해보면 똑같은 결론이 나온다. 한마디로 우리나라의 공산화가 세계사의 흐름에 순응하는 것이었다면 통일을 위해 일으킨 그 전쟁은 김일성의 지배욕의 충족을 위한 지배력의 행사에 불과했음에도, 6·25전쟁은 선이 될 수도 있었다.

하지만 공산주의의 종주국인 소련도 해체된 역사적 사실에 비추어 보면 한반도의 공산화를 위한 전쟁은 명백한 반역사적 행위에 불과했다. 그런 사상과 체제를 강요하기 위한 전쟁이었으므로 세계사의 흐름에도 명백하게 반역하는 통일 전쟁이었다.

그때 만약 김일성의 의도대로 통일이 이루어졌다면 죄 없는 우리 남반부 동포들까지도 혹독한 독재정치하에서 철저하게 인권을 유린당하였을 것이며 기아에 허덕이면서 김일성 3부자의 신격화를 겪는 생지옥에서 신음케 되었을 것이다.

그러한 악의 전쟁이었는데도 불구하고, 아직도 그것을 깨닫지 못하고 북한을 찬양하고 김일성 3부자를 신격화시키면서 대한민국을 친일반동세력이 세운 나라라고 폄하하는 종북세력이 있다는 것은 참으로 불행한 일이다.

물론 그들의 말에도 일리는 있다. 그것은 한때 군부에서 권력을 휘어잡고 인권을 유린한 때도 있었기 때문이다. 하지만 지금까지도 그 생각에서 벗어나지 못했다면 그에 대한 용기가 없거나 인간이 갖고 있는미련과 완고성 때문일 것이다. 필자는 누구보다도 가난했고, 근 20년간 중노동에 시달린 그야말로 진정한 프롤레타리아 출신이기 때문에 하는 말이다.

이러한 명백한 사실을 외면하고 아직도 북한의 체제를 동경하면서 종북세력이라는 혹평을 받으면서까지 발버둥치는 사람이 있는 걸 보면 조금 이해가 안 되는 점도 있으나 이에 대한 평가는 이미 앞에서 확실하게 한 바 있으므로 생략한다.

이 같은 일련의 역사적 사실을 관조해보면서 필자가 애초부터 주장한, 지배력과 지배욕, 성취욕은 선善도 아니고 악惡도 아니나 다만 쓰기에 따라 선도 될 수 있고, 악도 될 수 있다는 주장이 백 번 지당한 주장임을 알 수 있다. 따라서 그것을 쓰는 방법과 목적에 따라 그 평가가 다를 수 있는 것이다.

세계사적 관점에서 보면 남북통일은 공산화의 통일이 아니라 자유민주주의 체제로의 통일이어야 했다. 그러므로 자유민주주의 체제인 대한민국이 통일을 서둘러야 했다. 그를 위해서 무력통일도 생각해볼 수 있었다. 그런데도 현실은 거꾸로 반역사적 체제인 북한이 오히려 무력통일을 하려고 전쟁을 일으켰고, 지금까지도 무력통일을 노리고 있다.

사실은 세계대세와 역사의 흐름과 인성의 본질로 보아 대한민국에서 서둘러야 할 통일이므로 한국에서 무력통일을 주장할 수도 있으나 그 경우 그 피해가 너무나 클 게 예상되어 자중하고 있고, 백성들도 평화통일을 원하고 있다.

현재 남·북한이 가지고 있는 화력은 너무나 엄청나서 만약 통일전쟁을 일으킬 경우 최소한 500만 명 이상의 인명피해와 수백 조 원의 재화를 소실燒失시켜서 모처럼 이룩한 산업시설이 고철화되는 비극을 겪게 될 것이 예상되고 있다. 그러므로 통일이 필요함을 알면서도, 무력통일을 하는 것은 안 한 것만도 못한 결과가 될 수 있으므로 평화통일을 주장하고 있는 것이다. 이를 보면 현 북한의 행동은 확실히 주객이 전도된 행동과 주장을 되풀이하고 있는 것이다.

이 같은 모든 것을 종합하여 판단해보면 원시적인 지배력과 지배욕, 성취욕은 개인 간의 폭력으로 그칠 수도 있어서 그해독이 일부에 그칠 수도 있다. 하지만 반대로 국가의 지배력인 군사력을 조직적으로 잘 훈련시켜서 강력한 지배력과 가공할만한 화력에 무모하기 짝이 없는 지배욕과 성취욕이 발동하면 국가와 백성들에게 돌이킬 수 없는 참화를 줄 수도 있고, 또한 수백만 명, 또는 수천만 명의 인명손실과 수백 조 원의 천문학적인 재화의 손실을 가져올 수도 있다.

이러한 지배력과 지배욕, 성취욕의 참모습을 보면서, 지배력과, 지배욕, 성취욕을 나쁘게만 볼 게 아니라 때로는 긍정적으로 보면서 조장하거나 때로는 견제하고 투쟁함으로써 바르게 발현시켜서 선량한 백성들의 삶을 행복스럽게 보장해 주어야 할 것이다.

제16장
지배력과 지배욕의 성숙을 위해
교육혁명이 필요하다

1. 인류의 고도한 문화발달은 동물과 거리를 더욱 넓혔다

사람의 직립보행이 시작된 것은 500~600만 년500만년~800만년 전부터 시작되었다고 하나 그 후에도 식食과 색色 위주의 생활은 일반 동물과 똑같았다 한다. 하지만 약 25만 년 전부터 우리의 직접 조상으로 알려진 호모 사피엔스 인이 등장하면서부터 일반 동물들과는 일정한 거리를 두기 시작했다 한다. 따라서 단순히 보행여부만을 기준으로 사람인가 여부를 판단한다면 우랑부탕과 침팬지, 보노보들도 나름대로 보행을 하고 있으므로 우리와 똑같은 사람이라고 할 수 있다.

하지만 어찌 보행 여부만을 표준으로 사람 여부를 분류할 수 있겠는가. 그렇다면 사람인지 여부를 가장 쉽게 알 수 있는 방법은 무엇일까. 그것은 사람만은 자연 그대로 살지 않고 문화라는 독특한 옷을 끼워 입고 산다는 사실이다. 반면에 일반 동물들은 물론 침팬지도 문화생활을 누리지 못하고 자연 상태 그대로 살고 있는 것이므로 자연 상태로 사느냐 아니면 어느 정도 자연을 극복하고 가공하여 변화된 생활을 하고 있느냐가 일반 동물과 사람과의 판단의 기준이 될 것이다. 다만 그 문화는 정신적 문화와 물질적 문화로 분류할 수는 있다.

그렇다면 문화란 무엇인가. 이 물음에 대하여 갖가지 해답이 나올 수 있다. 이에 대한 국어사전의 풀이를 보면 자연을 이용하여 인류의 이상을 실현시켜 나가는 정신활동이 문화라고 정의하고 있다. 하지만 필자는 그토록 간단하게 생각하지 않는다. 따라서 사람이 살아가면서 누리고 있는 시간적, 공간적, 정신적, 물질적, 모든 분야에서 일반 동물과 다른 생활양태를 보이는 것은 모두가 문화라고 본다.

그러한 문화에는 정치, 경제, 사회, 문화 현상뿐만 아니라 건물과 분묘, 납골당 같은 것도 문화이고, 결혼식이나 장례식, 각종 기념식등도 문화이며, 돌칼과 돌 토끼와 장기, 바둑, 화투 도박, 등을 쓰거나 즐기는 것도 문화이고, 비행기를 타고 여행하는 것도 문화다.

따라서 일반 동물들이 못하는 것을 인간만이 하고 있는 것은 모두 문화라고 하거나 문화현상이라고 본다. 심지어 어릴 때의 못 치기, 딱지치기, 자치기, 팽이치기, 연날리기, 구슬치기, 둥굴레 굴리기, 스케이트를 만들어 타기 등의 어린이놀이도 모두 문화다.

여기서 문화의 개념에 대하여 다시 부연하여 밝혀볼까 한다. 문화란 개념 속에는 모든 종교의식은 물론, 그에 따르는 언론, 출판, 집회, 결사, 기도 외에 모든 기념행사 등도 정신문화에 속한다. 또한 일반인들이 미신이라 하여 천대하면서 못 본 체하는 무당들의 샤머니즘적 모든 행사와 행위도 정신문화이고, 점쟁이와 관상 보는 것, 사주팔자, 심지어 토정비결을 보는 것도 정신문화에 속한다.

하지만 우리 인간의 생활방식이라는 이유만으로 문화생활이라고 주장하는 것은 지나친 억설이므로 동물과 똑같은 방법과 방식대로 생활하는 것은 문화생활이라 할 수 없다. 그러므로 똑같은 행위라도 단순하게 날것으로 먹는 것은 문화생활이 아닌 동물적인 생활로 볼 수 있다. 하지만 이것도 건강의 증진을 위해 의식적으로 특별한 목적 하에 가공하여 먹는다면 문화생활에 속한다. 더구나 이를 한 단계 높여서 밥을 지어 먹는 것, 채소를 가공해서 김치를 담아 먹거나 익혀 먹는 것 등은 모두 문화생활에 속한다. 또한 쌀과 누룩을 익혀서 술을 빚어서 먹거나 포도로 마인을 만들어 마시는 것도 문화에 속한다.

사람이 무엇인가를 흡수하는 방법 중에는 숨을 쉬어서 공기를 흡수하여 그 중 산소를 취하고 탄산가스를 배출하는 행위는 모든 동물들도 똑같이 행하고 있으므로 굳이 문화라고 할 수 없으나 같은 공기를 마시더라도 공기를 정화하여 깨끗한 공기로 호흡하기 위해 각종기계장치를 시설하고 이를 이용하여 맑은 공기를 흡수하는 것 등은 분명히 문화생활이다.

사람의 행위 중, 단순히 보고 반응하거나, 듣고 반응하는 것 등은 일반 동물과 크게 다를 바가 없으므로 굳이 문화생활이라고 할 수 없으나 안경을 쓰고 원시와 근시를 보완하는 것, 멋을 부리고 시력을 보호하기 위해 색안경을 쓰는 것, 시력의 확충을 위해서 현미경과 망원경을 이용하여 보는 것, 보청기를 이용하여 청력을 보강하는 것 등은 모두 문화생활에 속한다.

앞서 말한 대로 똑같이 입으로 먹고 마시는 행위라도 물을 정화한 후, 상수도를 이용하여 마시거나 몸을 씻는 행위 등도 문화생활을 하고 있는 것이며, 배설도 혁신적인 변기를 통해서 깨끗하게 이용하고 있으므로 명백한 문화생활에 속한다. 더구나 최근 20, 30년 동안 개선된 변기시설은 일반 동물과 그 거리를 더욱 넓히고 있어서 뚜렷한 문화생활로 발전하고 있음을 알 수 있다.

이 같은 문화생활의 발달은 그간 일반 동물과 크게 차이가 없던 생활방식에서 그 거리를 가속도적으로 더 넓혀가고 있다. 하지만 그 같은 문화발달이 위와 같은 외형적, 물질적 발달만 가져온 게 아니라 전신적 측면에서도 놀라운 발달을 가져왔으며, 그 예로는 각종 미신에서 우리를 해방시켜 주어서 지금은 음력 정초에 요란했던 경 읽는 소리가 주변에서 사라져 버렸다.

신체적 기능에 있어서도 놀랍게 발달하면서 그 활용도가 높아진 게 많은데 그 중에도 가장 놀라운 것은 손과 혀의 기능이 현저하게 강화되고 진화된 점이다. 이토록 가장 놀랍도록 활용도가 다양해진 손과 혀는 고도의 공산품을 만들 수 있게 했고, 외국어를 익히는데 탁월하게 기여했다. 그 중에도 혀를 이용한 애정표시 방법은 참으로 놀랍게 발달하고 있는 것이다.

돌이켜보면 우리 한국인들이 혀로서 애정을 표시하는 키스가 일반화한 것은 100년 내외밖에 안 된다. 왜냐하면 조선시대엔 남녀 칠세부동석男女 七歲 不同席이라 하여 키스는커녕 옆에 같이 앉지도 못하게 했기 때문에 키스란 상상도 할 수 없었기 때문이다. 하지만 지금은 남

녀가 옆에 앉음은 지극히 자연스런 분위기로 바뀐 것은 너무나 오래
되었고, 사랑하는 애인 간의 키스는 당연한 것으로 치부하고 있어서
이제는 그런 이야기는 진부한 이야기가 되어가고 있다.

2. 혀는 인류의 행복을 더욱 증진시켜줄 수 있다

2013년도 11월 『신동아』호에 혀의 기능에 대한 재미있는 글이 실
려 있었다. 한마디로 혀로 섹스 한다는 말이 나와 있으며, 그와 관련,
여러 가지 일들이 쓰여 있었다. 필자는 이에 대하여 깊이 생각해봤다.
한마디로 이제는 혀의 기능에 대하여 솔직하고 담대한 마음으로 탁!
터놓고 말할 때가 되었다고 생각한다.

이제는 입과 혀가 단순히 말하는 것, 먹는 것과 맛보는 것 등의 기능
만으로 끝나는 게 아니라 모든 문화생활과 행복을 좌우하는 최 첨단
적인 구실을 하도록 기능할 때가 찾아왔다고 보는 것이다. 따라서 이
를 죄악시하거나 숨길 게 아니라 계몽할 때가 됐다고 보고 있으며, 그
래서 진실을 알릴 때가 됐고, 또한 이를 양성화할 때가 되었다고 보고
있는 것이다.

사람은 입을 통해야 비로소 자기의 마음을 표현할 수 있다. 이때 아
무리 품위 있고 교양이 넘치는 말이라도 혀 없이는 만들어내지 못하
므로 혀는 머리, 손과 함께 인간의 3대 보물이다. 그런 혀가 최근에는
더더욱 값어치를 높여가고 있다. 그것은 입을 맞추면서 단순히 맞추

는 게 아니라 입안에서 혀끼리 부딪고 빨고 핥으면서 갖은 애정표시를 다 하고 있는 것이다.

혀가 혀끼리 빨고 핥는 것과 젖을 빨고 핥으면서 애정표시를 하는 것도 좋다고 했으므로 이젠 그 기능을 확대하여 다른 신체부위를 빨고 핥는 것도 용인할 때가 된 것이다. 또한 그건 안 된다는 법률이나 도덕률이 따로 있는 것도 아니므로 더더욱 그렇다.

다만 지금까지는 밖으로 부터의 불순한 세균의 침입을 예방키 위해 강력한 산을 분비하는 과정에서 조금 맡기 거북한 냄새를 풍기고 있어서 기피해 왔으나 이제는 그 악취의 제거 방법도 충분히 알아냈으므로 이제는 그에 상응하는 생각과 행동을 해야 옳다고 생각한다. 따라서 지금까지는 그 냄새 때문에 입에 담기조차 기피해 왔으나 이제는 보다 솔직해지자는 것이다.

그 고약한 냄새란 마치 은행나무의 잎과 열매의 고약한 냄새처럼 외적의 침입을 예방하여 건강을 도모하기 위한 신체적 작용에 불과한 것이므로 이를 안 이상, 사전에 향기 그윽한 비누와 물을 이용해서 몸을 깨끗이 씻은 다음, 남자는 그 향긋한 냄새를 맡으면서 혀를 이용, 불감증의 여성에게 성의 즐거움을 맛보게 하는 행위를 죄악시하거나 부끄러워할 시대는 지난 것이다.

더구나 그런 행위는 여성에게만 만족을 주는 게 아니라 조루증에 시달리는 남성에게도 자신감을 심어줄 수 있으므로 마땅히 올바로 알려주는 게 옳을 것이다. 그곳뿐만 아니라 유방 등 모든 신체부위를 혀를 이용하여 능히 여성으로 하여금 스스로 무장을 풀고 남성에게 모든 것을 맡기면서 황홀감에 도취케 하는 놀라운 효과도 있는 것이므로 원만한 부부애를 위해서 혀의 이용을 당당하게 권장할 때가 온 것이다.

따라서 여성도 이와 같은 방법으로 남성을 애무해 줌으로써 위와 비슷한 결과를 낳게 해 준다면 그야말로 보통사람의 세치의 혀로도, 고려 현종 때 서희장군의 세치의 혀가 글안의 대군을 몰아낸 공로보다 더한 공로를 세울 수도 있는 것이다.

그 같은 행위도 일반 동물은 만년을 지나도 누릴 수 없는 즐거움이고, 또한 부부애를 보다 더 두텁게 할 수 있는 것이다. 따라서 인간으로서 육체적인 만족감과 함께 정신적인 행복감까지 누릴 수 있게 해 줄 수 있는 것이므로 이는 스마트폰 이상의 문화생활에 속하는 것이어서 이제는 부끄러워 할 게 아니라 몸소 힘써서 행함으로써 원만한 가정생활을 이끌어 나갔으면 하는 것이다.

그 외의 배설을 함에 있어서도 아무데나 배설하는 단순한 똥 누기와 소변 누기는 동물적인 행위에 불과하다고 할 수 있으나 앞서 밝힌 바와 같이 화장실을 만들고 휴지를 이용하여 항문을 닦는 것, 특히 장애인의 화장실까지 따로 만들어서 편의를 도모하고 있는 것 등은 분명히 문화생활의 극치를 이루고 있다고 보아야 한다.

섹스 후 정액을 배설하는 것은 동물과 똑같으나 질 외에 사정하거나 콘돔을 사용하여 임신을 막는 행위, 그리고 피임약을 먹어서 불필요한 임신을 억제하는 행위 등은 명백한 문화생활에 속한다. 그리고 땀을 흘리되 단순히 흘리지 아니하고 항상 씻고 닦아서 엄습하는 추위를 막으면서 감기를 예방하는 것도 사람만이 행하는 문화생활이다.

여자가 아이를 단순히 낳는 것은 분명히 동물적인 것이나 산부인과에 가서 아이의 건강을 체크하면서 출산 때 산부인과 전문의의 도움을 받아서 출산하는 것도 역시 문화생활이다. 따라서 단순히 낳거나 죽는 행위 등은 동물과 같은 행위에 속하나 의사의 치료를 받거나 죽은 후의 장례식의 행사는 분명한 문화생활인 것이다. 또한 죽은 후에 화장하거나 납골당에 재를 안치하는 것, 묘소를 설치하는 것 등도 사람만이 갖고 있는 독특한 정신문화이고 매장문화에 속한다.

3. 초기 원시인들의 생활은 현재의 침팬지와 비슷했다

이 같은 문화는 하루아침에 이루어지지 않았음은 누구도 부인치 못할 것이다. 따라서 앞서 밝힌 바와 같이 초기의 보행인들은 현재의 침팬지와 크게 다르지 않았을 게 분명하다. 그 때문에 적과 싸울 때는 겨우 팔과 발, 그리고 이빨과 머리통을 이용하여 힘으로서 싸웠을 것이다. 그 외에 무엇을 이용해 싸웠다면 기껏해야 돌과 나무토막 등이 가장 큰 무기였을 것이며, 좀 후기에 불이 이용됐을 것이다.

그 후 적어도 7천 년 전후에는 활이 나왔고, 그때부터는 활을 잘 쏘는 자가 이겼을 것이다. 또한 그 전후에 불을 발견하고 이를 이용하여 청동기를 만들었으며, 이어서 철까지 생산하게 되자 곧이어서 칼과 창이 나왔고, 곧 방패도 나왔다.

그때부터는 힘보다는 활과 칼, 창과 방패 등을 잘 쓰는 자가 승자였다. 이를 본다면 현재의 문화는 보행개시 후 약 25만 년 전까지의 거의 600만 년 동안은 일반 동물과 크게 다르지 않은 상태로 살아오다가 최근에 이르러서야 비로소 급격히 문명이 발달하기 시작했음을 알 수 있다.

특히 현대문명의 발달은 불과 몇백 년밖에 안 된다. 그 중에도 첨단 과학의 발달은 100년도 안 되며, 그 중에도 최첨단 문화는 50년 정도다.

이같이 물질문명은 급속도로 발달하고 있고 특히 과학문명은 천지가 개벽했다 할 정도로 급진적 발전을 거듭하고 있으나 사람과 사람 사이에서 이루어지는 정치, 경제, 문화, 사회, 등의 문화 발달은 과학문명을 따라가지 못하고 있다. 하지만 일반문화도 지난 5000년 동안 꾸준하게 발달해온 것만은 사실이며, 그 중에도 정신문화를 살펴본다면 눈부신 발전이 있었다.

그중에서 사람의 본성과 관련된 지배력과 지배욕, 그리고 성취욕의 표현 방법과 행사방법, 그리고 생활 패턴 등을 살펴보면 많은 발전이 있었음을 알 수 있다. 그 예로는 일부다처제에서 일부일처제로 진화한 게 그런 예다. 또한 정치제도도 추장제도와 부족장제도를 거쳐서 국왕제도와 황제제도로 발달했다가 지금은 백성들이 주인이 되는 민주주의제도로 발전하면서 대통령이나 수상이 군왕이나 황제를 가름하여 나라를 관리하고 있는 것도 발전된 한 모습이다.

성취욕도 번식욕에서 벗어나서 다원화하고 있다. 따라서 원시적 성취욕은 겨우 자기 유전자를 통하여 종족을 번식시키는데 그치면서 모성사회를 이루고 있었으나 그 후 일부다처제로 진화하였다. 그와 함께 모계사회에서 부계사회로 진화하면서 일부다처제로 진화한 것이다. 이때 중국의 황제들은 수만 명의 후궁을 거느리는 데까지 진화하면서 일반 개인들도 5, 6명의 첩을 거느리는 데까지 진화했다.

그 후 인지가 더욱 발달하고 합리적인 생활방식이 더욱 강조되면서부터 정치는 민주주의 체제로 진화하였다. 그리고 결혼제도도 여권女權의 신장과 함께 성숙되어 현재는 일부 국가를 제외하고는 일부다처제에서 일부일처제가 보편화되었다. 따라서 수만 명의 여성을 거느렸던 황제의 성취욕도 이제는 완전히 순화되어 지금은 대통령도 일부일처제로 만족해야 하는 시대로 진화한 것이다.

4. 성취욕번식욕은 크게 진화했으나 지배욕은 덜 됐다

모든 게 다 발달하고 있는데도 사람의 본성 중의 하나인 지배욕만은 별다른 진화와 발전을 하지 못하고 있다. 왜 그럴까. 그것은 사람의 유전자를 유전시키기 위한 번식욕 자체는 순화만 되었을 뿐, 본질이 변한 것은 아니므로 이를 뒷받침하고 보호하는 지배욕의 변화는 시기상조이기 때문이다. 따라서 번식욕이 없어지지 않는 한 지배욕이 없어질 수는 없다. 따라서 지배욕의 진화는 보통 노력만으로는 그 성과를 거둘 수 없게 되어 있다.

하지만 작금의 현대 젊은이들의 의식구조를 보면 장족의 발전을 하고 있다. 그 예로서 원시인들은 생래적生來的인 번식을 성취욕의 주목적으로 삼고 있었는데 반하여 작금의 젊은이들은 현저하게 진화해서 전혀 새로운 문화를 창조해가고 있는 것이다.

따라서 현대 젊은이들은 단순한 일부일처제에서 머물지 않고 보다 더 진일보하여 자녀들의 수까지 거의 마음대로 조정하면서 한둘로서 만족하고 있다. 이러한 사실은 현재 90대 이상 노인들은 전혀 예상하지 못한 사실이다. 하지만 작금의 젊은이들은 당연한 것으로 치부하고 있음을 보아도 원시적 성취욕은 이제 완전히 진화단계를 지나서 성숙단계에 이르렀음을 알 수 있다. 그러므로 더 진화가 필요 없는 단계에 이른 것이어서 더 진화하면 오히려 인류의 멸망을 자초할 단계에까지 와 있다.

이러한 현상은 산아제한정책이 산아장려정책으로 바뀌는 결과를 낳게 하고 있으며, 이게 우리 80대가 직접 보고 있는 현상이다. 그 대신 현대 젊은이들은 한 단계 뛰어넘어서 성취욕을 번식에서 완전히 해방시키면서 각종문화와 예술, 그리고 체육과 여행 등 그야말로 다양한 생활취미를 창조하고 승화시킴으로써 즐거운 삶을 추구하고 있다.

그 예로서 공기 맑은 강원도 영월의 산골짝 외로운 곳에 외딴 집을 짓고 옥상에 천만 원대의 우주 망원경을 설치한 후 공기 맑음을 이용하여 천문관측을 취미로 삼는 아들을 보면서 젊은이들의 창조적인 취미생활에 탄복하고 있는 것이다.

따라서 향후의 세계는 염려하지 않아도 될 정도로 진화했고 성숙해 가면서 인성을 순화시키고 있다. 그러므로 이제는 번식을 주목적으로 했던 성취욕은 깨끗이 잊어버려도 좋을 단계에 이르렀으므로 이젠, 오로지 지배욕의 순화에만 초점을 맞춰야 할 때가 왔다.

사안이 이러함에도, 일부 미래학자들은 지구의 현 인구는 60여 억 명이지만 2050년쯤엔 80억 명이 훨씬 넘을 것이라고 하면서 인구의 과다로 지구는 황폐화되어 갈 것이라고 경고하고 있다. 이러한 사실은 현재의 인도 등과 아프리카 등만을 살펴본다면 맞는 말 일 수 도 있다.

하지만 그곳도 우리 한국처럼 예상외의 빠른 속도로 발전하고 있으므로 불원간 인구 증가추세는 멈출 것이다. 따라서 인구 증가문제 뿐만 아니라 이산화탄소 배출량도 적절히 감소됨으로써 지구 온난화 문제도 해결의 실마리를 찾을 수 있을 것으로 보이며, 이로써 인류의 능력을 과시하는 시대가 찾아 올 것이다.

5. 지배력과 지배욕을 선용하면 문화발달에 크게 기여할 수 있다

이 지배욕은 누술한 바와 같이 지배력이 뒷받침하고 있고, 그 속에는 지지 않으려는 의지가 하나의 에너지가 되어 강력하게 도와주고 있다. 그런데 앞서의 글에서 그 기질이 선용되는 경우의 모습을 여러 가지로 밝혀보긴 했으나 그 같은 긍정적인 쓰임새보다는 악용되는 경우가 더 많다는 사실이다. 예를 든다면 개인 간의 싸움과 다툼은 물론, 남북 간의 대립과 여야 간의 정치적 싸움이나 지역 간의 갈등과 대립감정 등은 모두 지지 않고 이겨서 지배하려는 지배욕 때문에 생기는 것이므로 지배욕의 뿌리는 참으로 깊다는 것을 알 수도 있지만 악용되고 있는 대표적인 예이기도 하다.

이러한 대립과 갈등이 나라밖에까지 뻗어나가면 국가 간의 대립과 함께 군비경쟁으로 치닫게 되고, 이게 더 지나치면 모두가 치명상을 입을 수 있는 전쟁으로 비약할 수 있는 것이어서 지배욕의 순화는 그야말로 우리가 꼭 풀어야 할 숙제 중의 숙제가 되어가고 있고, 또한 반드시 성숙시켜서 그 해악을 막아내야 할 단계에 이른 것이다.

문제되는 것은 이 같은 지배욕은 영원히 치유할 수 없는 고질병인지 그 여부가 걱정되는데 필자는 결코 그렇지 않다고 본다. 하지만 그것은 이론적으로는 가능한 것이나 현실에서는 지난한 문제가 되고 있다. 이는 마치 공자의 주장과 마르크스의 이상이 이론적으로는 가능했으나 현실에선 벽에 부딪혔던 것과 똑같은 것이다.

이론적으로만 생각해 본다면 모든 세계인들이 깨우쳐서 모두 함께 들고 일어나 전쟁의 비이성적인 면을 부각시키면서 전쟁을 계획하거나 군비경쟁에 골몰하는 바보들을 몰아내면 되는 것이다. 하지만 그런 방법이 과연 그토록 쉽게 실현될 수 있을까. 필자는 있다고 생각한다.

그것은 그런 방향으로 치닫고 있는 위정자들을 투표로서 몰아내면 되는 것이다. 하지만 그러기 위해선 독재가 없는 민주정치제도의 정착과 함께 언론의 자유와 집회결사의 자유, 안정된 법 집행과 법치의 확립 등이 선행되어야 가능하며, 그를 위해서 백성들의 올바른 의사가 방영될 수 있는 선거제도의 개선이 반드시 선행돼야 한다.

그래야만 편견에 사로잡히지 않고 오로지 국가와 민족을 위해 올바로 투표할 수 있게 된다. 이길 만이 공명심에 사로잡혀서 국가 간의 대결을 격화시키면서 군비를 확장하고 나아가 전쟁까지 유발시키려는 수준이하의 지도자들을 몰아낼 수 있게 된다.

그런 방법만이 대립과 상쟁만을 일삼는 국회의원들을 당선시키지 않을 수 있고, 나아가 오로지 국가와 민족의 번영과 행복, 그리고 인류

전체의 생명의 안전과 경제생활의 안정을 위해 헌신할 수 있는 대통령과 국회의원만을 뽑을 수 있는 시대로 개혁시킬 수 있을 것이다.

6. 교육혁명을 통해 지배력과 지배욕을 성숙시켜 인류의 비극을 막아야 한다

시대의 흐름에 따라 선거제도와 그 운용방법도 현저하게 발전한 것은 숨길 수 없는 사실이다. 하지만 모든 게 완벽하게 발전한 것은 아니다. 이를 보다 더 발전시키려면 사람의 본성부터 철저히 개선시켜야 한다. 그러기 위해서는 교육제도의 개혁과 교육내용의 혁명이 절실하다.

작금의 중·고등학교 교과서나 모든 서적들이 몽고의 칭기즈칸을 만고에 없는 침략의 원흉으로 가르치는 게 아니라 영웅처럼 가르치고 있고, 일반 책으로 나온 것들도 다 그렇다. 근래의 일본 위인전을 읽지 않아서 모르겠으나 일정 때의 모든 교과서와 책들은 도요도미 히데요시豊臣秀吉를 반드시 본받아야 할 영웅으로 가르치고 있었다. 이러한 교육방법으로는 영원히 지배력과 지배욕의 순화와 성숙을 기대할 수가 없게 되고 또한 침략행위를 극악무도한 범죄행위로 단정 짓지 못하게 하는 것이다.

또한 지배력과 지배욕의 밝은 면과 어두운 면을 고루 가르쳐서 선과 악을 널리 알리는 교육으로 개혁시켜야 한다. 따라서 어릴 때부터 도를 넘는 다툼과 무조건 이기려고만 하는 기질은 범죄적 행위임을 알림으로써 새로운 인간상을 길러 나가야 한다.

국가 간의 군비경쟁도 가장 유치한 지배욕과 지지 않으려는 본성 때문에 일어나고 있음을 알려서 그런 자들에게 부끄러움을 느끼도록 하는 새로운 가치관의 정립이 필요한 것이며, 이로써 스스로 물러나거나 자제하도록 하는 사회적 분위기와 기풍을 만들어나가야 한다.

또한 인성의 순화를 위한 교육방침을 세워서 보다 강력하고 철저하게 교육시켜서 어릴 때부터 왕따와 거짓말 등 모든 행위는 명백한 범죄임을 일깨워주어야 한다. 따라서 지지 않고 무조건 이기려고만 하는 성격도 원래 사람의 동물적 본성 때문임을 일깨워서 지배력의 선용과 지배욕의 순화를 길들여준다면 우리 인류는 국경이 없고 지배자와 피지배자가 없으며, 또한 빈부의 격차도 극복하는 이상향을 실현할 수 있을 것이다.

특히 중요한 것은 항상 역지사지易地思之 하는 생각, 즉 입장을 바꿔서 생각하는 버릇과, 건전한 사람이면 누구나 긍정할 수 있는 보편적인 가치관을 갖는 체질로 순화되도록 교육을 시켜야 한다. 그러려면 항상 남의 말을 경청하는 버릇과 쌍방의 말을 잘 듣고 결론을 내리는 습관을 길러야 한다.

그렇게 교육시켜나간다면 4단칠정설의 핵심인 인의예지仁義禮智의 지혜도 생길 것이다. 그럼으로써 우리의 속담에서, "송사訟事 소송은 반드시 양쪽 말을 들어야 한다"라는 말이 절대적 진리임을 깨닫는 계기가 될 수 있을 것이다.

또한 종래의 영웅 위주의 교육을 지양하고 인류문화 발전에 기여할 수 있는 보편적인 가치를 깨닫도록 교육시켜야 한다. 따라서 영웅 위주의 교육을 하면서 전쟁의 동기와 과정, 그리고 결과만을 알렸던 교육이 아니라 전쟁을 일으켰을 경우, 그게 인류애에 도전하는 야만적인 행위라는 것과 그로 인해서 인류가 겪었던 비극을 더 깊게 알리는 교육이어야 한다.

따라서 그 전쟁으로 인하여 무고한 백성들이 얼마나 많이 희생되었고, 재화의 낭비는 얼마였으며, 백성들의 식량난 등의 어려움으로 인해 얼마나 많은 백성들이 굶어 죽었는가와 주택과 문화재 등의 소실은 얼마나 많았는가를 알리는 교육이 철저하게 시행되어야 한다.

그리고 그 전쟁으로 인하여 인간의 본성이 얼마나 많이 나빠졌는가, 등의 정신적 피해까지 알리는 교육을 함으로써 침략자의 범죄 고발에 중점을 두는 교육이 되어야 한다. 그리고 그런 혁명적인 교육의 효과는 우리나라 혼자만의 노력으론 성공할 수 없으므로 UN을 통한 국제적인 조직을 만들어서 세계 공통의 역사교과서와 공민교육 책자를 만들어서 교육하게 함이 가장 현명한 방법이 될 것이다.

또한 전쟁광들에 대한 야만적인 침략행위의 고발과 함께 인류의 번영과 평화 증진에 공헌한 인사들을 선양시키면서, 침략자들과 대비시킴으로써 모든 백성들로 하여금 평화를 애호케 하는 교육의 혁명이 필요한 것이다. 이에 필자는 그 방안으로 하나로 어떠한 인물들을 교과서의 모델로 삼음이 좋을까에 대하여 깊이 생각한 끝에 일언하고자 한다.

이에는 과거의 훌륭했던 인물도 많이 있으나 최근까지 생존했던 인물 중에서 선택한다면 김대중 선생과 넬슨 만델라, 그리고 중국의 덩샤오핑 등 세 분이 가장 합당한 인물이 아닐까 한다.

먼저 김대중 선생부터 살펴본다. 그가 현해탄에서 수장될 뻔했으나 미국조야의 신속한 대응으로 무모한 암살계획의 포기를 요구받은 당시의 핵심권력들은, 수장시켰을 경우, 국제적인 반응이 심상치 않을 게 예상되자 어쩔 수 없이 수장계획을 포기함으로써 기적적으로 살아났음은 의심의 여지가 없다.

물론 이에 대하여 죽이려 하지 않았다는 반론도 있으나 이는 범인들이 흔히 쓰는 변명에 불과한 것이다. 그토록 죽이지 않으려 했다면 왜 비밀리에 납치했으며, 철저히 비밀에 부쳤을까와, 무엇 때문에 몸에 무거운 것을 달아서 묶었는가. 그리고 왜 야간에 현해탄을 건넜는가를 이해할 수가 없게 만든다. 이러한 사실들은 백 마디 변명으로도 풀 수 없는 것이며, 따라서 죽이려 했던 것은 명백한 진실일 것이다.

그는 그런 고초뿐만 아니라 터무니없는 내란죄를 조작당해서 사형선고까지 받았다. 그는 사상이 좀 진보적일 뿐 결코 빨갱이가 아니었음에도, 시종일관 빨갱이로 모함당했고, 그 주도세력은 군부세력과 이에 부화뇌동하는 수구세력이었다. 그런 선동과 모략으로 세뇌된 많은 백성들은 지금도 서슴없이 김대중이 빨갱이였다, 라고 주장하고 있으며 필자는 경기도에 이사 와서 그런 사람들을 많이 보았고, 또한 듣기도 했다.

하지만 그가 빨갱이가 아니었음은 보수 세력의 상징이요, 유신본당이라고 자처한 김종필이 연립정부에 흔쾌히 협조하면서 3년간 공동정부를 이끌어 나간 데서도 극명하게 증명된다.

수구세력과 기득권 세력에선 그가 집권하면 반드시 보복할 것이라고 악선전했으나 전두환의 말처럼 김대중 정부 때가 가장 마음 편하

게 살 수 있었던 때였다. 또한 그는 정적이었던 박정희 기념관 건설에
도 많은 예산을 지원케 하여 백성들을 놀라게 한 것은 진정으로 용서
와 화해를 실천한 인물이었고, 이는 후세에 길이 빛날 귀감의 행동이
기도 했다. 그는 박정희의 딸, 박근혜 현 대통령을 키워서 동서화합의
상징으로 삼으려고도 했으나 주변 인사들의 반대로 포기하기도 했다
니 그 정신만은 높이 평가해야 한다.

그는 자기를 그토록 못살게 굴었던 정 모 검사를 단 한마디도 탓하
지 않았음을 보면 집권하면 반드시 보복할 것이란 주장이 얼마나 허
무맹랑한 모함이었고, 그를 잘못 보았던가를 웅변으로 증명하고 있는
것이다.

그는 그런 열린 생각으로 남북관계의 개선도 추진했고, 그런 뜻이
인정되어 한국 사람으로선 처음으로 노벨 평화상도 수상할 수 있었다.
그는 결코 꼭 이기고자 하는 고집과 나 아니면 안 된다는 지배욕의 화
신은 아니었다.

다음은 넬슨 만델라를 들 수 있다. 그는 27년의 오고를 겪고서도 전
혀 보복하려 하지 않았으며, 흑백의 화해와 용서에 솔선수범했다. 그
는 김대중 선생처럼 노벨 평화상도 받았고, 정권을 더 잡고 나갈 수 있
었음에도, 5년을 끝으로 깨끗이 평민으로 돌아간 그 정신은 길이 후세
의 귀감이 될 것이다.

그는 남아 연방의 흑백 분리정책에 반대하다가 양민을 대량 학살하
는 참상을 보고 무장봉기하여 무력으로 정부를 전복하려 했다. 그 결과
성공을 못하고 체포되어 무기징역을 선고받고 27년의 고초를 겪었다.

그는 무기를 들고 정부를 전복하려 했으므로 명백한 내란죄를 범한

것이어서 능히 사형으로 처단 받을 수도 있는 범인이었음에도 불구하고, 무기형을 선고받은 것을 보면 백인들의 넓은 아량도 인정해주어야 한다.

이 점에서 내란이란 꿈도 안 꾼 김대중에게 터무니없는 내란죄를 적용해서 사형선고를 한 후, 사형시키려다 미국 조야와 세계 여러 나라들의 여론악화와 충고, 그리고 적극적인 사형반대운동에 부딪히자 어쩔 수 없이 사형선고를 무기형으로 감형한 우리나라 일부 군부세력과는 극명한 대조가 된다. 또한 현해탄에 빠뜨려 죽이려는 방법 등과 같은 졸렬한 행위도 당하지 않았다. 하지만 27년의 참기 어려운 형기를 마친 것은 생각만 해도 끔찍한 중형이었다.

만델라의 정신은 정의를 사랑하고 모든 사람이 조화를 이루면서 동등한 기회를 누리는, 그리고 민주적이면서 자유로운 사회에 대한 이상을 주장했다. 그는 보복을 엄금하면서 화해와 용서를 주장했고 몸소 실천했다.

그는 건강이 좋아서 수명이 무려 14년이나 여유가 있었음에도, 단 5년의 임기를 마치고 백성들의 열화와 같은 권유에도 불구하고 권좌에서 깨끗이 물러났음은 후세에 길이 빛날 위업이었다.

그 외에 중국의 덩샤오핑을 거론했는데 그에 대한 글은 2013년에 펴 낸 『우주에 촛불 켜서 진실을 벗긴다』414쪽, 2013간에서 상론한바 있으므로 여기선 간략하게 소개할까 한다. 한마디로 그는 더 집권할 수 있었음에도, 4년의 집권으로써 권력을 버렸고, 국방위원장만이라도 유지하라는 뭇사람들의 권유에도 불구하고, 후세에 길이 선례를 남기겠다면서 끝내 사양했다.

그는 끝내 스스로 종신 집권의 폐단을 없애야 한다면서 깨끗이 권좌에서 물러난 점은 감히 누구도 흉내 내기 어려운 결단이었다. 그는 구호나 관념적 이념보단 실효성을 매우 중시하면서 실사구시實事求是의 정신으로 정치를 펴나갔다.

그 예로서 농민공사의 폐단을 과감히 개혁하여 농산물의 생산증대에 크게 기여한 점이다. 그는 이로써 중국 백성들을 기아로부터 해방시켰으며, 개방을 통해서 외국자본을 과감히 도입하여 비약적인 경제성장을 이룩케 한 공은 길이 빛날 것이다.

또한 그는 이념을 초월하여 우리나라와도 국교를 수립했고, 이어서 자본을 도입하여 경제성장에 기여토록 한 점은 그의 평화 지향적 정신이 얼마나 탁월했던가를 말해 주는 좋은 예가 될 것이다.

따라서 그가 권력에 연연하지 않았던 고결한 정신과 평화를 사랑하면서 이념에 얽매지 않았던 정신은, 인류의 본성인 지지 않으려고 하면서 지배욕의 포로가 되어 종신토록 권력을 잡고 있다가 마지막엔 비명으로 죽은 사람과는 너무나 대조적이었기에 인류의 스승으로 가르쳐도 조금도 부끄러운 점이 없는 역사적 인물이었다.

이러한 순수한 인간애의 인물들을 참된 인물로 추천하여 후세에 인생의 지표로서 가르친다면 지지 않고 이기려고만 하면서 지배욕의 충족에 몰두하는 사람의 본성을 바로 잡아 나가는데 크게 기여할 것이다. 따라서 독재하다가 죽은 자와 무력으로 외국을 침략하여 인명의 살상으로 역사를 더럽힌 자를 영웅으로 모실 게 아니라 위에 든 세 사람이야말로 진정한 영웅이고 위인이며, 우리의 선생님으로 모셔야 한다고 가르친다면 사람의 본성을 개선시키는데 크게 도움이 될 것이다.

이러한 철학과 인생관으로 후세들을 가르칠 때, 비로소 이 지구에는 사람이 사람을 지배하거나 살육하는 전쟁이 없어질 것이다. 그러한 이상적인 사회를 위해서 교육제도의 혁신과 자유로운 선거제도를 선택하여 백성들의 올바른 생각이 반영될 수 있는 개혁이 이루어진다면 보다 먼눈으로 볼 때 평화적인 남북통일과 핵무기의 제거도 성공할 수 있다고 본다.

필자는 이러한 생각을 보다 더 발전시키고 보강하기 위해서 80대 고령과는 관계없이 모든 신문을 두루 읽으면서 항시 독서에 힘써서 항상 바른 생각을 유지토록 힘써 왔으나 향후에도 더욱 힘써서 바른 생각을 갖도록 노력할 것이며, 이를 위해 모든 역량을 집중할 것이다.

사람의 본성은 무엇인가

초판 1쇄 인쇄일		2014년 10월 23일
초판 1쇄 발행일		2014년 10월 24일
지은이		전운식
펴낸이		정구형
편집장		김효은
편집/디자인		우정민 김진솔 박재원 윤혜영
마케팅		정찬용 정진이
영업관리		한선희 이선건 허준영 홍지은
책임편집		우정민
표지디자인		윤혜영
인쇄처		월드문화사
펴낸곳		**국학자료원**

등록일 2006 11 02 제2007-12호
서울시 강동구 성내동 447-11 현영빌딩 2층
Tel 442-4623 Fax 442-4625
www.kookhak.co.kr
kookhak2001@hanmail.net

ISBN		978-89-279-0860-9 *03100
가격		18,000원

* 저자와의 협의하에 인지는 생략합니다.
　잘못된 책은 구입하신 곳에서 교환하여 드립니다.